U0662241

电子商务项目管理

彭 玲 蒋国银 ◎ 编著

Electronic Commerce
Project Management

中国电力出版社
CHINA ELECTRIC POWER PRESS

内 容 提 要

本书通过当前电子商务领域的热点案例（如农村电商、移动支付、跨境电商和移动端应用开发等）导入电子商务项目管理的理论、技术与方法。本书共11章，以经典项目管理的十大知识模块为主线，系统介绍项目管理的基本概念和发展历程，电子商务项目需求和可行性分析，电子商务项目管理的业务模块（范围管理、进度管理、成本管理、质量管理、人力资源管理、沟通管理、风险管理、收尾管理和整合管理），旨在培养读者理解项目管理的一般规律、理念和方法，以及将其应用到电子商务实践领域的能力。

本书配套有习题、案例及课件 PPT 等教学资料，适合高等院校电子商务或信息管理等专业作为"电子商务项目管理"课程及其相关课程的教材或教辅资料。本书关注电子商务应用的热点，理论联系实际，可供电子商务运营管理人员提升项目管理水平参考之用，亦可作为有一定项目管理经验人士继续教育的教材。

图书在版编目（CIP）数据

电子商务项目管理 / 彭玲，蒋国银编著. —北京：中国电力出版社，2018.11
ISBN 978-7-5198-2688-8

Ⅰ. ①电… Ⅱ. ①彭… ②蒋… Ⅲ. ①电子商务－项目管理 Ⅳ. ①F713.36

中国版本图书馆CIP数据核字（2018）第265126号

出版发行：中国电力出版社
地　　址：北京市东城区北京站西街19号（邮政编码100005）
网　　址：http://www.cepp.sgcc.com.cn
责任编辑：李　静　1103194425@qq.com
责任校对：黄　蓓　　王海南
装帧设计：九五互通　周　赢
责任印制：钱兴根

印　　刷：北京天宇星印刷厂
版　　次：2018年11月第1版
印　　次：2018年11月北京第1次印刷
开　　本：787毫米×1092毫米　16开本
印　　张：19.75
字　　数：339千字
定　　价：68.00元

┃ 前 言 ┃

项目管理作为对临时性工作进行的有效管理活动，其历史源远流长。在古代，人们就进行了许多项目管理方面的实践活动，如中国的万里长城、埃及的金字塔、古罗马的供水渠等这些不朽的伟大工程都是历史上古人运作大型复杂项目的范例。有项目就有项目管理的思想。随着时代的发展，经济活跃领域的变迁，管理实践从文明古国的经验式管理的思想萌芽，到严苛的科学管理，再到充分考虑人性的组织行为管理，逐渐过渡到当今网络时代的自组织管理；项目管理活跃的领域亦从军事、工程建造领域等传统组织或行业变迁到互联网领域。

在加快推进"互联网+"进程中，电子商务是当前助推各行各业转型升级的平台，在保持原有传统业务优势的同时，电子商务项目是较多企业借助互联网渠道、拓宽销路、推广促销、整合线上线下资源，寻找新的利润增长点的主要方式。电子商务项目的成败关系着企业能否顺利转型。因此，掌握电子商务项目运作的规律、电子商务项目管理的方法和工具是这些电子商务项目实践者们的重要使命。

本书充分结合电子商务项目的特点，以经典项目管理的十大知识模块为主线，系统介绍项目管理的基本概念和发展历程，项目需求和可行性分析及项目管理的业务模块（范围管理、进度管理、成本管理、质量管理、人力资源管理、沟通管理、风险管理、收尾管理和整合管理），旨在培养读者理解项目管理的一般规律、理念和方法，以及将其应用到电子商务实践领域的能力。

本书的特色在于通过案例导入每一章的核心内容，以案例中出现的具体项目业务问题或难题激发学生对本章内容的求知欲；每章结尾部分会辅以案例分析和习题，以便于教师开展课堂案例讨论，以及学生对本章内容的巩固。本书所选案例涉及当前电子商务领域发展的热点，如农村电商、移动支付、跨境电商和移动端应用开发等，使学生紧跟电子商务行业发展前沿，保持学习的热情。

  本书适合高等院校电子商务或信息管理等专业作为"电子商务项目管理"课程及其相关课程的教材或教辅资料。本书关注电子商务行业应用热点，注重理论联系实际，可供电子商务运营管理人员提升项目管理水平参考之用，亦可作为有一定项目管理经验人士继续教育的教材。

  本书的编写得到了湖北经济学院信息管理与统计学院的大力支持，尧倩、赵小宇、何先静、郑立丽、张釜滢参与了本书的编写工作，在此对大家一并表示感谢！

彭　玲

2018 年 4 月于湖北经济学院

┃目　录┃

第1章
| 项目与电子商务项目

学习目标

- 了解项目的定义与特征。
- 掌握电子商务项目以及相关概念。
- 掌握电子商务项目的生命周期。
- 了解电子商务项目成功和失败的因素。

知识要点

- 项目的定义与特征。
- 电子商务项目的定义与特征。
- 电子商务项目的生命周期。
- 电子商务项目成功和失败的因素。

【导入案例】

H 公司是一家主要从事膳食营养补充剂的研发、生产和销售的上市企业，为迎合市场需求，拓展营销渠道，2012 年 1 月起 H 公司计划投资 1 500 万元，开始实施利用电子商务来完成新项目——有机食品项目的渠道建设战略。在此前，H 公司已成功开发 B2C 的新渠道销售公司传统产品膳食营养补充剂，依托膳食营养补充剂 B2C 项目的平台，有机食品项目将与公司已有的天然护肤品、婴童营养品等产品同时上线，最终实现公司资源在网络销售渠道的高度整合，这已经成为公司未来发展战略的一部分。

H 公司的有机食品电子商务项目的项目短期目标是开发自有品牌有机食品，建设东西南北 4 个物流配送中心，通过淘宝、天猫等电子商务销售平台进行产品销售，同时发展分销网络。

项目的长远目标则是在国内有机食品知名品牌尚未出现的现状下，倚靠 H 公司强大的经济实力及代表未来消费主流的互联网平台，创造中国有机食品第一品牌。

公司的有机食品电子商务项目的项目范围较广，项目人员较多，一共 75 人。按照 H 公司战略规划，本项目的组织架构采取事业部制组织架构。项目组被命名为有机事业部，项目经理即有机事业部经理。有机事业部由商品供应部和网络运营部这两部分组成，商品供应部负责产品的生产及物流配送，网络运营部负责产品的销售及售前售后服务。

项目原计划的工期是：2012 年 1 月 1 日正式启动项目，2012 年 1 月—2013 年 2 月为项目筹备期，2013 年 2 月产品正式上线（登录互联网平台销售），2013 年 9 月实现项目目标。项目的成本预算为 1 500 万元。项目的盈利计划是：2013 年全年盈利 250 万元；2014 年全年盈利 500 万元；2015 年全年盈利 1 250 万元；2016 年全年盈利 3 750 万元。

实际执行情况如下：项目从 2012 年 1 月 1 日开始执行，经过 590 天即 2013 年 7 月中下旬才开始盈利。设产品销售税率是 17%，2013 年的销售收入预计为 500 万元，销售增长率 2014 年是 100%，2015 年是 150%，2016 年 200% 开始盈利之后会产生所得税，一般以 25% 计算。通过项目成本管理，已计算出项目投入成本为 11 427 687.5 元。可见本项目 2013 年的营业利润为 2 923 830.63 元，2014 年的营业利润为 2 324 415 元，2015 年的营业利润为 14 774 415 元，2016 年的营业利润为 56 274 415 元。2013 年的净利润是 2 192 872.97 元，2014 年的净利润是 1 743 311.25 元，2015 年的净利润是 11 080 811.25 元，2016 年的净利润是 42 205 811.25 元。

2013 年 9 月项目完成时该项目的本项目的投资收益率约为 19.19%。项目回本需要到 2015 年。

（吴帆. M 公司的有机食品电子商务项目管理研究［D］. 广州：华南理工大学，2012）

1.1　项目

1.1.1　项目的定义及特征

项目是为创造独特的产品、服务或成果而进行的临时性工作。"临时性"和"独特性"是其区别其他活动的主要特点。其主要特征表现在以下几个方面。

1. 整体性

项目是为实现目标而开展的任务的集合，它不是一项孤立的活动，而是一系列活动有机组合而形成的一个完整过程。强调项目的整体性，也就是强调项目的过程性和系统性。

2. 独特性

每个项目都会创造独特的产品、服务或成果。尽管某些项目可交付成果或活动中可能存在重复的元素，但这并不会改变项目工作本质上的独特性。例如，即便采用相同或相似的材料，由相同或不同的团队来建设，但每个建筑项目都因不同的位置、不同的设计、不同的环境和情况、不同的干系人等而具备独特性。

3. 临时性

临时性也称一次性、时限性，是指每一个项目都有自己明确的时间起点和终点，都是有始有终的，这是项目与日常运作的最大区别。与持续性相比，临时性并不一定意味着项目的持续时间短。临时性是指项目有明确的开始时间和结束时间，而持续性工作通常是遵循组织已有流程的重复性过程。当项目目标达成时，或当项目因不能达到目标而中止时，或当项目需求不复存在时，或客户（客户、发起人或项目倡导者）希望终止时，项目项目就结束了。虽然项目具有临时性的特点，但项目所创造的产品、服务或成果一般不具有临时性。大多数项目都是为了创造持久性的结果。例如，奥运会场馆的建设就是要创造一个流传百世的文化成果。项目所产生的社会、经济和环境影响，也往往比项目本身长久得多。

4. 目的性

任何项目都有一个明确界定的目标，项目的一切任务要以目标为导向，目标贯穿于项目始终，项目计划和一系列实施活动都是围绕目标展开的。项目目标一般由成果性目标与约束性目标组成，是两者的统一。其中，成果性目标是项目的最终目标，在项目实施过程中，成果性目标被分解为项目的功能性要求，是项目全过程的主导目标；约束性目标通常又称为限制条件，是实现成果性目标的客观条件和人为约束的统称，是项目实施过程中必须遵循的条件，是项目管理的主要目标。例如，对于一个电子商务策划项目来说，其成果性目标包括商业策划的方案等，约束性目标包括方案策划的周期、成本、要求等。

5. 任务相关性

项目的执行是通过完成一系列相互关联又互不重复的任务而达到预定目标的。这些任务由于其关联性，必须按照一定的顺序执行。例如，一个城市的一卡通建设项目，包括需求调研分析、总体规划、功能设计、卡片选择、平台搭建、管理体系构建、市场运营等任务。这些任务都是环环相扣、互相关联的，其中某些任务只有在其前项任务完成后才能启动，而一些任务则可以并行实施。如果这些任务相互之间不能协调地发展，就不能实现项目的最终目标。

6. 制约性

每个项目在一定程度上都会受到客观条件和资源的制约。其中，资源制约是最主要的，包括人、财、物、时间、技术、信息等各种资源的制约。任何一个项目都是有时间限制和预算限制的，并且一个项目的人员、技术、信息、设备条件和工艺水平都是有限制的，它们是决定一个项目成败的关键属性之一。

7. 其他特性

项目除了上述特性以外，还有一些其他特性，包括项目的创新性和风险性、项目成果的不可挽回性、项目组织的临时性和开放性等。这些项目特性是相互关联和相互影响的。由于项目具有独特性，其创造的产品、服务或成果可能存在不确定性或差异性。项目活动对于项目团队成员来说可能是全新的，需要比其他例行工作进行更精心的规划。此外，项目可以在组织的任何层上开展。一个项目可能只涉及一个人，也可能涉及很多人；可能只涉及一个组织单元，也可能涉及多个组织的多个单元。

1.1.2 项目的干系人

项目干系人管理是对干系人的沟通进行管理，以满足项目干系人的需求并与项目干系人一起解决问题。对项目干系人进行积极管理，可促使项目沿预期轨道行进，而不会因未解决的项目干系人问题而脱轨。同时，进行项目干系人管理可提高团队成员协同工作的能力，并限制对项目产生的任何干扰。通常，由项目经理负责项目干系人管理。项目干系人包括项目发起人、客户、项目经理及团队、职能经理、商业合伙人和外部的干系人。

1．发起人

发起人是指以现金或者其他形式为项目提供财务资源的个人或者团体。早在项目刚开始构思时，发起人即为项目提供支持，包括游说更高层的管理人员，以获得组织的支持，并宣传项目将给组织带来的利益。在整个项目选择过程中，发起人始终领导着项目，直到项目得到正式批准。

2．客户

客户也称为委托人或业主，即项目最终成果的需求者和使用者，客户是项目团队获得项目信息的关键来源。在项目范围的确定中，客户起着重要的作用，同时也影响着项目的执行过程，并负责检验项目的可交付成果。

3．项目经理

项目经理是由上级组织授权或委派来保证按照客户的需求完成项目，并对项目全面负责的人。项目经理职位是一个富有挑战性的、需要承担重要责任的岗位。项目经理必须能够理解项目的细节，同时又能够对项目进行整体管理。

4．项目团队

项目团队是为实现项目的共同目标而相互依赖、协同合作的群体。项目团队能否有效地执行项目是项目成败的关键因素。一个有效的项目团队应该善于协作，并能包容团队成员的缺点。项目工作需要团队成员进行准确而清晰的沟通，并为达到工作质量和按期完工而付出努力。

5．职能经理

职能经理是指在公司行政等各职能领域担任管理角色的人，如人力资源、财务、会计、研发或设计等部门经理。他们拥有自己稳定的团队来执行持续的职能工作，在他们各自的领域内，职能经理承担着直接管理的责任。

项目经理需要与职能经理进行合作，从而更好地利用职能部门为项目提供服务。例如，为了更好地完成项目任务，项目经理可能协同人力资源部门经理一起寻找新的项目团队成员。同时，财务部门经理能够为项目提供资金来源及其他详细预算资料。此外，项目需要从这些部门获取具备专业技能的专家等资源。

6．商业合伙人

商业合伙人是指以合同的形式提供项目所必需的组件或服务的外部公司。商业合伙人主要有承包商和供应商。承包商是依据合同而实施项目工作的一方，不具有对项目产品的所有权。供应商是指为项目提供原材料、设备和工具等物资设备的个人或组织。

7. 其他项目干系人

其他项目干系人是指与项目有利益关系的其他组织或个人，主要包括政府有关部门、新闻媒体、竞争对手、合作伙伴和社区众筹等。

1.1.3 项目的生命周期

1. 项目生命周期的含义

项目的生命周期是指项目从开始到结束的全过程。生物的生命周期包括诞生、成长、成熟、衰亡 4 个阶段，但项目的生命周期却不是这种单一方向的发展过程。在一个项目的建设过程中，因环境或条件变化会引起新项目的开始，并不像生物的生命周期那样从诞生一直到衰亡。许多项目由于意料之外的环境变化，即使在接近原来规划的收尾阶段，也可能引发新的开始，即便如此，也有必要在一般情况下对项目的生命周期做出划分。

2. 项目生命周期的划分

项目管理知识体系里把项目生命周期分为 4 个阶段，即概念阶段、规划阶段、实施阶段及收尾阶段，项目在不同阶段其管理的内容也不相同。如图 1-1 所示就是从项目生命周期的角度，对项目的 4 个阶段的工作内容进行的概括性描述。

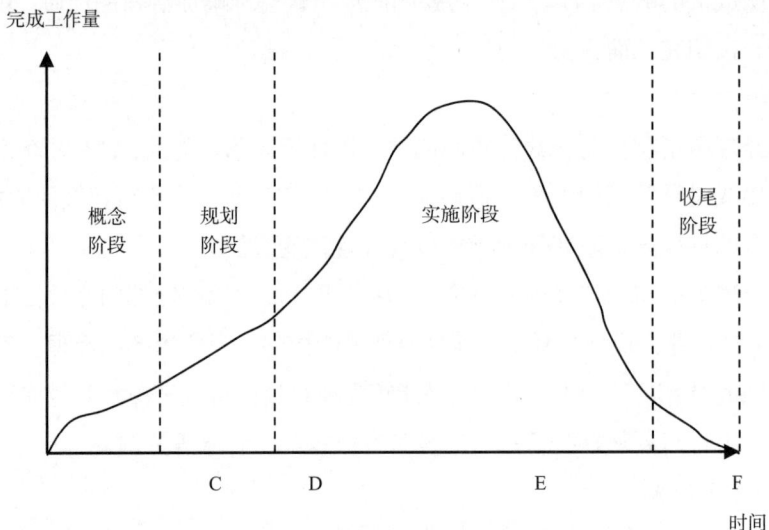

图 1-1 项目的 4 个阶段中完成工作量与时间的关系

C——概念阶段，提出并论证项目是否可行。包括需求的收集、项目策划、可行性研究、风险评估及商务计划书等工作。

D——规划阶段，是对项目实施的总体策划。其主要任务是对项目任务和资源进行详尽计划和配置，包括界定范围和目标，确立项目组主要成员，确立技术路线，工作分解，确定主计划、专项计划（成本、质量保证、风险控制和沟通）等工作。

E——实施阶段，按项目计划实施项目的工作。实施阶段是项目生命周期中时间最长、完成的工作量最大、资源消耗最多的阶段。这个阶段要根据项目的工作分解结构（Work Breakdown Structure，WBS）和网络计划来组织协调，确保各项任务按时保质完成。指导、监督、预测和控制是这一时期的管理重点。

F——收尾阶段（结束阶段），项目收尾的有关工作。项目组织者要对项目进行财务清算、文档总结、评估验收、最终交付客户使用和对项目总结后评价。

1.2　项目管理

1.2.1　项目管理发展概述

1. 项目管理的形成与发展

项目管理作为一种对一次性工作进行有效管理的活动，其历史源远流长。例如，中国的万里长城、埃及的金字塔、古罗马的供水渠等这些不朽的伟大工程，都是历史上古人运作大型复杂项目的范例。有项目就有项目管理的思想。例如，2000 年前春秋战国时期的《考工记》就已规定：凡修筑沟渠堤防，一定先以匠人一天修筑的进度为参照，再以一里工程所需的匠人数和天数来预算这个工程的劳力，然后方可调配人力施工。这充分体现了现代项目管理"以计划为基础"的基本思想。

工程领域的大量实践活动极大地推动了项目管理的发展。首先是传统的项目和项目管理的概念，其主要起源于建筑行业，这是由于在传统的实践中，建筑项目相对其他项目来说，组织实施过程表现得更为复杂。随着社会进步和现代科技的发展，项目管理也不断得以完善，同时项目管理的应用领域不断扩充，现代项目与项目管理的真正发展可以说是大型国防工业发展所带来的必然结果，项目管理也被誉为美国军方对当代管理科学的 13 项最大贡献之一。

因此，现代项目管理通常被认为是第二次世界大战的产物。美国研制原子弹的曼哈顿计划、美国海军的北极星导弹计划与美国军方的阿波罗登月计划等，是推动现代项目管理学科产生、发展与形成的基本背景。

20 世纪 40 年代，由于第二次世界大战的推动，项目管理主要应用于国防和军工项目。典型的项目是美国第一颗原子弹的研制项目，美国把此任务作为一个项目来管理，命名为"曼哈顿计划"。美国退伍将军莱斯利·R·格罗夫斯在后来写的回忆录《现在可以说了》中详细记载了这个项目的始末。项目管理在这一阶段的特征是强调计划的协调与管理，因此产生了用甘特图制订计划的方法。

20 世纪 50 年代后期到 60 年代，美国出现了关键路径法（CPM）和计划评审技术（PERT），项目管理的突破性成就出现在这个时期。

20 世纪 60 年代，美国实施的由 42 万人参加、耗资 400 亿美元的载人登月项目"阿波罗计划"，在应用 CPM 和 PERT 的基础上，基于阿波罗涉及的多部门、多专业、众多单位参与的实际现状，提出了"矩阵组织"的管理技术，使得"阿波罗计划"取得巨大成功。此时，项目管理有了科学的系统方法和系统工具。现在，甘特图计划、CPM 和 PERT 技术、矩阵组织技术已被认定为项目管理的常规"武器"和核心方法。

20 世纪 70 年代，项目管理在新产品开发领域中扩展到了中型企业。到了 70 年代后期和 80 年代，越来越多的中小企业也开始引入项目管理，将其灵活地运用于企业管理的各项活动中，项目管理技术及其方法也在此过程中逐步发展和完善，项目管理学科体系逐渐形成。此时，项目管理已经被公认为一种有生命力并能实现复杂的企业目标的良好方法。

20 世纪 90 年代以后，随着信息时代的来临和高新技术产业的飞速发展并成为支柱产业，项目的特点也发生了巨大变化，管理人员发现许多在制造业经济下建立的管理方法，到了信息经济时代已经不再适用。制造业经济环境下，强调的是预测能力和重复性活动，管理的重点很大程度上在于制造过程的合理性和标准化。而在信息经济环境里，事务的独特性取代了重复性过程，信息本身也是动态的、不断变化的。灵活性成了新秩序的代名词。他们很快发现实行项目管理恰恰是实现灵活性的关键手段。他们还发现项目管理在运作方式上最大限度地利用了内外资源，从根本上改善了中层管理人员的工作效率，于是企业纷纷采用这一管理模式，并成为企业重要的管理手段。经过长期探索总结，现代项目管理逐步发展成为独立的学科体系，成为现代管理学的重要分支。

总的来讲，项目管理在其发展过程中主要经历了 3 个阶段，如图 1-2 所示。

（1）产生阶段，即古代的经验项目管理阶段。在这个阶段项目实施的目标是完成任务，如埃及金字塔、古罗马的供水渠、中国的长城等；还没有形成行之有效的方法和计划，没有科学的管理手段和明确的操作技术规范。

（2）形成和发展阶段，即近代科学项目管理阶段。在这个阶段着重强调项目的管理技术，实现项目的进度、成本、质量三大目标。例如，利用关键路径法和计划评审技术对美国军事计划及阿波罗登月计划的成功管理。

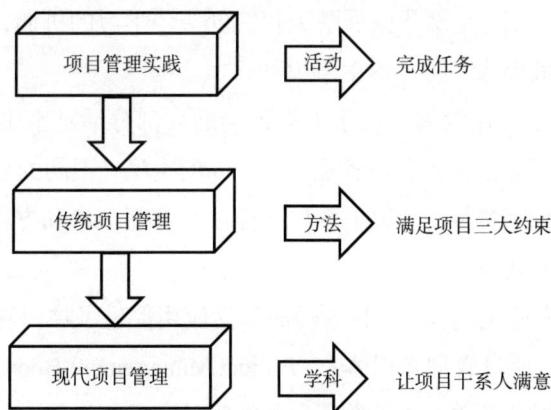

图 1-2 项目管理发展的 3 个阶段

（3）现代项目管理阶段，也是项目管理发展的成熟阶段。项目管理除了实现进度、成本、质量三大目标外，管理范围不断扩大，应用领域进一步增加，与其他学科的交叉渗透和相互促进不断增强，也强调面向市场和竞争，引入人本管理及柔性管理的思想，以项目管理知识体系所包含内容为指导，向全方位的项目管理方向发展，追求干系人的满意。

现代项目管理已经为项目管理的应用提供了一套完整的学科体系，其追求的目标是使项目参与方都得到最大的满意及项目目标的综合最优化。当代项目与项目管理是扩展了的广义概念，项目管理更加面向市场和竞争、注重人的因素、注重客户、注重柔性管理，是一套具有完整理论和方法基础的学科体系。

目前在世界各国，项目管理不仅普遍应用于建筑、航空、航天、国防等传统领域，而且已经在电子、通信、计算机、软件开发、制造业、金融业、保险业甚至政府机关和国际组织中成为其运作的核心管理模式。

2. 项目管理学科的形成及发展

尽管人类的项目实践可以追溯到几千年前，但是将项目管理作为一门科学来进行分析研究，其历史并不长。从世界第一个专业性国际组织国际项目管理协会（International Project Management Association，IPMA）于 1965 年成立至今只有 40 多年的时间。经过这 40 多年的努力，目前国际专业人士对项目管理的重要性及基本概念已有了初步共识。当前项目管理学科的发展有以下 3 个特点。

（1）项目管理的全球化发展。知识经济时代的一个重要特点是知识与经济发展的全球化。竞争的需要和信息技术的支撑，促使了项目管理的全球化发展，主要表现在国际项目合作日益增多、国际化的专业活动日益频繁、项目管理专业信息的国际共享等方面。项目管理的全球化发展既为我们创造了学习的机遇,也给我们提出了高水平国际化发展的要求。

(2)项目管理的多元化发展。由于人类社会的大部分活动都可以按项目来运作,因此当代的项目管理已深入各行各业,以不同的类型、不同的规模出现。这种行业领域及项目类型的多样性,导致了各种各样项目管理理论和方法的出现,从而促进了项目管理的多元化发展。

(3)项目管理的专业化发展。项目管理的广泛应用促进了项目管理向专业化方向的发展,突出表现在项目管理知识体系(Project Management Body of Knowledge,PMBOK®)的不断发展和完善、学历教育和非学历教育竞相发展、各种项目管理软件开发及研究咨询机构的出现等。可以说,这些专业化的探索与发展也正是项目管理学科逐渐走向成熟的标志。

3. 项目管理知识体系的形成及发展

项目管理知识体系是(美国)项目管理协会(Project Management Institute,PMI)于 1984 年首先提出的一个概念,并于 1987 年推出了其第一个基准版本,随后 1996 年进行了改进并正式发布了 PMBOK® 1.0,2008 年发布了 PMBOK® 4.0。PMBOK® 是项目管理职业的知识总和,就像法律、医学、会计这些职业一样,项目管理专业人员也需要一套完善的项目管理专业知识体系。PMBOK® 是作为在所有项目中使用项目管理知识领域的指导纲要而编写的,同时它描述了这些领域的基本知识框架。

PMBOK® 将项目管理过程科学地划分为启动、规划、执行、监控和收尾五大过程,并系统归纳了项目管理的十大知识领域:范围管理、进度管理、成本管理、质量管理、资源管理、沟通管理、干系人管理、风险管理、采购管理和整合管理。PMBOK® 对各领域的知识、技能、工具和技术做了全面总结。实践证明,PMBOK® 已经真正成为项目管理专业人士的知识指南。目前,PMBOK® 已经被世界项目管理界公认为一个全球性标准,国际标准化组织(ISO)以该指南为框架,制定了 ISO10006 标准。[①]

PMBOK® 还是一个项目管理职业和实践中共同的术语汇编,为讨论、书写和应

---

① PMI 按照 ISO 更新要求,每 4 年更新一次《PMBOK®指南》(PMBOK® Guide),早前已经出版了 2000(第 2 版)、2004(第 3 版)、2008(第 4 版)、2012(第 5 版)几个版本,PMBOK® 第 6 版 2018 年第 1 季度正式启用。与之前版本相比,第 6 版将项目管理的九大知识领域更新为十大知识领域,包括项目整合管理、项目范围管理、项目进度管理、项目成本管理、项目质量管理、项目资源管理、项目沟通管理、项目风险管理、项目采购管理和项目干系人管理。

用项目管理方面的问题提供了便利。

有效的项目管理要求项目管理团队理解和利用至少 5 个专业知识领域的知识与技能。

（1）项目管理知识体系。

（2）应用领域知识、标准与规章制度。

（3）理解项目环境。

（4）通用管理知识与技能。

（5）处理人际关系技能。

上述 5 个专业领域虽自成一体，但是在项目管理中的应用有重叠之处，任何一方都不能独立。有效的项目团队在项目的所有方面都要综合运用它们，但没有必要使项目团队每个成员都成为这 5 个领域的专家，任何一个人都具备项目所需要的所有知识和技能事实上也是不可能的。然而，项目管理团队具备该指南的全部知识，熟悉项目管理知识体系与其他 4 个管理领域的知识对于有效地管理项目是十分重要的。

中国项目管理研究委员会于 2001 年在其成立 10 周年之际正式推出了《中国项目管理知识体系》（C-PMBOK），其知识范畴限定在项目管理的共性知识，即"普遍接受的项目管理知识与实践"，但在其体系结构上已考虑了包容其他领域知识的问题。2006 年，C-PMBOK2.0 也正式出版。

4. 现代项目管理的发展变革

传统项目管理虽然使人类创造了许多不可思议的辉煌成就，但世界经济史无前例的快速变化和高度复杂性使项目决策者的决策只能建立在很少的确定性和大量的推测基础上，因而项目管理面临着前所未有的高风险环境，传统的项目管理已表现出以下几个方面的缺陷。

（1）过分关注项目的进度、成本和质量，忽视了客户的重要性。虽然注重项目的进度、成本和质量与满足客户需求从理论上讲是一致的，因为质量包含了客户的需要和要求，但项目经理往往容易忽视客户的心理，凭个人兴趣制造些同行专家羡慕的项目成果。

（2）过分关注项目的方法和工具的应用，无暇顾及其他重要事情。项目管理方法和工具的应用使项目管理人受益匪浅，但项目管理的"二八现象"以不争的事实说明：项目管理仅有 20%失败于项目管理技术方法，80%失败于员工不负责任、政治风波及不能有效地沟通、意见等一些非技术性原因。

（3）项目范围的定义太狭窄。传统项目管理将项目经理的管理领域定义为项目的执行，即在限定的范围内完成工作，项目经理缺乏足够的预算资源以对项目的投资方负起完全责任，很难有效地为客户服务。

因此，传统的项目管理变革势在必行，必须以满足干系人的需求为核心，重新定义项目经理的责任与作用，创造更加科学、更加适应新的商业环境的项目管理理论和技术，以更好地发挥项目管理的作用。这种变革有以下两个重点。

（1）干系人满意是现代项目管理变革的核心。传统项目管理以项目进度、成本及质量三大约束指标衡量项目成功与否的观念正在飞速地发生变化，越来越多的项目专业管理人员意识到：最惨重的项目失败莫过于所完成的项目不能让客户满意，干系人的满意成为项目管理成功的衡量标准。追求干系人满意的观点，使项目人员的角色从项目计划的执行者变成能对干系人需求做出迅速而有效的反应的参与者。在项目一开始，项目经理和项目管理人员首先要做的是分析项目不同干系人的需求，以及如何满足并平衡他们的需求。

（2）项目经理的重新定义。项目经理的智慧和有效的管理能创造出巨大价值，他们是项目成功的重要人物。除了传统项目管理对项目经理素质的要求之外，以干系人满意为目标的项目管理要求项目经理必须具备多项特殊素质，如对项目目标有透彻的理解，对项目有强烈的责任心，能应付挫折和失望，能忍受项目模糊不清的煎熬，有政治头脑，有成本意识和基本经营技巧。除此之外，项目经理还应具有对项目市场商业风险的双重特性：既要顾全大局又要注重细节；既要保持稳定又要有一定的灵活性；既具备分析能力又充分相信直觉；处理人际关系既"软"又"硬"，项目经理必须以干系人满意为目标。项目经理必须被授予有效的运作权力，以便对客户提出的疑问和变更要求做出直接而有效的快速响应，并真正对项目的盈亏负责。

1.2.2 项目管理的定义

"项目管理"给人的最直观的理解就是"对项目进行的管理"，这也是其最原始的概念，它说明了两个方面的内涵。

（1）项目管理属于管理的范畴。

（2）项目管理的对象是项目。

然而，随着项目及其管理实践的发展，项目管理的内涵得到了较大的充实和发展，当今的"项目管理"已是一种新的管理方式、一门新的管理学科的代名词。

"项目管理"一词有两种不同的含义，其一是指一种管理活动，即一种有意识地按照项目的特点和规律，对项目进行组织管理的活动；其二是指一种管理学科，即以项目管理活动为研究对象的一门学科，它是探求项目活动科学组织管理的理论与方法。前者是一种客观实践活动，后者是前者的理论总结；前者以后者为指导，后者以前者为基础。就其本质而言，二者是统一的。

PMI 对项目管理的定义是：项目管理就是将知识、技能、工具与技术应用于项目活动，以满足项目的要求。项目管理通过应用和综合诸如启动、计划、实施、监控和收尾等项目管理过程来进行的。项目经理是负责实现项目目标的个人。管理一个项目一般包括以下几个方面。

（1）识别要求。

（2）确定清楚而又能够实现的目标。

（3）权衡质量、范围、进度和成本方面互不相让的要求。

（4）使技术规定说明书、计划和方法适合于各种各样干系人的不同需求与期望。

国际知名项目管理专家、《国际项目管理杂志》（IJPM）主编罗德尼·特纳（J. Rodney Turner）提出不要试图去定义一个本身就不精确的事物，因此他给出了一个很简练的泛泛的定义：项目管理既是艺术又是科学，它使远景转变为现实。

美国著名的项目管理专家詹姆斯·刘易斯（James Lewis）博士认为：项目管理就是组织实施对实现项目目标所必需的一切活动的计划、安排与控制。

综合上述定义，我们认为：项目管理就是以项目为对象的系统管理方法，通过一个临时性的专门的柔性组织，对项目进行高效率的计划、组织、指导和控制，以实现项目全过程的动态管理和项目目标的综合协调与优化。

1.2.3　项目管理的内容

1. PMBOK® 中项目管理的内容

根据 PMI 提出的 PMBOK® 对项目管理所需的知识、技能和工具进行的概括性描述，项目管理内容包括范围管理、进度管理、成本管理、质量管理、资源管理、沟通管理、风险管理、采购管理、整合管理和项目干系人管理这十大领域。

2. 在 IPMP 体系中项目管理的内容

IPMP 为 International Project Management Professional 的缩写，即国际项目管理专业资质认证。该认证体系是由国际项目管理协会（IPMA）在全球推行的项目管理专业资质认证体系的总称。国际项目管理协会界定的项目管理内容包括：项目与项目管理、项目管理实施、按项目进行管理、系统方法与综合、项目背景、项目阶段与生命周期、项目开发与评估、项目目标与策略、项目成功与失败的标准、项目启动、项目发展、项目结构、项目范围与内容、时间进度、资源、成本与融资、技术状态与变化、项目风险、效果质量、项目控制、文档与报告、项目团组织、团队工作、领导、沟通、冲突与危机、采购与合同、项目质量管理共 28 项内容。

3. 广义上的项目管理内容

前两个理论体系对项目管理的内容、形式、界定不同，但实际上两者的主要内容是一致的，在 IPMP 体系下，内容描述更加详细。因此，可以对两者加以融合，将常见的项目管理内容从组织层次、不同主体、生命周期、工作过程、职能领域等方面来归纳。

（1）从组织层次划分——可将项目管理分为企业层次的管理和项目层次的管理。

（2）从项目的不同主体划分——可将项目管理分为业主管理、承包商管理、监理管理、客户管理。

（3）从项目的生命周期划分——可将项目管理分为概念阶段的管理、规划阶段的管理、实施阶段的管理、收尾阶段的管理。

（4）从基本过程划分——可将项目管理分为启动过程的管理、计划过程的管理、执行过程的管理、控制过程的管理、结束过程的管理。

（5）从职能划分——可将项目管理分为范围管理、进度管理、成本管理、质量管理、资源管理、沟通管理、风险管理、采购管理、干系人管理和整合管理。

- 范围管理——根据项目的目的，界定项目所必须完成的工作范围并对它进行管理，包括立项、项目范围的计划和定义、范围确认、范围变更控制。
- 进度管理——给出项目活动的定义、安排和时间估计，制订项目计划并实行控制。
- 成本管理——确保项目在预算范围内的管理过程，包括资源和成本的规划、成本预算和控制。
- 质量管理——确保项目满足客户需要的质量，主要包括质量计划、质量保证和质量控制。
- 资源管理——确保项目团队成员发挥最佳效能的管理过程，包括组织计划、人员招聘和项目团队的组件。
- 沟通管理——确保项目相关信息能及时、准确地得到处理，包括沟通计划的制订、信息传递、过程实施报告和评估报告。
- 风险管理——确保项目能够成功实现，需进行风险的识别、度量、响应和控制。

- 采购管理——确保项目所需的外界资源得到满足，包括采购计划、询价、资源选择、合同的管理和终结。
- 干系人管理——确保项目会赢得更多人的支持，包括对项目干系人需要、希望和期望的识别，并通过沟通上的管理来满足需求、解决其问题的过程。
- 整合管理——确保项目各要素的协调工作，包括项目计划的制订和执行、项目整体变化控制。

1.2.4　项目管理的特征

项目管理与传统的部门管理相比最大的特点是项目管理注重于综合性的管理，并且项目任务有严格的时间期限。项目管理必须通过不完全确定的过程，在确定的期限内生产出符合要求的产品，并且严格遵照项目的进度安排和严格控制项目成本，因此总结项目管理的特点如下。

1. 项目管理注重于综合性管理

项目管理工作有严格的时间期限、日程安排和进度控制，以及权衡进度和成本之间的交换，常常对项目管理产生很大的压力。

2. 项目管理的对象是项目或被当做项目来处理的作业

项目管理是针对项目的特点而形成的一种管理方式，因而其使用的对象是项目，特别是大型的、比较复杂的项目。鉴于项目管理的科学性和高效性，有时人们会将重复性工作中的某些过程分离出来，加上起点和终点当做项目来处理，以便于在其中应用项目管理的方法。

3. 项目管理的全过程都贯穿着系统工程的思想

项目管理把项目看成一个完整的系统，依据系统论的原理，可以将系统分解为许多责任单元，由责任者分别按要求完成目标，然后汇总、综合成最终成果；同时，项目管理把项目看成一个有完整生命周期的过程，强调部分对整体的重要性，促使管理者不要忽视其中的任何阶段以免造成总体的效果不佳甚至失败。

4. 项目管理的组织具有特殊性

项目管理的组织是临时的，项目终结了，其组织的使命就完成了；项目管理的组织是柔性可变的，可根据项目生命周期各阶段的具体需要适时地调整组织的配置，以保障组织的高效、经济运行；项目管理的组织是扁平化的，多为矩阵结构，强调其协调控制职能，以保证项目总体目标的实现。

5. 项目管理方法的先进性

项目管理的方法、工具和手段具有先进性、开放性,用到多学科的知识和工具,其要点是创造和保持一种能让项目正常运行的环境。

1.3 电子商务项目

1.3.1 电子商务项目的定义与特征

电子商务由交易主体、市场电子、交易事务和信息流、资金流、物资流等基本要素组成。目前电子商务在英文中主要有 EC（Electronic Commerce）、EB（Electronic Business）两种，人们把 EC 称为狭义电子商务，而把 EB 称为广义电子商务。狭义电子商务主要是指利用互联网进行的商务交易活动。而广义的电子商务是指利用信息技术（IT）对整个商务活动实现全程电子化运营，如市场分析、客户联系、物资调配、网上交易、供应链管理、客户关系管理及企业内部管理等内容。换句话说，电子商务是指利用各种信息技术进行经营管理活动的总和。

所谓电子商务项目，是指在电子商务过程中，为了达到所需的绩效目标，在一定期限内，依托一定的资源而进行的一系列活动，这一系列活动的过程有其丰富的内容，构成了许多独特的项目。电子商务项目的绩效也是通过 3 项主要目标的完成量来衡量，即进度（项目是否按时完成）、成本（项目是否符合预算）和质量（项目达到客户满意的程度）。

电子商务项目作为项目中的一种类型，具有项目的共同特点。

（1）一次性。项目的一次性主要是指项目是一次性的努力，一次性是项目与日常运作的区别，任何成功的项目，无论其效益或影响如何，就项目本身来说，都是一次性的努力。例如，企业网站项目，随着网站的建成发布，项目也就结束了。建网站是一次性的努力，但网站的影响可能很长远。项目的一次性还体现在项目是独一无二的。例如，给甲、乙两个企业设计网站，虽然工作性质相似，但甲企业与乙企业的商业模式和网站需求可能差别很大，所以虽同为建网站，且成本、工期和作业方式可能相差很远，因而给甲企业设计网站和给乙企业设计网站，因其特定的需求不同，项目仍是独一无二的。

（2）目标明确性。任何项目都有一个明确界定的目标，项目的一切工作要以目标为导向，目标贯穿于项目始终，项目计划和一系列实施活动都是围绕目标展开的。项目的目标通常用工作范围、进度计划和成本来表达。例如，一个企业的电子商务项目目标可能是花 2 万元，用 1 个月的时间，在阿里巴巴第三方平台上开设商铺，以拓展销售渠道，增加贸易机会；另一个企业的电子商务项目目标可能是花 100 万元，用 9 个月的时间构建商务网站，开展网上销售，以扩大销售范围，提高销售收入，提升企业产品品牌知名度。

（3）任务相关性。项目的执行是通过完成一系列相互关联又不重复的任务而达到预定的目标。这些任务由于其关联性，必须按照一定的顺序执行。例如，一个企业商务网站项目就可能包括需求调研分析、网站总体规划、系统平台选择、网站应用系统开发、网站内容建设和域名登记等任务，这里多项任务都是环环相扣、内在相关的，其中某些任务在其前项任务完成之前不能启动，而另一些任务可以并行实施。如果这些任务相互之间不能协调开展，就不能实现项目的目标。

（4）资源限定性。项目需要运用各种资源来执行任务，包括人、财、物、时间、技术、信息等各方面的资源，每个项目的资源都在一定程度上受到客观条件的约束。如果现目在人、财、物、时间等资源上充足，那么其成功的可能性就会高；相反，则项目成功的可能性就会大大降低。

（5）周期确定性。任何项目都是在限定的期限内完成的，有明确的开始时间和结束时间，即具有确定的项目周期。例如，一个企业的网站建设项目可能是从某年6 月 10 日开始到当年 9 月 20 日结束。

（6）不确定性。任何项目在执行过程中都包含着一定的不确定性。一个项目开始前，应当在一定的假定和预算基础上准备一份计划，包括质量性能要求和进度、成本的估算。这种事先的假定和预算与将来的项目真实情况难免会有偏差，从而给项目带来一定程度的不确定性，可能还会影响项目目标的实现。

1.3.2　电子商务项目的范围

电子商务项目的范围很广，既包括企业的电子商务建设，也包括政府、个人和社会其他主体的电子商务活动。由于企业是商务活动的主体，所以利用电子工具来改造、优化传统企业的商务活动过程，使企业在信息流转、计划决策、物料采购、生产计划、市场营销、人力资源、物流和财务管理等各个环节采用适当的电子手段来提高效率、降低成本、提高竞争力的努力，是电子商务项目的重心所在。

根据电子商务项目主体的不同，可以将电子商务项目分为电子商务新项目和电子商务优化项目两种类型。

1. 电子商务新项目

这类项目是指网络企业抓住电子商务带来的商机，通过创新的技术和管理手段，吸引投资资本（如风险资本），在互联网上进行的发展新市场、开拓新业务等活动。腾讯的 QQ、百度的搜索引擎、阿里巴巴的平台、盛大的网络游戏及新浪的新闻都是这类项目成功的典型。

与电子商务优化项目相比，这类项目从事的不是企业原有的业务，甚至连企业都是因项目而新创立的网络企业。由于全新开拓的创新业务缺乏既有的业务基础和渠道资源，需要充分的前期市场调查和更多的初始投入。这类项目首先必须具有价值性，具有广阔的市场前景和足够的市场空间，以吸引资本的投入；其次，这类项目最好是新颖、独特的。新颖就是要发现网络上尚未被他人发掘的市场机会，独特就是做别人还没有做的事情。新颖、独特有利于企业占据先机，降低进入门槛，取得竞争优势，但同时也具有巨大的风险性和项目后果不可挽回性。例如，阿里巴巴抓住中国广大的中、小企业这一群体，在初期以免费会员制吸引中、小企业登录注册，逐步汇聚了商流和信息流，创造了无限商机。

2. 电子商务优化项目

这类项目是传统工商企业（包括 IT 等新兴企业）为了在网络经济快速发展的情况下更有效地参与市场竞争，采用电子商务的技术和商务模式，借助互联网而开展的网上营销、产品销售、物资采购、服务升级等活动。海尔、联想、沃尔玛等都是这类项目成功的典型。

这类项目有一个显著特点，即项目是在企业原有的产品和服务的基础上开展的，是企业经营方式的一种延伸、一种创新，其目的是扩大业务范围、增加销售，同时降低成本、减少库存，以取得企业整体竞争优势。

这类项目的另一个特点是，项目的实施很可能会使企业在应用技术、管理结构、业务流程及企业文化等诸多方面产生变革。比如，某企业的电子商务项目，如果只单纯地将产品放到网上销售，其新增的网络渠道就可能与传统渠道因争抢客户而产生渠道冲突。为避免产生不良后果，在项目开展前必须进行周密的规划和部署，确保目标一致、协调控制，最大限度地减少项目实施风险。

电子商务优化项目，可以是简单的网上发布产品信息的一个项目，也可以是一个较复杂的项目，比如建立客户关系管理系统、ERP 系统等；可以是一个在几天之内完成的短期项目，也可以是一个时间跨度较长的长期项目，比如一个大型企业上 ERP 系统通常要两年时间。这些项目，虽然大小不同、长短不一，但都属于电子商务项目范畴。

1.3.3 电子商务项目的生命周期

电子商务项目的生命周期包含概念阶段、规划阶段、实施阶段和收尾阶段 4 个阶段，不同的阶段有不同的管理内容。

1. 概念阶段——识别需求

这一阶段是电子商务项目整个生命周期的起始阶段,也是整个项目的孕育阶段,主要任务是确认和批准一个项目执行,项目产生的基础是确定适合客户的需求。识别需求的主要任务是发现、提出需求,并论证项目是否可行,包括需求调研、数据分析、可行性研究、风险评估及编制项目建议书或商业计划书等工作。

客户必须首先确定需求或问题。有时候,问题会被迅速确认,如在某些突发事件出现的情况下,客户会立即产生需求。在另外一些情况下,客户可能需要很长的时间才能清晰地确认需求。比如,一个企业建立自己的网站,是建一个仅仅用于宣传的静态网站,还是建一个有互动功能的网上交易平台?这要根据公司的经营战略和可利用的资源等具体情况来确定。

对大、中型企业来说,在面向承包商确认电子商务需求之前,往往要经过一段时间的酝酿。在这个过程中,往往是自行进行初步可行性研究,形成一个项目建议书或初步可行性研究报告。项目建议书经过企业高层批准后,企业安排内部的某个项目经理来组织和推动项目的发展,或者自己组建项目团队或者联络承包商。比如,某公司的管理层想建立公司的网站,可能指派公司内部的某个部门提交一份项目建议书。如果公司内部有相应的技术实力和人员,公司可能会自己组建一个项目团队来完成建站的任务;如果公司没有相应的技术条件,或者不想把精力花费在建站上,则会委派一个项目经理来联络承包商。

在这一阶段,有一种做法是客户向承包商征询需求建议书(Request for Proposal,RFP),客户提出需求解决的问题,要求承包商提交有关他们如何在成本约束和进度控制下解决问题的方案。一个把建站作为需求的企业,可能会以 RFP 的方式把它的需求用文件表达出来,并把文件分送给几家不同的承包商。我们在电子商务项目的实践过程中发现,很多时候,传统企业对实现电子商务的需求,往往需要承包商来予以引导,帮助企业明确需求。在这种情况下,企业就很难自己做出 RFP。

这个阶段投入的人力和物力可能不多,但对后期的影响很大。尤其是电子商务新项目,企业没有先例可以模仿或复制,在市场调研的基础上确定需求是一项很重要的工作。有一些项目实施后达不到预期目的,大多不是因为项目计划、实施工作没有做好,而往往是缺乏全面、细致、准确的可行性分析,从而导致决策失误。因此,对概念阶段的工作要给予足够的重视,做好项目需求方案的必要性及可行性研究,防止盲目决策而导致失误。概念阶段的重要性可以概括为:一个有价值的需求被策划成项目得以实现无疑可以取得很好的经济效益,而一个价值不大的项目被及时中止却可以减少企业的直接损失，很多企业更重视后者。

2．规划阶段——提出解决方案

当一个电子商务项目的概念已经完全明确，决策者做出立项决策之后，便开始进入项目规划阶段，全面系统地计划、安排电子商务项目的实施过程，制订项目实施的整体计划。

规划阶段是项目成功实施的重要保证，其主要任务是确定项目要实现的目标以及为实现这一目标所必须完成的各项工作和活动，包括界定项目的目标和范围，确定技术路线，确立项目组主要成员，工作分解，确定主计划、专项计划（成本、质量保证、风险控制和沟通）等工作。这些工作可以由承包商来做，也可以由公司内部的项目团队来做，他们会将解决客户需求的方案以申请书或投标书的形式提交给客户。为了提出容易中标的解决方案，承包商应该认真研究客户需求和相关条件，同时也要考虑自己执行项目时的能力。

在电子商务项目实施的整体计划中，项目目标和范围是项目实施所要达到结果的依据；工作分解及时间估计为项目的计划提供基础；良好的进度安排、人员组织计划、资源计划、成本预算及质量计划是项目实施的基础。

一般来说，项目目标应该非常明确、具体、可操作和可测量。理想情况是项目开始时就有一个明确的目标，但是在现实项目中，特别是电子商务项目，则很难做到。第一种情况是项目开始往往不很清楚需要什么，需求在项目进行中才能逐渐明确；第二种情况是在项目过程中，目标常常会发生变动，不得不进行项目变更和返工。

每一个成功的项目都必然有周密的项目计划，以保证项目在合理的工期内低成本、高质量地完成任务。一个好的项目计划提供了项目的全景描述，它为所有干系人全面了解项目内容、进行交流和协商提供了有效方式和工具，是指导、控制、协调项目实施的最有力标准和依据。计划可能随着项目的深入而更新，但是任何计划的变动都必须遵循项目的变更控制程序。

从项目的整个周期来看，项目的规划阶段所占比例是比较大的。

3．实施阶段——执行项目

在规划阶段产生的项目计划被批准后，客户与承包商签订合同，项目组组织人力、协调其他资源以执行计划，开始项目的实施工作。实施阶段是电子商务项目生命周期中时间最长、完成的工作量最大、资源消耗最多的阶段。

项目的执行是使项目组成员能够按项目的目标有计划地组织工作，以便成功地实现项目目标，满足项目的要求。项目组成员的目标都是共同完成项目，一般由项目经理总体负责项目的实施工作。对于大型的电子商务项目，可以将项目分成多个子项目进行同步开发,因此就需要一个总的项目管理组负责对各个子项目的公共部门做出指导、协调和管理,各个子项目应有各自的项目管理小组,也可以利用项目管理办公室的方式组织大型项目的项目管理。

在实施阶段中,项目控制是确保项目依照项目计划和目标保质保量按时完成的重要工作。项目控制就是监视和测量项目的实际情况。一般需要细化目标,制订工作计划,协调人力和其他资源,定期监控进展,分析项目偏差,采取必要的措施以实现项目目标。若发现实施成果偏离计划,就应找出原因,及时采取行动,使项目回到计划轨道上来。

项目的控制过程主要包括进度控制、成本控制、质量控制、风险控制和变更控制等内容,其目标是使项目实施在进度、成本和质量上达到综合协调。

(1)进度控制。进度控制就是比较项目实际与计划之间的差异,并做出必要的调整使项目朝预定的方向发展。在项目实施中,难免会发生各类意外和风险,进度控制就是根据项目的实际情况和项目计划对各项子任务的实施进展进行监控和调整,确保项目能够按照计划完成。

(2)成本控制。成本控制就是监控成本的正负偏差、分析原因和采取措施,以确保项目不超出预期的成本预算。成本控制能力直接关系项目的盈利情况,因此多数企业都将成本控制放在首位。在电子商务项目中,人力成本所占比重较大,事前难以准确估算,因此,不重视人力资源管理将会导致项目成本超支。

(3)质量控制。项目质量一般通过定义交付物标准来明确定义,这些标准包括各种特性以及这些特性需要满足的要求。另外,质量还包含对项目过程的要求,比如规定执行过程应该遵循的规范和标准。因此,质量管理主要就是监控项目的交付物和执行过程,以确保它们符合相关标准,同时确保不合格项能够按照正确的方法排除。对电子商务项目来说,基于软件能力成熟度模型的开发过程、持续改进和质量保证方法也具有重要意义。

(4)风险控制。有效的风险控制可以提高项目的成功率。电子商务项目具有高风险的特点,包括产品识别风险、质量控制风险、网上支付风险、物权转移中的风险、信息传送风险等多种风险,因此对电子商务项目进行风险管理非常重要。在项目早期就应该进行必要的风险分析,并通过规避风险降低失败概率,避免返工造成成本上升。另外,提前对风险制定对策,就可以在风险发生时迅速做出反应,避免风险发生后无法规避而造成更多的损失,以最少的成本保证项目总体目标实现。

(5)变更控制。变更控制的目的不是控制变更的发生,而是对变更进行管理,确保变更有序进行。对于电子商务项目来说,发生变更的环节和时间点比较多,因此变更控制格外重要。

4. 收尾阶段——结束项目

收尾阶段是电子商务项目生命周期的最后阶段,其目的是要确认项目实施的结果是否达到了预期的要求,实现项目的移交与清算,包括移交工作成果、财务清算审计、文档整理归档、项目评估验收、项目终结。核查项目计划规定范围内的各项工作或活动是否已经全部完成,可交付成果是否令人满意,并将核查结果记录在验收文件中;检查所有的款项是否已经交付结清;收尾阶段一个很重要的工作就是评估项目绩效,通过评估,明确在哪些方面应该改善、哪些方面可以借鉴,以便对后续的项目产生良好的借鉴和影响。

由于电子商务项目大多是形成无形资产,项目的收尾阶段可能与工程项目等一次性项目有所不同。

电子商务项目生命周期如图 1-3 所示。图中的纵轴表示资源投入水平,横轴表示项目阶段的时间。

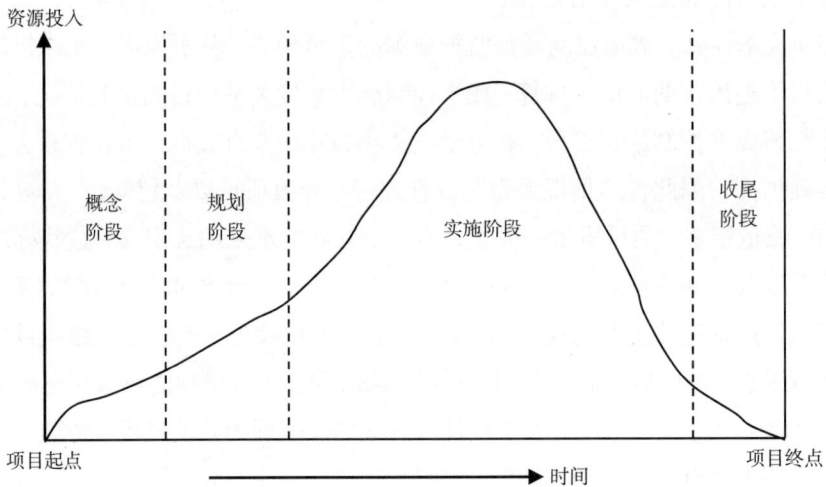

图 1-3 项目生命周期示意图

项目生命周期的长度依项目内容、复杂性和规模而定,从几个星期到几年不等。由于信息技术的更新较快,电子商务项目的周期比一般工程项目的周期要短。客户一旦明确了项目需求,就常常要求承包商尽快完成项目,早日交付项目成果。

从图 1-3 中可以看出,各个阶段的资源投入水平是不同的,一个项目资源投入最大的阶段是项目的实施阶段。在项目初期需求识别阶段,有关项目资源、人员方面的需求很低;而进入规划阶段以后,项目对于资源的需求逐渐升高,需要投入更多的人力和其他资源；进入实施阶段后，资源投入水平急剧增加，当项目接近收尾时，资源投入水平以更快的速率减少；到项目收尾阶段，资源投入水平逐渐减少到零。

项目生命周期的变动在一定程度上也反映了项目风险的变动情况。在项目初期阶段，项目成功的概率较低，而项目的风险和不确定性却很高。随着项目的进展，许多原先不确定性的因素会逐步变为确定性的因素后，项目成功的概率会大大升高，而风险和不确定性大大降低。

1.3.4　电子商务项目成功的制约因素

电子商务近年来越来越受到企业的青睐，当然不乏政府的支持、政策的引导，但其根本原因在于电子商务自身的优势，它为广大企业带来了绝好的发展机遇。通过互联网，企业扩大了市场空间；电子商务提供的面对面的交易方式，减少了中间环节，节省了流通成本；为企业提供了廉价和高效的宣传和服务手段，企业可以很方便地得到客户的反馈信息，对客户进行跟踪服务；使企业和供应商、客户的关系更加紧密；大大提高了企业内部的管理水平，降低了企业的经营成本；可以减少企业的产品库存、缩短生产周期。

但是，传统观念、流程变革等的障碍，基于互联网的安全和技术等方面的制约，为企业发展电子商务、实施电子商务项目带来了诸多困难。

1. 不成功的原因

电子商务项目范围广、技术含量高，对企业人员素质和企业能力的要求较高，因此，它具有很大的不确定性，往往由于当初对困难估计不足，低估了某些资源的成本，而造成项目目标的偏移甚至项目的失败。目前，电子商务项目的成功率不高，在发达国家仅为30%左右。电子商务项目成功的制约因素，主要表现在以下几个方面。

（1）企业能力不能满足电子商务项目的要求。企业能力不足，一方面体现在企业的管理水平难以适应电子商务项目的需要，另一方面是企业人员的素质和业务流程不能满足要求。电子商务项目与以往的标准工作不同，电子商务项目往往是并行工作，要求人员具有一定的素质，在协同工作的同时，项目成员都要承担部分管理工作。协同管理不是天生就有的，它是在管理理论的发展、技术的进步及工作的复杂性和动态性的基础上累积形成的。

（2）对技术和管理的认识存在误区。电子商务项目需要技术的支持。现在多数企业认为建立了网络，办公实现计算机化，与客户之间通过网络进行通信，就是在进行电子商务；也有很多人认为具有专门IT技能的人员组成的团队就能完成电子商务项目。这些都是认识误区。在项目管理中，"人"是很重要的因素。一个项目的成功与否与被雇用的人才的质量有着直接的关系，尤其是管理这些项目人员的经理。电子商务项目经理不仅要具备 IT 知识，还要通晓如何管理项目及如何管理项目团队。

（3）任务和目标的设定及资源配置不合理。电子商务项目是一个复杂的系统，任务和目标具有复合性，且具有高风险性，任务和目标设定是否现实、合理是企业在实施电子商务项目中面临的主要问题之一。电子商务项目涉及多部门、多人员，他们拥有各自的信息资源，容易形成封闭的管理模式，各人员不愿将自己的资源公开，势必造成资源浪费，使电子商务项目的成本升高。同时，电子商务项目在实施过程中往往分成多个子项目，各子项目之间的资源没有统筹管理，也容易造成资源的浪费。

（4）对项目的实施控制不够完善。电子商务是一个新兴的领域，对其实施控制管理的研究目前还处于探索阶段，没有形成普遍的标准和规范，这是电子商务项目不成功的关键因素。

（5）组织结构不适应电子商务项目要求。电子商务项目的成功与否，与其组织结构方面的能力有着密切的关系。波士顿顾问公司在《电子商务组织企业：全球和亚太地区的挑战》报告中指出，亚太地区许多公司的电子商务战略将面临失败，除非它们能有效地组织企业，以应对电子商务的特殊挑战。

电子商务项目要求组织结构具有灵活性，适应组织文化的能力，由于项目团队中部分成员为兼职人员，并且为跨部门工作，这就更需要组织结构便于部门间和个人间的横向交流，组织层次不宜过多，管理幅度适当，有利于协同工作。只有在以这样的组织结构作为保障的基础上，才有利于电子商务项目的成功实施。

（6）环境变化。电子商务项目的目标不是固定不变的，而是随着技术和竞争对手的变化而变更或更新的，在这种情况下，要及时变更项目进度计划；同时，也会有某些内部因素影响或外部环境变化，因此项目团队要保持积极的适应心态来面对环境的变化。

2. 成功的条件

电子商务项目是一种复杂的项目系统，具有灵活性、创新性、复杂性和动态性的特点，由于其范围广泛、并行工作，项目具有高风险性，更需要贯穿整个项目过程中的协调统一管理，使得整个项目成员能够信息共享、资源配置合理，以达成协同工作。成功的电子商务项目需要具备以下几个条件。

（1）电子商务项目的目标与范围一开始就界定清楚。范围可能会随着工作进程而发生变化，但范围一定要随时与目标保持一致。

（2）根据里程碑判断整个进度表是否按时进行。电子商务项目实施过程中为可测任务划分出重要里程碑，每个划分出来的子项目也划分出一系列的里程碑。管理者可以根据里程碑判断整个进度表是否按时执行。

（3）项目小组有良好的心态去适应来自外界和内部的变化，能积极地应对问题的出现，因为变化正是电子商务的希望所在。

（4）项目经理的管理不是事无巨细，也不是泛泛地管理，而是很好地监督进程，评估项目里程碑及项目的最后结果，积极参与解决重大问题。

（5）项目团队高度协同工作，信息共享。团队的成员参与一部分管理工作，如界定、评估和更新自己的工作。

（6）项目管理是知识管理，它是复杂的，需要现代化的管理手段。例如，建立"数据信息管理系统"，实现信息高度共享和资源动态调配，并逐步实现零距离沟通、实时管理和网上办公，为项目管理的实施提供强大的支持。

本章小结

本章从项目的概念谈起，系统介绍了电子商务项目的概念与特征。项目是指在一定的资源（包括时间、经费、人力等）约束条件下，为实现特定目标而执行的一次性任务。不同专业或领域的项目都有自己的特征，但从本质上来说，它们有着一些共同的根本特征，主要包括整体性、独特性、一次性、目的性、任务相关性、制约性等。项目管理指在项目活动中运用专门的知识、技能、工具和方法，使项目能够在有限资源限定条件下，实现或超过设定的需求和期望的过程。项目管理包括项目的范围管理、进度管理、成本管理、资源管理、质量管理、沟通管理、风险管理、采购管理和整合管理。

电子商务项目的定义有着广义与狭义之分。广义的电子商务项目指一个组织为了系统化运用电子工具，以高效从事经济活动，在一定时间、人员及资源的约束条件下，所开展的一种独特的时限性工作。狭义的电子商务项目只用来表示一个组织为了运用基于互联网的现代工具，提高经济和社会效益，在一定限制条件下所开展的一种集业务开发、技术推进、经营改善、管理整合及资本运作于一体的独特的时限性工作。

根据电子商务项目主体的不同，可以将电子商务项目分为电子商务新项目和电子商务优化项目两种类型。电子商务项目与一般项目相比，具有一些不同的特点：电子商务项目涉及的角色多，无形资产比重较大，存在较大的风险，项目生命周期较短。

电子商务项目的生命周期主要描述项目从开始到结束所经历的各个阶段，根据项目管理的过程将电子商务项目分为概念阶段、规划阶段、实施阶段和收尾阶段4个阶段。不同的阶段有不同的管理内容。

案例分析

"美丽神器" APP 开发项目

"美丽神器"是一款立足于医疗美容行业的移动 APP 应用。针对目前医疗美容行业服务非标准化、信息不对称的现状，开发者提供了一个专注于美丽的在线平台，通过客户的交流与问题咨询及社区分享的方式，使整个医疗美容行业更加透明化，帮助有整形需求的客户了解相关信息并进行一定的引导。"美丽神器"采用"社区＋O2O"的模式，对客户免费。

永葆青春是所有女性的理想目标，高科技的发展使人维持在年轻状态成为可能，因此抗衰老等相关项目也越来越受到女性的欢迎。从医疗美容机构的角度来说，如何从众多整形医院机构中脱颖而出，如何将有潜力的消费者吸引过来也是一个大问题。医疗美容行业是个非常大的市场，这个市场也非常需要一个连接两端的桥梁。为顺应医疗整形市场的急速发展，同时满足更多人对"美"的刚需，移动互联网美容咨询服务的空白亟须填补。

从大行业来看，目前整个医疗美容行业一年的市场价值在 3 000 亿元左右。许多女性都有微整形的想法，就在于什么样的点能够激发这样一个需求。微整形和传统意义上的整形不同，可能演化成一种美容手段，以后会被越来越多的人接受。因此，"美丽神器"作为连接客户和整形机构之间的桥梁，其必要性与重要性也会越来越凸显。通过该社区，有需求的客户可以有针对性地了解相关信息，进而选择最适合自己的医院机构，医院机构也能够找到有需求的消费者。

"美丽神器"创始于 2012 年下半年，于 2013 年 3 月份正式上线。创始人任凌峰本科和研究生都是在丹麦就读，专业是互联网多媒体，之所以会做"美丽神器"，是因为恰逢当时一个朋友想做双眼皮，发现没有好的渠道了解这方面的信息，于是任凌峰开始调研医疗美容领域，发现这个行业的市场前景相当广阔。医疗美容行业服务高度非标准化，信息非常不对称，许多女性不了解哪里做得好，而且行业利润高、空间大，发展趋势也很明显。于是任凌峰和四五个朋友一起组建团队创办了"美丽神器"。

创始人团队中，任凌峰对互联网接触多，主要负责线上。另一个合伙人李怡以前就在国内最早的整形网站里工作，手上有非常多的医院资源，负责商务拓展。还有个合伙人严琦威一直在营销领域，负责对外推广。整个公司分为技术开发部门、商务拓展渠道、客服顾问、市场运营和行政部门。

"美丽神器"目前有 880 万激活客户，是同类应用中客户量最多的。唯一在同一量级的应用是"新氧"。"新氧"比"美丽神器"出现晚三四个月。两者在模式上并没有太大区别，基本是"社区＋电商"模式。"新氧"成立于北京，而"美丽神器"总部在上海。相比之下，"美丽神器"主推"找专家""找机构""社区"功能，"社区"中除了整容经历的分享，还可以参与搭配、彩妆、瘦身、美发等热门话题的交流。"新氧"的主要功能则体现了浓厚的社交气息，还推出了客户积分制，每天登录签到和参与互动都有相应的积分奖励，客户之间互动很多。"美丽神器"很好地整合了国内整形专家的资源，同时真正实现了一条龙式的"在线咨询服务"。

"美丽神器"解决的最核心问题就是给想要了解医疗美容行业的客户提供比较真实客观的信息，帮助客户找到适合自己的医生医院。同时，从社区客户的分享，让整个行业更加透明化。"美丽神器"目标定位就是年轻女性，提供的主要业务就是在美容整形方面。

"美丽神器"不对客户收取任何费用，盈利端未来是在机构和医生这一块，包括广告费等。未来可能会针对客户收费，比如某些客户愿意在基础版本上有一些高端服务。服务还是以增值性服务为主，不会涉及医疗美容专业。

对于客户来说，如何在众多整形项目中做选择呢？"美丽神器"提供两种方式。一种是系统的方式，客户把自己的需求在系统里面提出来，"美丽神器"有一套定制化的顾问系统，针对客户的问题与需求，通过大数据进行分析，提供一个比较好的解决方式。第二种是人工的方式，"美丽神器"也有自己的客服顾问，所有顾问都是从美容医院出来或者受过专业培训的，他们也能够给出针对性的建议。除此之外，"美丽神器"也有社区功能，有经验的客户可以分享自己的经历。"美丽神器"会提供足够的积分、返现等激励，促进客户在他的圈子里帮助进行推广分享。

在"美丽神器"首页的精华帖，是由运营团队通过客户的互动筛选过的。"做社区必须要有强的运营能力，特别自由不行，因为在这个高利润的行业会有很多的广告和垃圾信息，但是一定要保证绝大部分都是客户真实的东西。"任凌峰如是说。"美丽神器"会对所有帖子内容进行判别，确保对于客户来说，所看到的一是真实的，二是他们想看的。

对于医生、医院来说，"美丽神器"有专门的匿名评价体系。一旦出现差评，我们会把它悬在进程中一个星期，然后通知医院那边，接着"美丽神器"会与客户进行沟通，与客户确认是否真正出现问题。公司不会让医生直接与客户联系，同时公司也不会强迫客户改差评，"美丽神器"是作为平台来与双方沟通的，确保客户隐私及评价的公正性。此外，"美丽神器"作为客户与医院的中间桥梁，与医院谈判的议价能力是比较高的，促使医院给出有足够吸引力的微整形特惠项目。在早期，"美丽神器"会和医院制定规则。"美丽神器"会对客户进行回访，如果医院因为客户是团购客户就服务不好，或者有强制性消费或不透明消费，就会被列入黑名单，终止与该医院的合作。

"美丽神器"的商业模式还有一大亮点就是会对客户提供线下的保障，公司付费为客户买保险。考虑到客户大多数是年轻女性，还提供分期付款的方式，这也是通过阿里的蚂蚁金服、芝麻信用等支持，充分利用阿里巴巴的资源来做平台。

除此之外，"美丽神器"每个月在全国也有一些线下活动，比如和医院合作、每个月几十个免费名额瘦脸针，还有一些化妆服饰搭配之类的活动，通过这些加强与客户之间的黏性互动。

对于移动互联网创业，"美丽神器"CEO 任凌峰也表达了自己的想法。在他看来，选择方向是特别重要的。"美丽神器"正好处于一个热门的医疗美容行业，具备许多做平台的价值。当然也有挑战，比如目标人群比较垂直、客单价高，相对来说属于"低频高价"类。但他认为未来的趋势和频率是一定会增大的。对于"美丽神器"的未来布局来说，扎根在医疗美容这个领域，将来可能会把医疗美容和瘦身等相结合，提供医疗美容和生活美容契合的服务，以及针对有需求的高端客户提供增值服务，期望 3 年内把美丽神器做到能上市的规模。

（李玲芳. 美丽神器：看脸时代，美容顾问 http://www.aliresearch.com/blog/article/detail/id/20595.html.2015.8）

思考： 1. 根据以上材料，请分析"美丽神器"这一项目处于项目计划周期的哪个阶段。

2. 根据以上材料，试列出"美丽神器"项目的干系人。

3. 根据以上材料，分析"美丽神器"项目取得目前成绩的原因。

习题

一、不定项选择题（每道题有 1 个或多个正确选项）

1. 对于项目而言"一次性"是指（   ）。

A. 项目时间短

B. 每个项目都有明确的起止时间

C. 项目将在未来不能确定的时候完成

D. 项目随时可能取消

2. 可行性研究通常发生在项目生命周期的（   ）阶段。

A. 启动　　　　　B. 开发　　　　　C. 实施　　　　　D. 任何一个生命周期

3. 成功的项目管理通常是基于（   ）在多大程度上保持他/她对项目做出的承诺。

A. 项目经理　　　　　　　　　B. 职能人员

C. 项目团队成员　　　　　　　D. 项目主管

4. 项目干系人可能包括（   ）。

A. 最终用户　　　B. 供应商　　　C. 公民　　　　D. 上述所有选项

5. 以下哪些不是项目经理的职责？（   ）

A. 公司的战略决策　　　　　　B. 计划

C. 控制　　　　　　　　　　　D. 指导项目实施

二、名词解释

1. 项目

2. 项目干系人

3. 项目管理

4. 电子商务项目

5. 项目生命周期

三、简答题

1. 什么是项目？举例说明项目所具有的特征。

2. 电子商务项目的生命周期可以划分为哪几个阶段？每个阶段的主要任务是什么？

3. 简述电子商务项目管理过程。

第 2 章
| 电子商务项目需求分析与可行性研究

学习目标

- 了解市场调查的流程和信息收集方法。
- 掌握需求产生、识别需求的方法和技术。
- 掌握需求分析、可行性分析的概念、内容和报告撰写方法。

知识要点

- 电子商务项目需求的产生与识别，需求分析的概念、内容、步骤与方法。
- 电子商务项目可行性研究的概念、目的、依据、类型、内容、步骤、方法和项目的筛选。
- 电子商务项目可行性研究报告的撰写。

【导入案例】

湖北农时生态农业股份有限公司生鲜电商之路

湖北农时生态农业股份有限公司（以下简称"公司"）由湖北经济学院校友韩高科于 2009 年返乡创业兴办。公司位于湖北省仙桃市郭河镇，是一家集果蔬种植、精深加工、销售、冷藏与冷链物流于一体的农业科技示范型企业，主要采取"公司+基地+合作社+农户+品牌连锁直营超市与出口贸易（兼具网店营销、微营销）"的商业模式。

公司为了开拓生鲜电商业务，2016 年 3 月，与湖北经济学院签订校企合作协议，通过学校和企业的合作，确定湖北经济学院电商创业实验室（以下简称"实验室"）的学生团队作为公司电子商务的运营人员。

团队通过发布问卷、数据分析等方式进行了市场调查，了解到高校教师群体对优质农产品有需求，对新事物的接受程度较高，更倾向于使用微信，因此决定前期将目标市场定为湖北经济学院"汀兰苑"住宅区内的教师群体，并注册微信服务号、入驻有赞商城，销售优质农产品。考虑到生鲜产品的特性、生产基地与目标市场的距离，以及标准化农产品和非标准化农产品对包装、仓储、运输条件的不同要求，团队决定采用即时销售和众筹两种销售模式，前者针对日常生鲜，通过单品和套餐组合方式售卖，客户当日下单，当日晚上在生产基地采摘，次日早上运输至湖北经济学院并由工作人员送货上门，运输过程中利用碎冰对产品进行保鲜，以保证产品的新鲜程度；后者针对牛羊肉等季节性强的产品，提供以季节划分，以年为周期的全供应链产品服务，以销定产，降低销售风险。

2016 年 6 月，线上平台搭建完成，"农时生态"微信服务号、有赞商城开始试运营。试运营一个月，累计成交近 100 单，客单价约 20 元。

因为生鲜产品保质期短、难储存、易损耗，所以需要进行冷链运输，但由于订单数量少，导致单笔订单配送成本过高，公司无法按照预期将产品次日送货上门。同时，极端天气无法及时配送等情况造成库存积压，产品损耗严重。经济、技术和实施等方面的问题让公司和团队举步维艰，大家意识到如果不对上述问题加以分析并解决，继续按照这种情形下去，公司将面临巨大亏损。因此，公司在 2016 年 8 月决定暂停有赞商城的即时销售业务，对项目进行进一步整改。

2.1　电子商务项目的需求分析

2.1.1　需求的产生

所谓电子商务项目的需求，主要指项目的客户从实际应用出发，有开展电子商务的需要，并有满足这种需要的经济条件。

需求是产生项目的基本前提，在实践中通过观察可以发现电子商务需求产生的原因，找到电子商务项目的实施机会。

1. 企业为了自身发展的需要产生了需求

绝大多数企业为了自身发展，都会考虑到如何利用新技术来节约成本、提高效率、提高竞争力；考虑如何在一个新的、比较高的起点上来发展新的业务；考虑调整经营方针，进行业务扩张。而电子商务因其优势，会帮助企业借助互联网平台，拓宽其产品销路并带来引得利润增长点，从而形成了当前各行各业对电子商务的需求，这些都是发展电子商务项目的动机和方向。例如，在经济衰退和经济紧缩阶段，企业需要降低传统渠道的运行成本，采用电子商务的运作模式可以帮助达到这个目标，所以企业有建立电子商务项目的需求。

2. 电子商务领域本身处于发展时期会产生需求

随着当前国家"互联网+"战略的推行，发展电子商务是各行业借力互联网的首要途径。电子商务领域和产业正处于发展时期、上升时期，有很好的发展前景，它必然蕴藏或激发许多新项目机会，所以要对这些新项目的需求进行分析，预测项目机会。例如，作为一个旅游饭店，建立自己的网站并且链接到有关的旅游门户网站，可能对扩大客源有好处。如果你所在的这座城市的大多数酒店都已经上网了，而你的酒店还没有，那你就可能失去一大批本应可以争取的旅客，丧失了一块市场。

3. 社会的发展、经济和经营环境的变化产生需求

随着国家信息化基础建设的步伐加快，企业开展电子商务的基础条件在不断改善，原来制约企业开展电子商务的许多瓶颈问题（如带宽问题、网上支付、安全认证、物流配送等）都逐一得到改善，每一个问题的解决，都是对电子商务需求的一个刺激，也是一次发起电子商务项目的机会。例如，电信系统服务降价，新一代计算机软件问世，第三方物流企业的发展，银行电子结算支付系统的不断完善，都有可能在一定的范围内、一定的程度上刺激企业对启动电子商务项目的需求。

2.1.2　需求识别

需求识别就是明确需求，定义问题的过程，电子商务需求识别是电子商务项目

管理的第一步，也是关键一步，牵一发而动全身。

1. 需求识别的目的

识别电子商务项目需求的实质，就是利用电子信息技术来满足商务活动的需求，从客户的业务特点出发，使其所期望的企业发展目标能借助电子商务手段和技术更好地实现。项目概念阶段的首要工作任务就是识别需求，只有需求明晰了，才能策划好项目，才谈得上项目的可行性研究。

2. 需求识别的步骤

（1）了解项目的需求、要求和期望，熟知企业类型及适合的电子商务类型。随着信息技术和互联网应用的日新月异，电子商务需求日益呈现出多样性、不确定性和个性化特点。因此就必须要与客户充分沟通，共同进行互动式需求挖掘。只有充分理解、挖掘客户的潜在需求，才能真正熟知项目的需求，这是项目成功的关键一环。

（2）访谈和调研。与相关人员的交流的方式可以是会议、电话、电子邮件、小组讨论、模拟演示、面谈、问卷等不同形式。每次调研需要规范展开，有方案设计、有数据信息的采集和整理，便于后期的挖掘分析。调研对象的组成应以互补为原则，往往由技术人员、业务专家和管理者这 3 类人员组成。

（3）提炼、分析和整理需求。分析收集客户需求时，要特别注意研究行业和客户需求的最新发展，判断客户提出的需求是否有充足的理由，特别注意分析并识别客户没有明确提出来的隐含需求（有可能是实现客户需求的前提条件），这一点往往容易被忽略，实际中通常因为对隐含需求考虑得不够充分而引起需求变更。

（4）确认需求范围。分析人员将客户需求分析的结果以适当的方式呈交给客户方和其他相关开发方的人员，大家需要共同确认所提交的结果是否真实地反映了客户的意愿。由于客户需求的不确定性，使得项目往往会落后于客户需求的变化，因此，系统整理需求的范围对于项目的实施是相当重要的。

2.1.3　需求分析的内容

需求分析是经过深入细致的调研和分析，准确理解客户和项目的功能、性能、可靠性等具体要求，将客户需求表述转化为完整的需求定义。

1. 企业业务分析

（1）企业业务分析的方法。即从企业自身业务需求的角度，分析企业存在的电子商务的需求，以及满足这些需求的途径和方法。企业业务分析的工作具体可以从以下几个方面来开展。①综合分析需求调研获得的一手和二手资料。重点分析企业的核心能力、运作中存在的突出问题；开展电子商务对巩固核心能力和解决问题是否有帮助，如开展电子商务可以提高效率、降低成本、提高客户服务水平、低成本扩大销售范围、增加销售量。②根据需求调研资料，分析电子商务能给企业带来的商机或利润增长点，如电子商务可以帮企业拓宽销售渠道、品牌推广、开发基于互联网应用的新产品或服务。③提出需求建议。针对发现的问题和机会，结合企业的发展状况和实力，提出开展电子商务的建议，说明企业存在哪些电子商务需求，以什么方式可以满足这些需求。④企业业务分析的内容表述。业务分析内容包括行业发展分析、企业基本情况、企业存在的问题、电子商务需求及建议等几个部分，其中行业发展分析对于网络创业企业的项目设计是必需的。

（2）企业业务分析过程中需注意的问题。①企业需求分析时必须考虑商机的可达性，应避免空中楼阁式的伪需求。通过需求分析发现的电子商务给企业带来的商机必须具备一定的可达性，站在企业的角度要既能看得见又能摸得着，否则即使蛋糕客观存在，但你不具备吃蛋糕的条件，这一需求对你来说就成了不切实际的伪需求，后面所有围绕这一不可能实现的需求而展开的设计都将成为空中楼阁，变得毫无意义。②应结合调研实际说明实施电子商务对企业有哪些好处，避免脱离企业业务空谈电子商务需求。理论上说，电子商务能为企业带来多项收益，如帮助企业提高效率、降低成本、扩大销售范围、增加销售量、提高客户服务水平、提升品牌知名度等，但是不同的企业基于其不同业务和发展现状，在其中所能得到的收益是有区别的。比如，对于电子商务能够降低企业成本，有的企业通过网上订货系统，可以按需组织生产和货源，减少材料的损耗，从而降低成本；有的企业通过网上销售，其产品可以直接和消费者见面，减少中间环节，减少对销售人员的需求，降低渠道销售成本。所以一定要结合企业的实际业务来说明电子商务能帮助企业解决哪些问题，带来什么商机，这样的分析才具有说服力。③企业业务分析不能只考虑企业本身是否有电子商务需求，还要考虑企业的产品和服务是否适合采用电子商务的方式。在企业生产经营的商品中，不同的商品对于消费者来说，在选购和决定购买的行为上是有区别的，并不是所有商品都适宜网上销售。因而在企业需求分析的过程中，不仅要看企业是否有电子商务需求，同时也要根据企业产品特色来选择网上开展的业务。

2. 市场分析

所谓市场分析，就是从企业目标客户的角度分析他们是否具有互联网应用使用的基础，能否接受电子商务方式，以及有什么电子商务需求。企业业务分析研究的是企业自身是否具有开展电子商务的需求，而企业市场分析研究的是企业的客户是否需要，二者分析的出发点是不同的。

下面介绍企业市场分析的过程。

（1）目标客户的电子商务需求。在明确的电子商务模式下，企业的目标客户集中在哪些人群，目标市场在哪里。确定合适的目标市场是十分重要的。如果目标市场的范围确定得太大，将会耗费大量的人力、物力和财力；如果目标市场的范围确定得太小，又很难找到利润的增长点。企业的目标市场是根据企业的产品定位或服务内容来确定的，即分析哪些人最喜欢你的产品或服务。确定目标市场范围的基本原则是巩固现有市场，开拓潜在的新增市场。

（2）将企业的目标市场细化为可供分析、度量的分组，为分析目标市场的特点提供基础。目标市场可以按照以下特性进行划分。①统计特性：主要依据一些特定的客观因素，诸如性别、民族、职业和收入等。②地理特性：主要是客户所在的国家、地区、工作环境和生活环境等。③心理特性：主要包括人格特点、人生观、信仰、阅历和愿望等。④客户特性：客户的上网情况、网上购买频率和网上购买欲望等。

（3）根据需求调研资料，结合分析中设想的电子商务开展方式，有针对性地总结目标客户有什么特点，能否接受、是否需要电子商务。这一步骤可使用的方法很多，如将企业的客户资料和中国互联网信息中心（CNNIC）所做的统计报告进行比较，了解客户上网和网上购物的情况，以此衡量电子商务的市场基础；又如，可以定期跟踪与分析 CNNIC 的统计报告，以了解网民的变化情况与网上购物的发展趋势，以确定电子商务市场的发展空间。

（4）分析电子商务给目标客户带来哪些好处。比如：①从职业需求出发，客户需要什么？你提供的电子商务产品或服务能与客户所需要的某些职业教育结合在一起吗？②从家庭生活需求出发，客户需要什么？你目前的产品能满足这些需求吗？你提供的电子商务产品或服务是否能更好地满足这些需求呢？你能为众多客户在网上创造出他们所需要的社区环境吗？③从利益出发，客户需要什么？你提供的电子商务产品或服务能够为客户带来财富吗？能帮助他们开发额外的机会吗？如果你在网上为消费者提供同样品质，但价格大大低于线下的商品，一定会赢得消费者的拥护。④你是否增进了他们的乐趣或社会地位？

通过分析，说明客户存在哪些电子商务需求（如追求廉价、方便性和个性化等），电子商务是否满足了他们的这些需求。

（5）以文字形式表述企业市场分析的内容，大致包括企业的目标市场、目标市场的特点和目标市场的电子商务需求等几个部分。

3. 竞争对手分析

所谓竞争对手分析，就是从企业竞争对手的角度分析电子商务的需求，了解竞争对手电子商务的开展情况及运作效果。是否对本企业的业务构成威胁？是否已成为本企业开展电子商务的障碍？对其中效果良好的内容是否可以借鉴？竞争对手在网络营运方面的优势可能是后来者进入的巨大障碍，所以针对这种情况，还需要考虑应对措施。

电子商务领域竞争对手分析按以下步骤展开。

（1）确认竞争对手。竞争对手分析首先要全面了解本行业主要竞争者的类型，大致可以分为直接竞争对手、间接竞争对手和潜在竞争对手。①直接竞争对手。他们是最激烈的竞争对手，其产品或服务与本企业具有极大的相似性，客户很容易转而向他们购买产品或接受服务。②间接竞争对手。他们提供与本企业相似的替代产品或服务。这类竞争者可能具有相同或相似的价值取向，所以具有相同的目标市场，只是提供的产品不同。③未来竞争对手。他们是那些虽然还没有进入，但随时都有可能进入的公司。就网上销售而言，一旦间接竞争者看到你的产品在他们的市场取得成功，他们会迅速模仿，由间接竞争者变成直接竞争者。

（2）分析竞争对手。①建立竞争对手分析档案，并进行系统分析。竞争对手分析档案是一张内容丰富的表格。它的第一列是竞争对手名单，第一行是能反映竞争对手同质性和异质性的一组判别标准，包括从公司咨询到竞争策略的信息。同时，将本公司的相关信息也列入表中，这样就可以使本公司与其他公司的市场竞争地位等相关情况一目了然。竞争对手分析档案是很有价值的分析工具，它可以帮助企业从企业信息、产品与服务信息、客户信息及竞争优势等几个方面对竞争对手进行比较分析。②了解竞争对手的电子商务战略和所开展的主要网上业务。企业是通过投入资产、技术及发挥自己的竞争优势获取成功的，可以通过全面浏览、测试与研究竞争对手的网站，寻找介绍竞争对手的相关资料，来分析竞争对手的电子商务战略、网上市场定位，以及在网上开展的主要业务。除了竞争对手的网站，分析资料还有以下几个方面的来源。A.年报。如果竞争对手是一家上市公司，可以从网上或报刊上直接获取其年报。B.证券公司。每家大型的证券公司都有相关的部门负责收集、分类和分析各种经济数据。C.政府部门。政府的相关管理部门，如证监会、商务部等。D.互联网。除各种网站以外，还可以通过各种搜索引擎搜索相关的信息。③研究竞争对手网站的设计结构与运行效果。这一部分主要包括竞争对手网站的功能和信息结构分析、竞争对手网站的设计风格评价、竞争对手提供的产品种类与服务特色分析、竞争对手商务模式分析和业务流程分析、竞争对手网站客户服务效率分析、竞争对手网站信息更新频率分析等内容。

　　竞争对手调查与分析的目的是了解竞争对手是否开展互联网业务，剖析已经在网上开展了业务的竞争对手的情况，分析竞争对手的优势和劣势，研究竞争对手电子商务运作的效果。通过竞争分析，可以明确企业在竞争中的地位，以便制定本企业具有竞争力的发展战略。

2.1.4　需求分析的步骤与方法

1．市场调研是需求分析的基础

　　电子商务项目需求分析实质上就是要了解企业现阶段具有哪些电子商务需求，以便确定是否有必要开展电子商务。而要准确地发现和识别电子商务的需求，就必须对企业的运行状况、经营环境、竞争态势和市场机遇进行细致的观察和准确的分析。

　　通过市场调研，掌握大量一手和二手资料，充分了解企业的内部和外部情况，作为后续分析的基础。

2．市场调研的内容

　　电子商务市场调研主要包括行业发展调研、企业业务调研、目标市场调研和竞争对手调研等几个方面的内容。

　　（1）行业发展调研。通过查阅行业分析报告等途径了解企业所在行业的情况，了解该行业的市场规模、特点及电子商务发展前景。该项调研包括以下内容。

- 行业规模有多大？
- 行业有什么特点？
- 行业发展程度如何？
- 行业发展趋势是怎样的？
- 电子商务目前在该行业扮演着怎样的角色？
- 电子商务发展前景如何？

　　（2）企业业务调研。通过查阅企业内部档案及与业务人员访谈等方式了解企业的有关情况，以发现问题、寻找机会。该项调研大致包括以下内容。

- 企业的主营业务是什么？
- 企业目前采用什么商务模式？

- 企业的业务流程是怎样的?
- 企业拥有哪些资源?
- 企业的优势在哪里?
- 生产经营中存在哪些问题?

（3）目标市场调研。通过查阅各类互联网分析报告及开展问卷调查等方式了解企业目标客户对电子商务的接受程度和需求情况，为后续市场分析提供依据。该项调研可能包括以下内容。

- 企业主要的客户对象。
- 目标客户的基本特点（年龄构成、教育情况和收入情况等）。
- 目标客户的区域分布。
- 目标客户的信息化程度。
- 目标客户的网上购物倾向。
- 目标客户的个性化需求。
- 目标客户对价格的敏感程度。

在目标市场调研中经常会使用中国互联网信息中心（CNNIC）所做的调查报告。CNNIC 作为国家级的互联网信息中心，会定期或不定期地开展互联网的有关调查，如一年两次的"中国互联网络发展状况统计调查"和不定期的"中国互联网络热点调查"等。从调查报告中能得到许多有参考价值的数据和结论。

（4）竞争对手调研。通过问卷调查、搜索引擎搜索或对竞争对手网站进行研究等方式查找竞争对手的相关资料，了解竞争对手的电子商务实施情况，为后续的市场分析提供依据。该项调研包括以下内容。

- 竞争对手是谁?
- 竞争对手是否已经实施了电子商务?
- 竞争对手实施电子商务的效果。
- 竞争对手的电子商务业务对本企业的经营造成了哪些影响?
- 竞争对手的客户对其电子商务业务有哪些正面和负面的反映?
- 竞争对手电子商务业务有哪些经验可供借鉴?
- 竞争对手电子商务业务有哪些教训需要吸取?

3. 市场调研的步骤

要确保市场调研的质量，必须制订周密的调研计划，遵循科学的调研程序。市场调研通常分为制订调研计划、实施需求调研、调研资料的整理和分析及撰写调研报告 4 个具体步骤。

（1）制订调研计划。①确定调研目标。确定调研目标就是明确本次调研要达到什么目的，该目标可以是了解：企业存在什么问题，具有哪些电子商务需求，电子商务能给企业带来哪些新的商机，又或者是企业的经营环境和竞争情况。明确的调研目标是确定后续工作内容的基础。②选定调研对象。调研对象是指电子商务系统的使用者或者管理者，既可能是企业内部的相关人员与部门，也可能是相关的供应商或渠道商，还可能是客户。调研对象可以是企事业单位，也可以是某个单位的一些部门或某些个人。③确定调研方法。确定调研方法是指通过什么方式来收集资料。目前常用的调研方法包括现有资料分析法、问询法、座谈会法和观察法等。每一种调研方法都会有各自的优缺点，所以往往需要调研者根据调研的目的和对象采用不同方法或者几种方法组合使用。④确定调研时间、人员和资金预算。确定调研时间是指根据调研内容的多少和时间的要求，有计划地安排调查研究的进度，以便使调研工作有条不紊地进行。例如，应该何时做好准备工作，何时开始并在多长时间内完成某调研项目等。调研时间表应包括调研计划的制订、实施需求调研、调研资料整理分析及撰写调研报告等的时间安排。调研人员数量是根据调研工作量与调研时间表安排而确定的。通常，调研人员由领队、调研员和需求分析人员等组成调研小组。在调研过程中，与调研对象协调是极其重要的工作，往往由调研小组的领导人员负责此项工作或者专门建立协调机制，以保证以最大的可能搜集到调研对象的信息。调研的资金预算主要包括调研所需要的交通费、场所使用费、人力资源成本和耗材费等。

（2）实施需求调研。①调研准备。在调研计划的基础上，对调研小组的每个成员进行分工，让每个调研人员了解调研目标及任务，做好实施前的准备。例如，对于问卷方式，要设计好调查问卷；对于座谈方式，则对每一个调研对象要分别列出需要调研的问题，由此制作出有针对性的调研问题列表。②需求调研。需求调研是将调研计划付诸实践的行为，这一工作就是以调研计划为指导，执行事先设计好的调研表中所列的任务。例如，采用座谈方式，就要将所列问题与调研对象进行沟通，明确业务流程与调研对象的期望，搜集相关的文字资料与数字资料。这个环节成本最高，耗时最久，并且由于信息的质量直接影响到对其进行分析所得的报告结果的可靠性，所以在此环节一定要采取各种监管措施，保证能收集到所要的全部信息，并保证信息的准确可用性。

（3）调研资料的整理和分析。资料是杂乱的，有的是重复无用的，这就需要按照调研目标进行归类整理，剔除与调研目标无关的因素及可信度不高的信息，对余下的信息进行全面系统的统计和理论分析，使资料系统化与条理化。

在进行该项工作时，首先应审查信息的完整性，如所需信息并不完备，则需要尽快补齐；其次，应根据本次调研的目的及对所收集信息的质量要求，对信息进行取舍，判断信息的真实性；然后，对有效信息进行编码和登录等，建立数据文件库；最后，依据调研方案规定的要素，按统计清单处理数据，把复杂的原始数据变成易于理解的解释性资料，并应用科学的方法对其进行分析综合，从而得出有价值的结论。在分析的过程中，应严格以原始资料为基础，实事求是，不得随意扩大或缩小调查结果。

（4）撰写调研报告。调研报告是对调研成果的文字反映，其主要内容包括调研目标、调研过程、调研方法和调研总结，是调研工作的最终成果，应该具有真实性、客观性和可操作性，能切实为企业提供有用的信息和建议，为企业规划电子商务提供各种依据和参考。

调研报告除正文以外，还应该将调研过程中的各种详细记录作为调研报告的附件，供日后参考查阅。

4．市场调研的方法

市场调研有多种方法，包括现有资料分析法、问询法、座谈会法和观察法等。在电子商务项目需求调研中主要使用现有资料分析法和问询法。

（1）现有资料分析法。首先我们来了解一下调研资料的分类。调研资料按来源可分为一手资料和二手资料两种。一手资料是指向被调研者收集的、尚待汇总整理，需要由个体过渡到总体的统计资料。一手资料必须由企业进行首次亲自搜集，作为本次调研专门收集的资料，它更详细，更富有针对性，但同时需要花费更多的时间和成本。一般通过实地调研、访问有关人员等方式获得一手资料。在收集一手资料时应考虑成本因素，重点收集与调研目标有关的重要信息。二手资料是指已经经过整理加工，由个体过渡到了总体，能够在一定程度上说明总体现象的统计资料，也称为次级资料或现成资料。它与一手资料相比，具有成本低、获得速度快、能及时使用的优点，可以节省人力、物力和财力。二手资料可以来自企业内部，也可从外部获得。随着网络应用的普及，从互联网上可以获得大量的二手资料。

现有资料分析法也叫文案调查法或二手资料调查法，是调研人员充分了解调研目的后，搜集企业内外部资料，通过衔接、对比、调整、融会等手段，综合分析后得出市场调研报告的方法。

现有资料的主要来源如下：①企业内部档案，如财务报告、销售记录、剪报和影音资料；②外部机构调研资料，如政府的统计调查报告、学术研究机构的调查报告和调研公司已有的调研报告等；③外部期刊或专业书籍、杂志；④各类展会的免费或有偿资料、展品和宣传品等；⑤竞争者的对外宣传、公报、正面或侧面的报道和采访等。

伴随互联网的高速发展，信息在网络中发布和传送十分方便快捷，大大提高了信息容量，网络信息内容包罗万象。通过使用网络，现有资料分析法变得无所不能。在搜索引擎输入感兴趣的关键词，成百上千页的相关信息将呈现在你的眼前；网上BBS 和 QQ 群组有许多友好和乐于表现的朋友和专家。由于其开放性、自由性、平等性、广泛性和直接性等特点，使搜集大量信息非常方便。互联网已逐步成为二手资料的新的重要来源。

现有资料分析法具有如下优点。①成本低廉而且节省时间。对于广大中小企业，这无疑是最有吸引力的一点，而所需的仅是耐心和平时的积累。②提供解决问题的参考方法。决策者面对的问题很少是史无前例的。通过查阅现有资料，往往能发现已有的案例，甚至可以通过调研报告直接发现什么是正确的决策。③提供必要的背景或补充材料，可作为一种调研支持手段。当使用不止一种调研方式时，选择现有资料做补充或支持，可以使结论更具说服力。

现有资料分析法也存在以下的局限性。①可得性。很多问题一般没有现成的资料或资料不充分。如果找不到需要的资料，只能另外采取其他调研方式。②相关性。经常看到由于对象、形式或方式的原因，虽然有现有资料，但缺乏相关性，无法使用。比如看到有关建设网上书店的需求分析报告，可是无法用到时装网站的需求分析中，因为相关性成问题。③准确性。现有资料中不可避免地会存在错误或问题，合作关系上隔了一层甚至数层的来源不明、可信度不高的出具机构去年或前年的数据，以及研究倾向或立场差异，都会造成现有资料的准确性问题。网络信息虽然来源充分，但是其中鱼龙混杂、真假难辨，其准确性也受到挑战。

（2）问询法。问询法也叫问卷法或访问法，是通过直接或间接询问的方式搜集信息的调研方法。通常做法是由调研机构根据调研目的设计调研问卷，选定调研对象，通过调研人员对调研对象的访问得到调研的一手资料，最后经统计分析得出调研结果。问询法的具体形式多种多样，根据调研人员同被调研者的接触方式不同，可以分为访谈法、电话法、邮寄调研法和留置问卷法等方法。

1）访谈法。访谈法是指调研人员同被调研者直接面谈，询问有关问题，当面听取意见，收集大家反映的方法。通过访谈法，调研人员可以提出已经设计好的各种问题，收集比较全面的一手材料，同时还可通过被调研对象的回答表情或环境的状况，及时辨别回答的真伪，有时还能发现意想不到的信息。访谈法需要调研人员有较高的素质，熟练掌握访谈技巧，并事前做好各种调研准备工作。访谈法可采取个别访谈的方式，也可采取小组访谈和集体座谈的方式。

个别访谈是指调研人员与被调研者面对面进行单独谈话来收集资料的方式。个别访谈有许多优点：调研人员可以提出许多不宜在人多的场合讨论的问题，深入了解被调研者对问题的看法；记录的真实性可以得到当场检查，减少调研的误差，在取得被访者的同意后，还可以使用录音设备等辅助手段帮助提高记录的可靠性；调研的灵活性较高，访谈员可以根据情况灵活掌握提问题的次序，随时解释被访者对问题提出的疑问；拒答率较低。

但个别访谈也有它的缺点：由于需要一个个地进行面谈，调研周期较长，调研的时效性较差，调研成本较高。个别访谈法一般适用于调查范围小，但调研项目比较复杂的调研项目，比如要了解企业自身对开展电子商务有什么需求，对相关业务人员和管理人员的调研就比较适合采用个别访谈方式。

小组访谈是指将选定的调研样本分成若干个小组进行交谈，由调研人员分头收集信息。可以按照调研对象的特点或者调研的某个具体问题分组，每组 3~5 人。这样可以比个别访谈节省一些时间，同时也具有个别访谈的一些特点。

集体座谈是指将选定的调研样本以开座谈会的方式收集意见，取得信息。集体座谈可互相启发，节省时间和成本，但参加人数较多，需要调研人员有较高的能力，充分了解每个参加者的意见。

2）电话法。电话法指调研人员借助电话，依据调研提纲或问卷，向被调研者进行询问以收集信息的一种方法。

电话法的优点是可以在较短的时间里获取所需要的信息，节省时间和成本；电话号码是随机选取的，无须受访者的个人信息即可找到他们，非常方便。但它也有一定的局限性，电话问询的时间不可能太长，调研项目要简单明确，所以调研的内容及深度不如面对面个别访谈和问卷调研；调研过程中无法显示照片、图表等背景资料，无法对比较复杂的问题进行调研；由于回答的真伪难以辨别，记录的准确性也受到一定影响；拒访率高，很多受访者感到贸然打入的电话干扰了他们的正常生活。

采用电话问询时，由于时间的限制，多采用两项选择法向通话者进行询问，即要求被访者从两项要求中选择其一，这种方法可以得到明确的回答，便于汇总，但无法了解被访者的意见差别，在实际操作中还需要同时使用其他方法以弥补不足。

电话法的主要特点在于可以迅速获得有关信息，所以特别适用于调研项目单一，问题相对比较简单明确，需要及时得到调查结果的调研项目。

3）邮寄调研法。邮寄调研法是指将设计印制好的调研问卷通过邮寄的方式送达被调研者，由被调研者根据要求填写后再寄回来的一种调研方法。使用邮寄调研，调研样本的选择受到的限制较少，调研的范围可以很广泛，并可以节约可观的调研成本。同时，由于只靠问卷与调研对象进行问询，可避免访谈法中受调研人员倾向性意见的影响，也增强了调研的匿名性，可以得到一些不愿公开谈论而企业又很需要的比较真实的意见。

邮寄调研法的缺点在于回收率较低，对问卷设计有较高的要求，缺少调研人员与调研对象之间的交流，而失去了对回答的准确和完整性的有效控制。但是在调研过程中可以加大样本容量，从而抵消一部分由于低回收率造成的调查误差。

随着互联网应用的普及，邮寄调研法已越来越多地以电子邮件的方式直接发送到被调查者的电子邮箱中，或者在邮件正文中给出一个网址链接到在线调查表页面，被访者回答完毕将问卷回复给调研机构。

使用电子邮件进行市场调研时应注意以下几点。

- 尽量使用 ASCII 码纯文本格式文章。邮件尽量使用纯文本格式，使用标题和副标题，尽量使电子邮件简单明了，易于浏览和阅读。
- 首先传递最重要的信息。主要的信息和重点内容应安排在第一屏可以看到的范围。
- 邮件主题明确。一般可以把文件标题作为邮件主题，主题是收件人最先看到的，如果主题新颖且富有吸引力，可以激发调研对象的兴趣，才能促使他们打开电子邮件。
- 邮件越短越好。因为电子邮件信息的处理方法不同于印刷资料，应尽量节约收件人的下载和浏览时间。
- 应争取被访问者的同意，或者估计被访问者对调查的内容感兴趣，至少不会反感，并向被访问者提供一定补偿，如有奖问答或赠送小件礼物，以降低被访问者的敌意。

4）留置问卷法。留置问卷法是指访问员将调研表当面交给被调研者，经过说明和解释后留给调研对象自行填写，由调研人员按约定的时间收回的一种调研方法。

留置问卷法的优点是填写时间充裕，被调研者的意见不受调研人员的影响；访问员经验之间的差异对调研质量的影响不大；可以对被访者回答的完整性和可信性给予及时评价和检查；保证问卷有高的回收率。与电话调研相比，留置问卷调研可以克服或降低调研时间的限制，因而可以适合较复杂问题的调研。

留置问卷法的缺点是调研地域范围有限，调研成本较高，不利于对调研人员的监督管理，对调研人员的责任心有较高的要求。

近几年兴起的互联网在线问卷调查可以有效地克服上述地域范围限制。在线问卷调查将调查问卷放置在 WWW 网站上，等待访问者访问时主动填写问卷，如 CNNIC 每半年进行一次的"中国互联网络发展状况调查"就是采用这种方式。这种方式省却了问卷印刷、邮寄和数据录入的过程和成本，效率得到大幅度提高，而且填写者一般是自愿性的；但其缺点是无法核对问卷填写者的真实情况，为达到一定的问卷数量，网站还必须进行适当的宣传，以吸引大量访问者参与调查。

上述 4 种收集信息的方法各有所长，在实际中进行具体应用时，应根据调研目的和要求，扬长避短，选用不同的方法组合，及时有效地取得所需资料。

（3）座谈会法。座谈会法也叫客户沙龙法或焦点小组访谈法，一般由 8～15 人组成，在一名主持人的引导下对某一主题或观点进行深入讨论。座谈会法的关键是使与会者相互激发，引导话题深入进行，使参与者对主题进行充分和详尽的讨论，从而全面彻底地了解他们对某种产品、观念、组织或者社会现象等的看法和见解。

合格的受访者和优秀的主持人是座谈会法成功的关键。座谈会的小组成员应该在大背景上一致，以避免冲突和陌生感。太大的差异会抑制讨论，比如在员工座谈会中如果有主管在场，座谈会可能难以展开。对主持人的要求是两方面的：一方面，对于调研委托者而言，要有主持人较高的市场调研能力，充分全面地领会调研要求，有强烈的服务意识，可靠，顽强；另一方面，对与会者而言，主持人要对人情世故有深刻的理解，在倾听、表达、观察和交流能力方面缺一不可，并且要耐心、谨慎、灵活。

座谈会法通常用于在进行大规模调研之前所进行的试探性调研中，它可以了解到参与者的态度、感受和满意程度。调研人员应避免将调研结果推广到所有的受众，毕竟这种方法的样本规模太小，很难具有完全的代表性。

（4）观察法。观察法是调研人员通过观察被调研者的活动而取得一手资料的调研方法。与在调研中向人们提问不同，观察法主要是观察人们的行为。在实际操作中，一般由调研人员采用耳听、眼看的方式或借助各种摄像、录音器材，在调研现场直接记录正在发生的行为或状况。

成功地运用观察法，并使其成为市场调研中的数据收集工具，必须满足 3 个条件：①所需信息必须是能够观察到的或者是能从观察到的现象中推测出来的；②所要观测的对象必须是充分的、频繁发生的，或在某方面是可预测的，否则成本无法控制；③所要观测的行为或现象必须是相对短期的，比如一些家庭的汽车购买决策过程，如果是一周或数周，还可以接受，但如果是一个月或数个月，就无法使用观察法了。

观察法是一种有效的信息收集方法，它可以避免许多由于调研员或问卷法中的问题所产生的误差和错误，更快、更准确地收集资料；观察法可以避免让调研对象感觉到正在被调研，被调研者的活动不受外在因素的干扰，从而提高调研结果的可靠性。但现场观察只能看到表面的现象，而不能了解到其内在因素和缘由；并且在使用观察法时，需要反复观察才能得出切实可信的结果；同时也要求调研人员必须具有一定的业务能力，才能看出结果。

2.2　电子商务项目的可行性研究

2.2.1　可行性研究的概念

对于电子商务项目来说，可行性研究主要是系统分析电子商务在市场、技术和经济上的可行性。该分析要回答以下问题：技术上是否可行？财务指标的具体表现？需要投资多少？能否筹集到全部资金？需要多少时间完成？需要多少人力、物力资源？

2.2.2　可行性研究的目的

可行性研究的目的是避免盲目决策而给企业带来损失，减少投资失误，对拟建的电子商务项目在投资前涉及的各方面的因素进行全面分析，系统地论证项目的必要性、可能性、有效性和合理性。主要通过对项目必要性和技术经济条件进行综合分析：项目中是否有关键性的技术或项目问题需要解决？项目是否有前途？投资条件是否成熟？技术水平是否适宜？经济投入产出是否合算？怎样可以规避风险、达到最佳效益？等等。

2.2.3　可行性研究的依据

对一个拟建电子商务项目进行可行性研究，除了企业自身发展这些微观层面的依据之外，政策、法规、国家相关战略规划等这些宏观层面的因素可能会是电商项目的助推力，当然也有可能是约束力。所以，项目的可行性分析必须在国家有关的规划、政策和法规的指导下完成。可行性研究工作的主要依据有以下内容。

（1）国家经济和社会发展的长期规划，部门与地区规划，经济建设的指导方针、任务、产业政策、投资政策和技术经济政策，以及国家和地方法规等。

（2）经过批准的项目建议书和在项目建议书批准后签订的意向性协议等。

（3）由国家批准的资源报告，国土开发整治规划、区域规划和工业基地规划。对于交通运输项目建设要有相关的江河流域规划与路网规划等。

（4）国家进出口贸易政策和关税政策。

（5）当地的拟建厂址的自然、经济、社会等基础资料。

（6）有关国家、地区和行业的工程技术，经济方面的法令、法规、标准定额资料等。

（7）由国家颁布的建设项目可行性研究及经济评价的有关规定。

（8）包含各种市场信息的市场调研报告。

2.2.4 可行性研究的类型

可行性研究一般分为3种类型：机会研究、初步可行性研究和详细可行性研究。这3种类型的分析一般依次进行，从而构成了一个从粗到精、由表及里、逐步深化的过程。在实际工作中，可根据项目的规模和繁简程度把前两项内容省略或合而为一，同一个项目可能要进行多次可行性研究。

1. 机会研究

在项目需求识别、构思和策划阶段进行的可行性研究叫作机会研究。机会研究是以项目业主（客户）的某种需求为动因，通过自然资源、社会和市场的调查和预测来确定项目，识别并分析项目的投资机会。对于电子商务项目应侧重于研究企业对电子商务的需求和引入电子商务的市场机遇，对拟建的电子商务项目的机会做粗略的研究和估计，最终形成确切的项目发展方向或投资领域的过程（或称投资项目意向），并将投资意向转变为概括的项目提案或项目建议。

2. 初步可行性研究

当对拟定的电子商务项目进行了机会研究后，认为有进行投资的必要性，这时就要对项目方案做初步的论证估计，提出较完整的投资设想，这就是初步可行性研究。初步可行性研究主要的目的是：对企业所属行业的电子商务发展趋势预测，拟投资的电子商务项目的技术构成和规模，需要投入的资金且能否筹集到足够的资金，项目完成的时间，需要多少人力物力资源，系统建成以后企业的竞争优势分析等。

此阶段不能像机会研究那样停留在以定性为主的研究上，而是要对投资项目的各个方面进行一些定量测算。经过初步可行性研究，可以形成初步可行性研究报告，该报告虽然比详细可行性报告粗略，但对项目已经有了较全面的描述、分析和论证，所以初步可行性研究可以作为正式的文献供决策参考，也可以依据项目的初步可行性研究报告形成项目建议书，通过审查项目建议书决定项目的取舍，即通常所说的"立项"决策。

3. 详细可行性研究

对于电子商务项目，尤其是大型复杂的电子商务项目来说，在经过机会研究、初步可行性研究以后，经过专家论证认为可行，还要花费更大的力量进行更精确的可行性研究，称为详细可行性研究。详细可行性研究又称为项目的技术经济可行性研究或项目最终可行性研究，是项目可行性研究阶段甚至是整个项目概念阶段的一项重要的工作，其研究结果的广度和深度、准确性和精确度应该满足审批机关确定投资决策的要求。该项研究工作是在项目决策前对项目有关的工程、技术、经济等各方面条件和情况进行详尽、系统、全面的调查、研究和分析，对各种可能的建设方案和技术方案进行详细的比较论证，并对项目的市场前景、建成后的经济效益、国民经济和社会效益进行预测和评价的一种科学分析过程和方法，是项目进行评估和决策的依据。电子商务项目的详细可行性研究，更要为项目提供技术、经济等方面的充足依据，提出具体的支出预算数字，提供实施计划的详细进度，并对投资的回收做出比较精确的预测。

机会研究、初步可行性研究和详细可行性研究，仅仅是在分析的精确程度上要求不同，三者在研究的内容和步骤方面大体是一致的。

2.2.5　可行性研究的内容

1. 技术可行性研究

技术可行性研究主要包括以下几方面的内容。

（1）技术先进性和成熟性分析。技术先进性是指系统设计应当立足先进的技术，采用最新的技术成果，从而使系统具有一个较高的起点。之所以要选择先进的技术，是因为电子商务系统的实现技术发展很快，而系统的建造则需要一定时间，如果在设计的开始阶段，没有在技术上领先，将对企业电子商务的竞争能力产生不利影响。

当然用的技术也不是越先进越好。一方面，技术相对于项目本身的需求过于超前会导致成本升高，造成浪费；另一方面，过于超前的技术未必稳定成熟，电子商务系统建设在注重先进性的同时还要注重成熟性。

所谓技术成熟性是指建设系统时应选用符合标准的或者是受到市场欢迎并广泛认同的技术。电子商务项目实施是一项复杂的工程，如果选用的技术不注重标准化，将难以保证系统运行的稳定可靠，可能给企业带来损失，对企业的服务、形象等方面带来不利的影响，因此企业的电子商务在技术上应坚持先进性和成熟性并举的原则。一方面，要选择先进的技术，在满足需求的基础上要适度超前并具备良好的可扩充性，以保证系统建成后的性能和应用周期；另一方面，要选择一些比较成熟的技术，以确保采用技术的可实现性以及日后系统运行的可靠性。

（2）技术支持度分析。技术支持度分析包括以下两个方面。

一是项目建设的技术支持度，分析满足应用功能需要使用哪些技术及这些技术的可得性。首先在技术的选择上要充分考虑对系统功能实现的支持程度，要选择能够充分支持功能需求的技术。例如，企业建立商务网站的目标是在网上销售商品并与供应商、合作伙伴等进行网上的信息交流，那么网站的主要功能包括信息浏览、信息检索、信息反馈、网上支付、网上认证等，为此可能需要配备包括 WWW 服务器、数据库服务器、邮件服务与认证服务器、防火墙/代理服务器、中间组件、网络服务操作系统等在内的软硬件，还需要开发商务应用系统。经分析，以上需求可分为平台构建和应用系统开发两大部分，目前市场对这些技术的支持程度是充分的，其中平台构建部分可在众多厂家的产品中进行优选并集成，应用系统开发部分如果本身没有技术力量，可采用外包的方式开发。

二是项目运行的技术支持度，分析项目建成后，企业是否具备足够的技术力量维持系统的正常运行。例如，以网上销售为目的的商务网站，建设方案从性能、开放性方面考虑选择了小型机和 Unix 系统，如果企业没有相配套的 Unix 运行维护队伍，那么系统投入运行后的技术支持程度就会成问题。这种情况下要么调整采用的技术以满足技术支持要求，要么建设与系统运行相配套的技术支持体系，如投入资金培训 Unix 维护人员或服务外包。

（3）与原有技术或资源衔接程度分析。很多企业为提高生产和管理的需要，在电子商务系统建设之前已经建立了相关的信息系统，因而在考虑采用技术时，应优先选择与企业原有技术衔接程度高的技术，这样无疑可以节省大量人力、物力和财力等方面的开支。例如，从操作系统的体系结构看，目前主流的产品分成 Unix 和 Microsoft 两大家族。产品所要求的硬件环境、开发手段和维护都有所不同。如果企业准备建设在线销售网站，原先的内部信息系统是基于 Windows 体系建设的，那么在功能、性能满足要求的前提下，网站建设应首选 Windows 架构，以便于利用现有技术资源，并方便日后的系统集成。

2．经济可行性研究

电子商务项目的经济可行性研究，是通过对项目成本与可能取得的效益进行比较分析，即通常所说的成本效益分析，来判断项目的可行性程度。

（1）项目投入成本估算。根据信息系统成本分析的方法，可以将电子商务系统的成本分为规划建设成本与运行管理成本两部分，见表 2-1。

表 2-1　电子商务系统的成本细分

规划建设成本	系统规划成本	调查分析
		方案设计
	系统建设成本	软硬件购置成本
		ISP 服务成本
		系统开发成本
运行管理成本	运行成本	网站推广成本
		人员成本
		耗材成本
		域名、通信线路等成本
		安全成本
	管理成本	系统完善成本
		系统纠错成本
		数据更新成本
		岗位培训成本

（2）项目产出效益评估。企业通过电子商务项目获得的效益可以从直接经济效益和间接经济效益两方面进行分析。

1）直接经济效益。直接经济效益是指电子商务系统建成运行后所产生的经济效益。电子商务的直接经济效益主要包括以下几个部分。

- 降低管理成本。电子商务通过使用电子手段、电子货币等，大大降低了管理的书面形式的成本。
- 降低库存成本。大量的库存意味着企业流动资金占用，仓储面积的增加。利用电子商务可以有效地管理企业库存，降低库存成本，这是电子商务企业的生产和销售环节中最突出的特点。

- 降低采购成本。利用电子商务进行采购,可以提高劳动效率和降低采购成本。
- 降低交易成本。虽然企业从事电子商务需要一定的投入(如域名、软件系统、硬件系统的维护成本),但是与其他销售形式相比,使用电子商务进行交易的成本将会大大降低。
- 时效效益。通过电子商务能够使商务周期加快,使商家提前回笼资金,加快资金周转,使单位时间内一笔资金能从事多次交易,从而增加年利润。
- 扩大销售量。通过电子商务,企业产品可以打破地域限制,有更多的市场空间和交易机会,能够扩大销售量,为企业获取更多的利润。
- 销售广告版位。电子商务系统的网站可以出售广告版位来获得利润,这需要电子商务系统的网站知名度高。

2)间接经济效益。间接经济效益是指电子商务系统通过对相关业务的积极影响而获取的收益。间接效益的估算更困难。因为电子商务系统通过提高管理水平、增强反应和应变能力等方式,使企业的许多部门和岗位都收益,这其中有的是有形的,有的是无形的,要对此做出准确估计的难度相当大,电子商务的间接效益主要包括以下几个方面。

- 提高工作效率和管理水平所带来的综合效益。
- 提高企业品牌知名度所带来的综合效益。
- 实施电子商务后,由于信息迅速、准确的传递而获得的收益。
- 企业通过互联网为客户提供产品的技术支持,一方面可以为企业节约客户服务成本,另一方面可以提高客户服务水平和质量。

(3)确定项目的经济可行性。根据上述成本估算和效益评估,采用合适的财务评价方法来确定项目在经济上是否可行。需要指出的是,电子商务系统的效益并不仅仅体现在可以货币化的直接经济效益上,不是所有的投资都有足够的直接经济效益,甚至都未必有直接经济效益,有时候难以货币化的间接经济效益比前者要大得多,所以进行电子商务项目的可行性分析,一定要认真考虑项目能产生什么效益,既可以是直接效益,也可以是间接效益,否则企业管理层不会通过项目立项。例如,某大型企业计划开展一个物流系统项目,在经济可行性分析中,对项目的效益主要是提到应用了这个物流系统以后,将提高物流的工作效率:以前是手工输入,将来是无线条形码机器扫描;以前是人工打单,将来是机器自动生成和打印等。该企业的高层认为投资这么大,只取得这样一些间接效益,主要的好处只是"自动化"和"减少人工",判定这样的投资不合理、不合算,要求重新考察项目的可行性。物流和 IT 部门经过重新考察，修订了投资的策略和目的，提出的新报告补充并细化了效益内容。例如，通过快速出物流系统能够降低库存 2 ~ 3 天，相当于多少资金；通过自动化的系统能够全面实现自动的"先进先出"，减少物料过期，根据过去的历史数据，相当于每年减少多少金额的物料损耗等。这个调整后的报告再次向企业高层进行汇报的时候，很快就获得了通过。

说到底，直接效益和间接效益并不是一个单一的关系，而是相互影响的，对于电子商务项目来说往往间接收益的比重反而更大，因而在确定项目的经济可行性时要认真分析、综合考虑，才能得出客观、准确的结论。

3. 实施可行性研究

实施可行性研究是指对实施电子商务而采取的业务流程重组、人力资源调整、行业利益分配等方面因素进行分析，从而得出在业务实施方面项目是否可行的结论。

电子商务项目的实施可行性主要可以从内部管理和外部环境两个方面加以分析。

（1）内部管理可行性。内部管理可行性是确定企业是否在内部管理方面具有电子商务系统开发和运行的基础条件，可考虑的因素包括以下几个方面。

- 领导、部门主管对电子商务项目建设是否支持？态度是否坚决？
- 业务管理基础工作如何？企业现行业务流程是否规范？
- 电子商务系统的开发运行可能导致企业部门利益调整，如它降低了某个部门的贡献，而目前的激励机制是基于部门的，那么这些部门能否接受？是否配合？会产生多大的阻力？
- 企业管理人员和业务人员对电子商务应用能力和认可程度如何？新系统的开发运行导致业务模式、数据处理方式及工作习惯的改变，他们能否接受？

（2）外部环境可行性。电子商务系统是在社会环境中运行的，除了技术因素与经济因素之外，还有许多社会环境因素对项目的发展起着制约的作用。因此，还要从外部环境上分析电子商务项目的可行性。外部环境可行性分析可考虑的因素包括以下几个方面。

- 准备开发的系统是否可能违反法律？比如有些商务活动在一个国家是合法的，但在另外一个国家就可能是非法的。
- 准备开发的系统是否符合政府法规或行业规范要求？
- 外部环境的可能变化对准备开发系统的影响如何？
- 网上客户对系统提供的功能、性能和内容等诸多方面是否满意？

- 企业合作伙伴对本企业开展电子商务是否支持？合作伙伴的利益是否受到影响？是正面还是负面影响？程度如何？如果是负面影响他们可能采取什么行动？反过来又会对本企业产生哪些副作用？怎样避免或减少这些副作用？比如企业开展网上销售，不可避免会面临网上渠道和线下渠道的价格冲突问题。互联网面向全国，而线下渠道中的不同区域代理商的价格可能有差异，线下的代理商本来就有"窜货"的现象，互联网加剧了这个过程。

2.2.6　可行性研究和评价的方法

项目可行性研究是对项目是否可行进行的分析、论证和评价，其研究的方法与项目评估的方法基本相同，因此参考《现代项目管理》（白思俊主编）的有关项目的论证与评估部分，项目可行性研究和评价的方法如下。

1. 静态评价方法

（1）投资收益率与投资回收期。投资收益率 E 是项目投资后所获的年净现金收入（或利润）R 与投资额 K 的比值，即：

$$E = \frac{R}{K} \tag{2-1}$$

投资回收期 T 是指用项目投产后每年的净收入（或利润）补偿原始投资所需的年限，它是投资收益率的倒数，即：

$$T = \frac{1}{E} = \frac{K}{R} \tag{2-2}$$

若项目的年净现金收入不等，则回收期为使用累计净现金收入补偿投资所需的年限，投资收益率则是相应投资回收期的倒数。

投资项目评价原则：投资收益率越大，或者说投资回收期越短，经济效益就越好。不同部门的投资收益率 E 和投资回收期 T 都有一个规定的标准收益率 E 标和标准回收期 T 标，只有评价项目的投资收益率 $E \geqslant E$ 标，投资回收期 $T \leqslant T$ 标时项目才是可行的，否则项目就是不可行的。

（2）追加投资回收期和追加投资收益率。所谓追加投资是指不同的投资方案所需投资之间的差额，追加投资回收期 T_a 就是利用成本节约额或者收益增加额来回收投资差额的时间。

若用成本节约额表示的计算公式则为：

$$T_a = \frac{K_1 - K_2}{C_2 - C_1} \tag{2-3}$$

若用收益增加额表示的计算公式则为：

$$T_a = \frac{K_1 - K_2}{B_1 - B_2} \tag{2-4}$$

追加投资收益率为：

$$E_a = \frac{1}{T_a} \tag{2-5}$$

式中　K——相应方案的投资；

　　　B——相应方案的收益；

　　　C——相应方案的成本。

如果$T_a < T$标或者$E_a > E$标，则高投资方案的投资效果好。

2．动态评价方法

（1）资金时间价值的含义和意义。资金的价值与时间有密切关系，资金具有时间价值。同等数量的资金由于处于不同的时间而产生的价值差异，称为资金的时间价值。

在项目进行可行性研究或论证时，对比不同的被选方案，会发现其现金流量存在两种性质的差异：一是现金流量大小的差异，即投入及产出数量上的差异；二是现金流量时间分布上的差异，即投入及产出发生在不同的时点。如果只是简单地对比两个方案的现金流量，或将前期成本和后期收益直接做静态对比，是不可能得出正确结论的。为了保证项目生命期内不同时点发生的成本和收益具有可比性，必须运用资金时间价值的理论，将不同时点的现金流量折算成相同时点的具有可比价值的现值（或终值），才能科学判断方案优劣。

（2）影响资金时间价值的因素。资金时间价值的大小，受到 3 个因素的影响。

1）资金投入量。资金投入量就是通常讲的本金，在相同的时间和计算方式下，投入越大，得到的利息越大，本利和也越大。

2）资金投入方式。按资金投入额和间隔期可将资金投入方式分为 5 种：一次性全额投入；等额分期有序投入；不等额分期有序投入；等额分期无序投入；不等额分期无序投入。

3）折现率及利息计算方式。利息计算方式有单利法和复利法两种。

单利法公式为：　　　　　　　　　　$F = P(1 + i \times n)$

复利法公式为：　　　　　　　　　　$F = P(1 + i)^n$ （2-6）

式中　F——期末本利和；

　　　P——本金；

i——折现率；

n——期数。

用单利计算的价值少于同期复利计算的价值，项目进行可行性研究或论证时通常采用复利（即利滚利）的计算方法。

（3）资金时间价值的计算方法。资金时间价值的计算方法有以下几种。

1）终值。复利终值是指一笔或多笔资金按照一定的利率复利计算，若干年所得到的本利和，其计算公式为：

$$F = P(1 + i)^n \qquad (2\text{-}7)$$

2）现值。未来资金的现在值称作现值，其计算公式为：

$$P = \frac{F}{(1 + i)^n} \qquad (2\text{-}8)$$

为了比较不同时期的资金价值，只有把它们折算成现在的价值（如0年的价值），才使得不同时期的资金有一个共同的起点，才具有可比性。通常采用现值法。在计算现值时，如果不加说明，一般都把每年的资金流入或流出看作在年末发生，而不是年初发生。

3）年金。年金是指在一定时间内每间隔相同时间，发生相同数额的款项A。

普通年金终值计算公式为：

$$F_R = A\frac{(1 + i)^n - 1}{i} \qquad (2\text{-}9)$$

普通年金现值计算公式为：

$$P_R = A\frac{(1 + i)^n - 1}{i(1 + i)^n} \qquad (2\text{-}10)$$

4）投资回收年金值。投资回收年金值是已知现值求年金，即指在固定折现率和期数的情况下，对一笔投资现值，每年回收的等额年金值。计算公式为：

$$A = P\frac{i(1 + i)^n}{(1 + i)^n - 1} \qquad (2\text{-}11)$$

5）资金存储年金。资金存储年金是已知终值求年金，即对一笔终值投资，每年存储的等额年金值。计算公式为：

$$A = F\frac{i}{(1 + i)^n - 1} \qquad (2\text{-}12)$$

（4）净现值法。现值（PV）即将来某一笔金的现在价值。

净现值法是将整个项目投资过程的现金流按要求的投资收益率（折现率），折算到时间等于 0 时，得到现金流的折现累计值（净现值 NPV），然后加以分析和评估。

$$NPV = \sum_{t=0}^{n} (B_t - C_t) \frac{1}{(1 + i_0)^t}$$ （2-13）

式中　B——收入额；

　　　C——支出额；

　　　n——项目生命周期；

　　　t——期望的投资收益率或折现率。

NPV 指标的评价准则是：当折现率取标准值时，若 $NPV \geqslant 0$，则该项目是合理的；若 $NPV < 0$，则是不经济的。

（5）内部收益率法。内部收益率法就是求出一个内部收益率（IRR），这个内部收益率使项目使用期内现金流量的现值合计等于 0，即：

$$NPV = 0$$

内部收益率的评价准则是：当标准折现率为 i_0 时，若 $IRR \geqslant i_0$，则投资项目可以接受；若 $IRR < i_0$，项目就是不经济的。对两个投资相等的方案进行比较时，IRR 大的方案较 IRR 小的方案可取。

（6）动态投资回收期法。考虑到资金的时间价值后，投入资金回收的时间即为动态投资回收期 T_d，其计算公式为：

$$T_d = \frac{-\log\left(1 - \frac{p \times i}{A}\right)}{\log(1 + i)}$$ （2-14）

式中　A——投产后年收益；

　　　P——原始投资额。

相应的项目动态投资收益率为：

$$E_d = \frac{1}{T_d}$$ （2-15）

（7）收益/成本比值法。项目收益为 B，成本为 C，则收益/成本比值为 B/C。

收益/成本比值法的评判准则是：

当 $B/C > 1$ 时，表明这个投资过程的收益大于成本，因此对于要求的投资收益率有盈余；

当 $B/C < 1$ 时，则这个投资过程的收益小于成本，对于要求的投资收益率是亏损的；

当 $B/C = 1$ 时，这个过程的收益等于成本，对于要求的投资收益率不亏不盈。

3. 财务基本数据预测

项目财务基本数据的预测是整个财务评价的基础，其数据预测的准确性，将直接影响财务评价投资决策的准确性。

（1）项目总投资预测。项目总投资按其经济用途可分为固定资产投资和流动资金投资。固定资产投资包括可以计入固定资产价值的各项建设成本支出，以及不计入交付使用财产价值内的应核销投资支出（如不增加工程量的停、缓建维护费）。流动资金由储备资金、生产资金、产成品资金、结算及货币资金几部分组成。项目总投资额计算公式为：

项目总投资额 = 固定资产投资 + 固定资产投资贷款利息 + 流动资金　　（2-16）

（2）项目总成本预测。总成本是指项目在一定时期内生产和销售产品而花费的全部费用。项目总成本是反映项目所需物质资料和劳动力消耗的主要指标，是预测项目盈利能力的重要依据。项目总成本计算公式为：

总成本 = 外购材料 + 职工工资 + 职工福利费 + 固定资产折旧 + 修
理费 + 租赁费 + 摊销费 + 财务费 + 税金 + 其他成本　　（2-17）

（3）销售收入和税金的预测。销售收入是指拟建项目建成投产后，其产出的各种产品和服务销售所得的财务收入。销售收入的计算公式为：

销售收入 = 产品销售量 × 产品销售价格　　（2-18）

在项目经济评价中，所涉及和考虑的税金包括两部分，也就是销售税金和附加及所得税。其中，销售税金和附加包括增值税、营业税、资源税、消费税、城市建设维护费及教育费附加，它们不计入成本而从销售收入中扣除，是企业在计算利润前须向国家交纳的税金，而所得税直接从利润中扣除。税金的预测可根据以上所预测得到的销售量和销售收入乘以相应的税率就可以得到。

（4）利润的预测。通过利润的预测，可以估算拟建项目投产后，每年可以实现的利润和企业每年可以留存的利润额。利润总额的计算公式为：

利润总额 = 产品销售收入 − 总成本 − 销售税金及附加税后
利润 = 利润总额 − 所得税　　（2-19）

4. 现金流量估算表

根据所得到的基本财务数据可编制现金流量估算表、财务外汇流量表、预期收益表、资产负债表、损益表等基本报表。在项目管理可行性研究的财务评价中，用得较多的是现金流量估算表。

现金流量估算表是指将项目生命周期内每年的现金流入量和现金流出量及两者之间差额列成的表格。项目现金流量表反映了项目生命周期内现金的流入和流出，表明该项目获得现金和现金等价物的能力，可以反映项目在生命周期内的盈利或偿债能力。

现金流量表一般由 3 部分组成：现金流入、现金流出和净现金流量。

（1）现金流入。现金流入是指项目建成投产后所取得的一切现金收入，它主要包括以下几方面。

1）销售收入：此项是投资项目现金流入的主要来源。

2）回收固定资产余值：是指固定资产报废后的残值减去清理成本的净残值。为了简化测算，一般项目的净残值率为 3%～5%，中外合资企业项目的净残值率为 10% 以上，它在项目计算期最后一年回收，其计算公式为：

$$固定资产余值 = 固定资产原始值 \times 固定资产净残值率 \qquad （2\text{-}20）$$

3）回收流动资金：在建设期和生产期该项资金的流入为零，当项目生命周期结束时，可以收回垫支的流动资金，从而形成现金流入的一项重要内容。

（2）现金流出。现金流出是指一个项目从开始建设到结束的全过程中，为该项目投入的所有资金。现金流出的计算公式为：

$$现金流出 = 固定资产投资 + 流动资金 + 经营成本 + 销售$$
$$税金及附加 + 所得税 \qquad （2\text{-}21）$$

式中

$$经营成本 = 总成本 - 折旧 - 流动资金利息 - 摊销费 \qquad （2\text{-}22）$$

（3）净现金流量。净现金流量是指现金流入量与现金流出量之间的差额，它是项目生命周期内的历史净效益。当它为负值时，表示该项目在该年现金流入量小于现金流出量；反之，表示现金流入大于现金流出。净现金流计算公式为：

$$净现金流 = 现金流入 - 现金流出 \qquad （2\text{-}23）$$

5. 不确定性分析

不确定性分析是以计算和分析各种不确定因素的可能变化，对项目经济效益的影响程度为目标的一种经济分析方法。通过不确定分析，可以推测项目可能承担的风险，进一步确认项目的可能性及可靠性。

项目可行性研究和论证阶段应对项目进行不确定性分析，这是基于以下两方面的原因。

（1）项目可行性研究所涉及的因素、所收集到的数据，随时间的推移，可能发生不同程度的变化。

（2）项目可行性研究时所取得的数据和系数不可能非常完整全面。主观认识方面的局限性和客观条件的制约性，使项目的可行性研究具有不确定性，预测的项目效益也有不确定性。因此，在项目论证时，除分析基本状况外，还应该鉴别关键变量，估计变化范围或直接进行风险分析。

常用的不确定性分析方法有盈亏平衡分析、敏感性分析和概率分析。

2.2.7　项目的筛选

在项目初期一般会提出多个方案，而项目的计划与实施必须是经优选后确定的一个方案。这就需要我们具有在多个新项目中进行优选的能力，运用多方案评价的指标及综合评价方法，通过计算分析，在众多方案中选出技术先进适宜、经济合理可行的方案，作为详细论证的基础。

1. 确定项目方案的比较标准

方案比较标准主要应从以下几个方面考虑。

（1）需求标准。一个优秀的电子商务项目首先要符合需求，项目的进一步发展必须建立在满足需求的基础上，不同的方案，必须向社会提供同等价值的服务，才可对它们的投资、成本等方面做出比较，通过项目的实施应该能够达到项目需求中所描述的基本要求。

（2）成本标准。不同的方案只有达到消耗的劳动价值相等，才能够比较它们产出价值的大小。进行方案比较时，既要考虑项目可能产生的直接成本，也要考虑项目实施所引起的各种间接成本。对项目实施的成本衡量应通过科学的方法进行全面、客观的评估，这样才能使方案的选择更加科学、可靠。

（3）效益标准。电子商务项目既具有经济效益，又具有社会效益，对效益的衡量应该有统一的标准。不同方案，其使用的价格体系必须一致，应使用同一地区、同一时期的价格。项目实施产生的效益也应该面对同样的市场、共同的区域，这样才具有比较的意义。

（4）进度标准。各种方案的投资回收期不会完全一样，在不同时期，收益状况也会有较大差别。因此，在进行方案比选时，不仅要求不同方案的计算期要达到可比，而且不同时间点上发生的现金流量需要用资金时间价值折算成现值方能达到可比。

2．项目筛选的方法

进行多个方案的比较和优化是电子商务新项目决策的关键，通过项目方案的筛选要确定出最优的项目方案进入下一步的项目孵化和项目实施过程。在面临多项可供选择的项目方案时，可按以下方法进行比较和选择。

（1）综合评分法。综合评分法的特点是制定项目的目标体系和评价标准，对各个项目方案中每个目标的实现方案评定优劣分数，然后按一定的算法规则给各方案算出一个综合总分，最后按此综合总分的高低选择方案。

（2）目标排序法。目标排序法是对项目拟实现的全部目标按重要性进行排序。在此基础上，从全部备选方案中首先选择出能够较好实现首要目标的方案，然后继续在所选出的备选方案中选出能够有效实现次要目标的方案，这样按目标的重要性一步一步地选择下去，最终可以确定与项目目标最吻合的备选方案。

（3）逐步淘汰法。逐步淘汰法是对各个备选方案与项目目标逐一进行评价和分析，对比条件逐渐严格，对不符合条件的方案采取逐步淘汰的办法，直至最优方案被确定下来。

（4）两两对比法。两两对比法是把备选方案按照一定的标准两两分组，同组的两个方案进行对比，通过对比确定该组中较优的项目方案，在此基础上权衡不同组中项目方案的优劣势差距，再做出综合评价并进一步分组比较，最后一个小组中的优势项目方案就是项目筛选得到的最优方案。

不论采用何种方法，项目筛选都要特别注意方法的科学性和合理性，不同项目方案一般都存在各自的优势和劣势，孰轻孰重不能仅仅凭借主观判断，要尽可能地利用科学的方法进行定量或定性分析和评估，根据不同情况选择不同的方法，并通过多种方法进行验证，以保证决策的准确性。

2.3　电子商务项目可行性研究报告的撰写

2.3.1　可行性研究报告的格式

1．项目概要说明

（1）项目名称、承办单位、项目负责人和经济负责人等基本情况。

（2）承办单位和科研单位的背景（基本情况和条件）。

（3）建设项目提出的必要性和经济意义：历史状况、发展背景、理由和社会经济意义论述。

（4）可行性研究的依据和范围。

2．市场调查预测和建设规模

（1）建设的必要性：说明该项目建设的重要性和必要性。

（2）市场预测：从市场需求、发展趋势和销售情况预测分析。

3．产品规模和产品方案

（1）产品规模：项目设定的正常生产运营年份可能达到的产品生产、销售和服务能力。

（2）产品方案：拟建项目的主导产品、辅助产品或副产品及其生产能力的组合方案，包括产品品种、产量、规格、质量标准、工艺技术、材质、性能、用途和价格等。

（3）产品销售收入预测。

（4）产品生产工艺：当该电子商务项目涉及生产产品时，要说明生产的工艺。

4．项目工程技术方案

（1）生产技术方案。

（2）网络系统技术方案。

（3）网站总平面布置和性能。

（4）主要软硬件设备选型。

5．厂址选择和建厂条件

虽然电子商务项目主要通过网络完成，但项目的实施仍然需要选择厂址、建设办公场地。项目建设地点选址要直观准确，要落实具体地块位置并对与项目建设内容相关的基础状况、建设条件加以描述。具体内容包括项目具体地址位置（要有平面图），项目占地范围，项目资源、交通、通信、运输及水文地质、供水、供电、供热、供气、采暖和通风等条件，其他公用设施情况，地点比较选择等。此外，还需说明建厂的相关条件是否符合。

6．机构设置、生产定员和人员培训

需要说明项目建设期的组织机构设置、人员配置与分工情况，项目建成实施后的组织机构设置、人员配置、职能分工、运行管理模式与运行机制等情况。此外，还需要说明人员的来源、培训措施等相关内容。

7．环境保护和劳动安全

（1）环境保护。

（2）劳动安全。

8．项目实施计划进度

本部分就项目实施进度做出计划安排。

9．投资估算和资金筹措

（1）投资估算。包括：①土地、土建：占地面积、建筑面积及费用；②水电增容：水、电增容数量与费用；③设备与安装费用；④固定资产投资调节税：土建费用的 0～10%；⑤建设期贷款利息；⑥不可预见费用：占总投资的 3%～5%；⑦流动资金；⑧其他费用：技术转让费、培训费、设计费和咨询费等。

（2）资金筹措。包括：①自筹；②内引外联；③贷款：贴息贷款、银行贷款。以上应写出金额。

（3）投资使用计划。本部分对资金的使用做出计划。

10．经济效益和社会效益分析

（1）生产成本（支出）。包括以下各项：①原辅材料费；②水、电、燃料运输、包装费；③人员、福利；④房屋、设备折旧费；⑤维修费；⑥管理费；⑦销售费；⑧流动资金利息；⑨其他。

（2）利润估算。包括：①销售收入；②纯利润。

（3）投资效益分析。包括：①投资利润率；②投资回收期。

11．项目评价

本部分应从项目投资意义、经济效益和社会效益情况得出项目可行的结论。论述应简单扼要。

12．结论

在编制可行性研究报告时，必须要有一个研究的结论。结论可以是以下内容。

（1）可以立即开始。

（2）需要推迟到某些条件（如资金、人力和设备等）落实之后才能开始进行。

（3）需要对开发目标做某些修改以后才能进行。

（4）不能进行或不必进行（如技术不成熟、经济上不合算等）。

2.3.2　可行性研究报告编制的注意事项

在很多电子商务项目的可行性研究报告中往往存在一些具有普遍性的问题，使得报告失去了真实性和科学性，无法满足市场的需求。因此，在编制过程中需要注意避免以下几个方面的问题。

（1）缺少量化指标，结论依据不足，可靠性差。

（2）研究深度不够，投资估算精度差。

（3）工作周期短，缺乏多方案比较。

（4）融资方案不落实。

（5）风险性分析不详细，缺少多因素分析。

本章小结

在开展电子商务项目时首先要进行需求分析，避免投资的盲目性，其过程和作用对于电子商务项目管理来说是至关重要的。电子商务市场需求产生的原因有：企业为了自身发展的需要产生了需求；电子商务领域本身处于发展时期会产生需求；社会的发展、经济和经营环境的变化产生了需求。电子商务需求分析包括企业业务分析、市场分析和竞争对手分析。市场调查是需求分析的基础。电子商务市场调查包括行业发展调研、企业业务调研、目标市场调研和竞争对手调研。市场调查的步骤是制订调研计划、实施需求调研、调研资料整理分析和撰写调研报告。目前常用的市场调查的方法包括现有资料分析法、问询法、座谈会法和观察法等。

电子商务项目可行性研究的类型有机会研究、初步可行性研究和详细可行性研究。可行性研究的内容有技术可行性分析、经济可行性分析、实施可行性分析。可行性研究和评价的方法有静态评价方法、动态评价方法、财务基本数据预测、现金流量估算表、不确定分析法等。项目筛选的比较标准有需求标准、成本标准、效益标准、进度标准。项目筛选的方法有综合评分法、目标排序法、逐步淘汰法、两两对比法。进行可行性研究后，对研究的内容要撰写成可行性分析报告。可行性分析报告应该有规范的格式。

案例分析

案例 1　高校快递众包模式的可行性分析

1. 市场分析

（1）高校快递的现状。高校快递是指快递公司面向高校派件，在校园周边或校园内部发生的快递活动。调研发现，高校快递配送时间大多集中在 11：00—13：00，其中配送车辆会在 11：00—13：00 迅速集聚在校门口，但是卸货与取货时间将会持续 2 小时甚至更长。高校网购物品多以服装、食品、日用品、化妆品为主，快递包裹以轻便、小巧居多。快递主要以流向学生宿舍为主，部分快递流向学校教职工办公楼或实验楼，整体流向呈点状集聚分布。目前高校快递的配送主要有 3 种模式。

1）快递公司分散式配送。目前高校快递中采用最广泛的配送模式是快递公司分散式配送。各家快递公司利用小型送货三轮车将快递送至高校门口，配送员通知收件人取件。分散式配送方式存在影响校门口环境、快件丢失现象。同时，快递配送时间经常在师生上课时间，影响了快递配送效率。

2）自提式取货柜。有些高校在校园内部搭建了自提式取货柜。各快递公司配送人员从营业网点将快递运送至校园内自提柜中。通过移动终端设备将提取密码发送至收件人的手机上，收件人根据密码前往货柜取货。自提式取货柜一般搭建在校园的宿舍、教学楼、食堂等人员密集的区域，利于收件人收取快件。

3）高校内共同配送终端。目前最受高校青睐的快递配送模式是在高校内建立统一的配送网点。主要运作方式有两种：一是由学生主导，跟学校洽谈房屋租赁事宜，作为学生的创业项目，并在学校的支持下与快递公司洽谈合作，让其将校园内的快递交由校内的统一配送网点进行派送；二是由第三方企业主导，在校内建立统一的共同配送终端。通过问卷调查可知，建立高校快递统一派送网点最受师生欢迎，其优势为减少快递寻找时间、取货时间灵活、减少快递摆放杂乱的现象。

（2）高校快递的现状为众包模式提供了配送基础。高校快递具有配送量巨大、配送时间集中、流向点状集聚、轻便小巧的包裹居多等特点，同时高校内人口密集，并且相对封闭，为众包模式提供了配送基础，通过众包模式在校园内进行快递派送，可以充分利用在校师生在收取快递的同时代收快递或帮助配送快递，提高校园配送效率。

2. 项目目标

将众包模式引入高校快递配送模式，提出高校快递众包模式，将改善高校快递配送环境，优化高校快递配送效率，解决高校快递配送模式中存在的杂乱无序、配送渠道过少、无"门到门"服务等问题。

3. 商业模式

高校快递众包模式是指利用高校内的学生为主要配送人力资源，实施高校内的快递配送、物品代购、代送服务。高校快递众包模式的建立实施，关键在于利用移动互联技术建立众包资源交互平台。通过平台聚集高校内的配送资源，经过平台认证的高校内的人员都可以成为快递员。

4. 核心功能

众包资源交互平台的主要功能分为 3 个部分。

（1）普通快递的配送。发包方（校内人员）在平台上可以提出取货需求，接包方（高校内的众包快递员）根据需求进行快递的配送，并收取 1~2 元的激励服务费用，这种显性激励是普通快递配送的重要促进措施保障。

（2）进行校园超市或校外商品的代购、代送服务。发包方可以在平台上提出购买物品的需求，接包方可以根据自身条件选择性接单，完成代购任务，并按照商品的重量、配送距离获得报酬。平台结算采用线上电子支付的方式。代购、代买服务带动高校内的商流活动，促使更多的人加入众包平台成为发包方和接包方，增加物流配送的流通渠道，以商流的活动带动高校内的快递配送活动。

（3）数据的分析与处理。平台将对代购信息进行商品种类、购买次数、购买频率等信息的分析，并将分析处理过的信息提供给校园超市，辅助校园超市的商品销售。

基于众包模式的高校快递模式如图 2-1 所示。

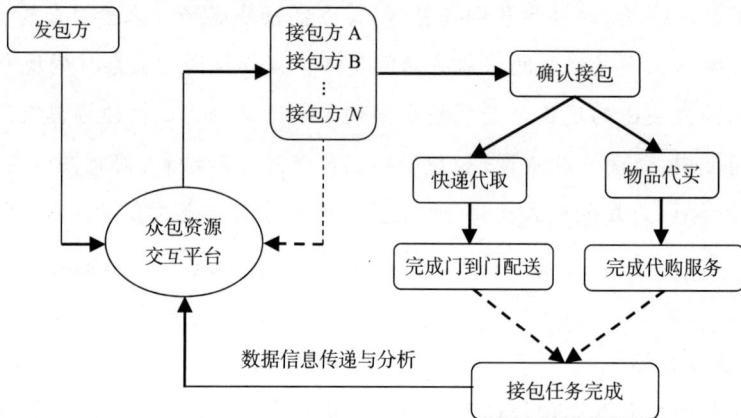

图 2-1　基于众包模式的高校快递模式示意图

思考：请基于上述材料，对高校快递众包模式从市场可行性和技术可行性两个方面进行分析，看其是否可行。

（唐秀丽，张德凯，王亚杰. 高校快递众包模式研究[J]. 中国知网，2018.）

案例 2　京东："大数据+商品+服务"的 O2O 模式可行性分析

京东与 15 余座城市的上万家便利店合作，布局京东小店 O2O，京东提供数据支持，便利店作为其末端实现落地；京东与獐子岛集团拓展生鲜 O2O，为獐子岛开放端口，獐子岛提供高效的生鲜供应链体系。另外，京东还与服装、鞋帽、箱包、家居家装等品牌专卖连锁店达成优势整合，借此扩充产品线、渠道全面下沉，各连锁门店借助京东精准营销最终实现"零库存"。

思考：请基于上述材料，对京东"大数据+商品+服务"的 O2O 模式从经济可行性和社会效益可行性两个方面进行可行性分析，并给出结论，看其是否具备可行性。

习题

一、不定项选择题（每道题有 1 个或多个正确选项）

1. 电子商务需求分析包括哪些？（　　　）

A. 企业业务分析　　　　　　　　B. 经济可行性分析

C. 市场分析　　　　　　　　　　D. 竞争对手分析

2. 电子商务市场调查包括哪些？（　　　）

A. 行业发展调研　　　　　　　　B. 企业业务调研

C. 目标市场调研　　　　　　　　D. 竞争对手调研

3. 可行性研究的类型有哪些？（　　　）

A. 技术可行性研究　　　　　　　B. 机会研究

C. 初步可行性研究　　　　　　　D. 详细可行性研究

4. 可行性研究的内容有哪些？（　　　）

A. 技术可行性分析　　　　　　　B. 经济可行性分析

C. 机会研究　　　　　　　　　　D. 实施可行性分析

5. 可行性研究的动态评价方法有哪些？（　　　）

A. 净现值法　　　　　　　　　　B. 内部收益率法

C. 动态投资回收期法　　　　　　D. 收益/成本比值法

二、名词解释

1. 需求分析

2. 可行性研究

3. 初步可行性研究

4. 经济可行性研究

5. 实施可行性研究

三、简答题

1. 需求识别的步骤主要有哪些？
2. 能诱发企业电子商务需求的因素有哪些？
3. 简述现有资料分析法的优缺点。
4. 简述可行性研究的步骤。
5. 简述项目筛选的方法。

第3章
| 电子商务项目范围管理

【导入案例】

　　某市一委办局做一期内容包括网站建设及内部业务办公系统建设的电子政务信息工程。开发方为 A 公司、监理方为 B 公司。A 公司任命小李为该项目经理，公司没有完善的项目管理制度，并且没有单独创建项目团队来服务该项目，技术人员都是临时从公司技术部安排，小李本身不精通技术，在公司只是做项目协调人员的工作，并无完整的项目管理经验。

　　前期需求调研过程中小李发现，在项目建设内容中涉及的一个子系统，客户方本身并不涵盖此业务，该需求只是客户领导所提的一个想法，经过与客户方、监理方的沟通，明确暂缓该子系统建设，等待客户需求明确。其他各需求调研小李为风险考虑都做了三方签字确认。

　　随着项目的开发进度，项目建设基本完成，各子系统都已着手上线试运行，但需求一直未明确的子系统仍未开始动工，一直拖着项目整体进度。并且在试运行阶段，各业务科室的使用人员经常会提出一些其他的需求，当小李拿出当初签字确认的需求书时，客户方以之前没考虑到为由要求加入新需求，并且客户方一个新业务领导对其中一个子系统的建设有其他想法，但如果按其意见，整系统的建设将会被推翻，直接导致项目失败。

　　（余麦. 项目管理者联盟. http://www.mypm.net/case/show_case_content.asp?caseID=3900.2012-7-24）

3.1　电子商务范围管理概述

3.1.1　项目范围的定义及其与需求的关系

1. 项目范围的定义

　　项目范围是指为了成功达到项目目标所要求完成的全部工作。项目范围确定项目的工作内容、组成、规模、边界，是整个项目管理的对象和基础，以项目章程和双方签订的合同为依据，把已经确认的项目交付物分解为更加具体的任务，便于管理和实施。

　　确定项目范围就是为了项目界定一个界限，划定哪些方面是属于项目应该做的，哪些是不应该包括在项目之内的，即定义项目管理范围的工作边界，确定项目的目标和主要的项目可交付成果。

　　电子商务项目中，电子商务系统的需求同项目范围有着密切的关系。首先，交付一个可以满足客户需求的电子商务系统是电子商务项目中最重要的工作之一。因此，这个电子商务系统的功能特征就决定了主要的项目范围。

2. 项目范围与需求

如果项目的范围定义不明确，或在实施过程中不能有效控制，变更就会不可避免地出现，而变更的出现通常会破坏项目的节奏和进程，造成返工，降低项目工作人员的生产效率和士气等，从而造成项目最后的成本大大超出项目预算要求。位于项目边界内的工作就属于项目范围；而位于项目边界外的工作，无论多少，即使可能同项目有着千丝万缕的联系，都不属于项目范围。

实施电子商务系统并不是电子商务项目的全部，除了系统外，电子商务项目的范围中还经常包括更多的与客户需求相关的内容，比如一些电子商务项目的交付物中会包括系统功能规格说明书、系统设计说明书、系统使用手册和使用培训等。项目经理必须把编写满足要求的文档及为相应的人员提供培训作为项目范围，并编排到进度计划中。对于一些特殊的电子商务开发项目可能不仅仅是要求开发出一套电子商务系统。例如，某个研发新电子商务产品的项目目标之一是取得市场中的竞争优势、占据超过 20%的市场份额，对于这样的项目，项目经理甚至需要考虑是否把评估销售结果作为项目范围的一部分。

3.1.2　项目范围管理中的常见问题

1. 项目方案的设计问题

项目达到目标的总体策略和方式上存在的不合理性对项目范围的影响极大，这种不合理性一般不是项目可行与不可行的问题，而是项目实施效率高低的原因，是达成项目目标和方案设计、达成项目范围合理与否的关键。

2. 项目范围蔓延问题

由于各种各样的原因，项目干系人会在项目实施过程加入许多细小的计划外工作，使项目范围蔓延。项目范围蔓延产生的原因主要有两种：一种来自客户，另一种来自项目组自身。

客户在项目实施过程中，一般会提出一些小的、略微增加一些工作量就能够实现的工作。这些工作虽然与项目成果无太大关系，但会使客户更愉快、更满意。然而，这些细小的变化积累起来就会造成项目工期的拖延、费用的超支，而到了那时不仅是项目发起人对项目不满意，客户同样会对项目不满意。客户不会因为对项目组在项目过程中所做的额外工作满意而抵消对整个项目延期的不满。更有甚者，尽管项目的延期可能是由客户带来项目范围的蔓延引起的，但如果对这些范围蔓延不加以记录和确认，还可能会造成一些法律纠纷。

为了避免客户造成项目范围的蔓延，记住下面这条原则是十分有用的：决不让步，除非交换。变化是客户的权利，但任何项目范围的变化都需要通过商业谈判完成（尽管它可能不是正规的），必须在项目进度、成本或质量基准方面做出相应的、正规的变更。

由于项目组本身的原因造成的项目范围蔓延同样值得注意。因为这种情况造成的结果是没人买单，所造成的损失只能由项目组或其所在企业承担。

项目组自身造成的项目范围蔓延比较隐蔽，它一般是由项目人员的技术心态造成的。技术人员从技术中获得的成就感促使他们自觉或不自觉地按照自己的兴趣去生产一些没有必要的、不合理的、满足自身情感需要的产品。

因此，不仅清晰地定义项目的需求和目标十分重要，定义清楚项目的边界，即决定哪些活动不属于项目范围也同样重要。

3.1.3　确定项目范围的作用

确定项目范围对项目管理来说有 3 个方面的作用：一是可提高项目成本、项目进度和项目资源估算的准确性，二是提供了进度衡量和控制的基准，三是有助于清楚地分派责任。

（1）可提高项目成本、进度和资源估算的准确性。项目的工作边界定义清楚了，项目的具体工作内容明确了，这就为准确估算项目成本、进度、资源打下了基础。如果项目的具体工作内容不明确，项目的成本、进度和所需资源就不明确，项目完成的不确定因素大大增加，项目面临极大的风险。

（2）提供了项目进度衡量和控制的基准。项目计划是项目组织根据项目目标的规定，对项目实施工作进行的各项活动的具体安排。要做好计划，就要明确有哪些具体的工作，应达到什么要求，也就是要确定项目范围。可以说项目范围是项目计划的基础，项目范围确定了，就为项目进度衡量和控制提供了基准。

（3）有助于清楚地分派责任。项目任务的分派需要明确项目包括哪些具体的内容，具体有哪些要求，完成的产品应达到什么水准等内容，也就是要明确项目范围。项目范围的确定即确定了项目的具体工作任务，这为清楚地分派任务提供了必要的条件。

正确地确定项目范围对项目成功非常重要，如果项目的范围确定得不好，有可能造成最终项目成本的提高，因为项目范围确定得不好会导致意外的变更，从而打断项目的实施节奏，造成返工，延长项目完成时间，降低生产效率，影响项目组成员的干劲。

3.1.4　项目范围管理的主要过程

PMI 的《PMBOK®指南》(第 6 版)定义的项目范围管理过程包括以下 6 个过程。

(1)规划范围管理。为记录如何定义、确认和控制项目范围及产品范围,而创建范围管理计划的过程。

(2)收集需求。为实现项目目标而确定、记录并管理干系人的需要和需求的过程。

(3)定义范围。制定项目和产品详细描述的过程。

(4)创建 WBS。将项目可交付成果和工作分解为较小的、更易于管理的组件的过程。

(5)确认范围。正式验收已完成的项目可交付成果的过程。

(6)控制范围。监督项目和产品的范围状态,管理范围基准变更的过程。

上述过程不仅彼此之间相互作用,而且还与其他知识领域过程交互作用。根据项目的需要,每个过程可能涉及一个或多个个人或者集体所付出的努力。每个过程在每个项目或在多阶段项目中的每一阶段至少出现一次。

项目越简单,范围就越容易确定;而对于一个复杂项目,确定范围就会成为一件很困难的事情。变化无处不在,尤其对于抽象程度很高的项目而言,会遇到各种各样的变更。一些变更将会造成项目范围的变化。如果不能很好地管理和控制这些变化,可能造成项目成本超出、进度拖延甚至让项目陷入混乱的状态。同样,也需要科学的方法帮助项目经理控制项目范围的变化,这也是项目范围管理可以解决的事情。

3.2　电子商务项目范围规划

3.2.1　项目范围规划与范围说明书

项目范围规划就是确定项目范围并编写项目范围说明书的过程。

项目范围说明书是以项目的所有干系人对项目的共同理解为基础,说明为什么要进行这个项目。它既是项目的基本框架,明确项目的目标和主要可交付的成果,也是将来项目实施的重要基础,还是监督和评价项目实施情况的依据。

项目范围说明书是范围定义的工作成果,是项目范围的基准。以电子商务系统开发项目为例,表 3-1 对项目范围说明书中的主要内容进行了说明。

表 3-1 项目范围说明书的主要内容

内 容	说 明	举 例
项目目标	项目成功的标准,包括成本、进度、技术和质量等的标准	• 项目成本每人每月不超过 100 元 • 项目工期 10 个月
项目范围说明书	项目创造的产品的特征	系统可以供 30 人并发访问
项目要求	项目交付物必须满足的要求	网站内容可以通过后台程序进行管理
项目边界	对于容易模糊的内容,明确哪些属于项目范围,而哪些不属于项目范围	• 将于遗留系统数据迁移到新系统属于项目范围 • 对所有异地系统使用者进行关于系统使用的面授不属于项目范围
项目可交付成果	项目中交付的各种产品	• 源程序 • 使用手册
项目验收准则	定义了验收项目交付物的原则	系统功能满足《需求规格说明书》的定义
项目制约因素	同项目范围相关的制约因素	项目团队对业务领域完全不了解
项目假设	同项目范围相关的假设因素,由于这些假设尚未实现,故这些假设构成项目风险	• 项目组必需的人员可以在 10 天内到位 • 需求获取的工作可以在 2 个工作日完成
项目初步组织	初步的项目组织情况	项目团队包括 A、B……
初步风险	初步识别的项目风险	需求获取的工作可能无法在 20 个工作日完成
进度里程碑	在初期识别的里程碑,这些里程碑往往也属于项目制约因素之一	为保证×××大会的顺利召开,项目必须在××日前投入试运行
资金限制	项目在经费方面的限制	• 项目总成本不超过 100 万元 • 项目设备投入不超过 20 万元
成本估算	根据对项目估计的结果,预计项目的费用情况	预计项目变动成本为 80 万元
项目配置管理要求	在项目中使用的配置管理系统	在项目中使用组织定义的配置管理系统,版本控制工具使用 CVS

1．范围规划的依据

编写项目范围说明书时，必须有以下依据。

（1）产品描述。所谓产品即项目结束时应要求交付的产品、服务或成果。针对其特征，必须有明确的要求和说明，编成文档产品描述一般在项目的早期阶段不能做到详细，在后续阶段随着产品特性的逐步详尽而细化。比如企业网站建设，开始只能提出一个网站的功能，具体系统及页面则需要在后面的开发阶段才能描述出来。

（2）项目章程。即项目许可证，是正式承认某项目存在的一种文件。一般由项目外部的企业最高层发布，赋予项目经理利用企业资源、从事项目有关活动的权利。对于合同项目，双方签订的合同一般作为乙方（被委托方）的项目章程。

（3）约束条件。即制约项目管理团队选择的因素，比如事先确定的预算很可能限制项目团队的范围、人员配备及进度计划的选择。对于合同项目，合同条款通常被看成制约因素。

（4）假设前提。是指为了制订计划而考虑、假定某些因素将成为真实，比如项目的某个关键人物到位时间不确定，就需要假设某一日期作为其到位时间。可见，假设常常包含一定程度的风险。

2．范围规划的方法

在进行范围规划时，可以使用多种不同的方法或技术。

（1）产品分析。通过产品分析加深对项目成果的理解，主要运用系统工程、价值分析、功能分析等技术确定是否必要、是否具有价值。

（2）成本效益分析。即估算不同项目方案的有形和无形费用和效益，并利用诸如投资收益率、投资回收期等财务计划手段评估各项目方案的相对优越性。

（3）项目方案识别技术。这里的方案是指项目目标的方案项目方案识别技术，泛指提出实现项目目标的方案和所有技术。管理学中的许多技术经常应用于此，如头脑风暴法、横向思维等。

（4）专家判断。可以利用各领域专家来提出或评价各种方案，任何经过专门训练或具有专门知识、经验的集体或个人均可视为领域专家。领域专家可以来自组织的其他部门咨询顾问、职业或技术协会、行业协会等。

3．范围规划的结果

（1）范围说明书范围说明书的主要内容包括以下几方面。①项目信息。包括项目名称、客户名称、项目经理及项目发起人姓名等一般信息。②项目的合理性说明。即解释为什么要进行这一项目，为以后权衡各种利弊关系、评估项目未来效益提供依据。③项目目标。确定项目成功完成所必须满足的定量标准，项目目标至少应包括成本、进度、技术性能或质量度量标准。④项目可交付成果清单。一份主要的、各层次子产品清单，这些产品完整或满意地完成后，标志着整个项目的完成。比如，一个网站开发项目的主要可交付成果包括可运行的网站和用户手册等。⑤辅助性细节。包括项目的有关假设条件及约束条件的陈述项目范围说明书，在项目干系人之间确认或建立一个对项目范围的共识，作为将来项目实施的依据。随着项目的不断进展和实施，有可能需要依据项目范围的变更而对范围说明进行修改或细化。

对于合同项目，一般由乙方即被委托方编写范围说明书，这就要求相关工作人员与客户进行沟通，了解客户的实际需求和要求的成果，划清工作界限，即哪些工作由被委托方来做，哪些工作由委托方来做。双方意见达成一致后，被委托方应要求客户在范围说明书上签字认可，避免将来项目交接时产生不必要的纠纷。

（2）范围管理计划根据项目的需要，可以是正式的或非正式的，可以非常详尽，也可以只是一个大概框架。范围管理计划是项目计划的一个子要素，主要包括以下内容。①范围核实。依据范围说明书对项目完成情况进行比对的过程。②范围变更管理。应当清晰地描述如何对范围变更进行确认和分类，说明如何管理项目范围，以及如何将变更纳入项目的范围之内。③范围管理计划的稳定性评估与预测。即项目范围变化的可能性、变更的原因、频率和幅度等。

3.2.2　项目目标定位

电子商务项目的定位是指企业借助互联网平台转型，经营什么产品或从事什么服务，服务对象是谁。

电子商务项目目标就是指企业实施电子商务后可以达到的可度量的目标和效果。

制定电子商务目标应遵循目标管理普遍使用的 SMART 原则。SMART 是 Specific（明确具体）、Measurable（可度量）、Attainable（可实现）、Relevant（现实性）和 Time-bound（有时限）5 个英文单词的首写字母缩略词。

（1）目标应具体明确，做到 Specific（S）。制定目标要清楚地说明要达到的目的，不要模棱两可。作为目标，具体明确是最基本的要求，如果没有明确的目标，就好像盲目地行走，会给人找不到方向的感觉。

（2）目标应该有一组确定的指标作为日后衡量是否达到的依据，是可度量的，做到 Measurable（M）。目标的定量化是使目标具有可检验性的最有效的方法。

（3）目标应是在付出努力的情况下可以实现的，做到 Attainable（A）。设定的目标必须是在能力范围内可以达到的，同时又要在能力范围内稍稍设定得高一点儿，具有挑战性，即"天花板原则"。如果设定的目标过于保守，就很难激起领导或投资人的兴趣。

（4）在设定目标时，要切实地考虑其现实性，做到 Relevant（R）。理想和目标既有一定的联系，又相互区别。理想是我们想要追求的，但未必能成为现实，而目标则是能不断地逐步实现的，所以制定目标不能过于理想化。

（5）目标是有时间限制的，做到 Time-bound（T）。目标是在一定时间内需要完成的任务，是有时间限制的。没有时间限制就没有办法检验是否按预期实现了目标。

3.2.3　项目商务规划

商务规划就是确定企业业务转向电子商务后的运营方式，包括 3 项主要任务：确定电子商务模式、分析电子商务流程及明确电子商务盈利方式。

1. 电子商务模式

（1）企业对消费者模式（简称 BtoC 或 B2C）。B2C 的交易双方是企业和普通消费者，借助互联网实现企业和消费者之间的各种商务活动、交易活动、金融活动和综合服务活动，是消费者利用互联网直接参与经济活动的形式。通过网上交易平台，可以大大节省客户和企业双方的时间，提高交易效率。

B2C 模式根据其核心业务的特点还可以进一步细分为以下几种亚模式。

1）网上直销模式。这种模式下生产厂家直接通过网络销售自己的产品，如美国的 Dell 计算机。通过网上直销，企业可以根据客户的需求以销定产，同时由于没有分销商、批发商这些环节，因而省去了渠道费用。

2）网上商店模式。这种模式下商家通过网络经销其他厂商的产品，它与传统零售模式的区别是用虚拟的店面陈列代替实体商场，消费者节省了去店面购买商品的时间及其他成本，商家的主要收入来源于低价买进商品，高价卖出产品，赚取产品差价。网上商店主要有两种情况：一种是纯网络型零售企业，这类企业从网络起家，较早进入 B2C 电子商务领域，没有实体商店，如美国的亚马逊、中国的当当书店等；另一种本身是传统的零售企业，开设网上商店是对现有实体店面的补充，销售的是同样的产品，目的是拓展业务，线上线下并行运营，如美国的沃尔玛、中国的苏宁电器等。

3）网上商城模式。这种模式是由第三方企业建立 B2C 电子商务平台，通过市场运作，邀请符合条件的商家到平台上开设 B2C 商店，如同在大型购物中心（Mall）租用场地开设商店一样，如淘宝商城、新浪商城都属于这种模式。

由于网上商城大多是大型门户类网站组织建设的，其天生就有巨大的流量，能为其中的 BC 商店带来网上人气；同时，平台提供的专业服务可以帮助商家低成本运营 B2C 网上商店，因而到第三方平台上开设 B2C 商店销售产品是中小企业开展网上经营的快速、高效方式。

4）连锁经营模式。连锁经营模式实际上是 B2B 和 B2C 两种电子商务模式的整合。这种模式的思想是以 B2C 为基础，以 B2B 为重点，将两个商务流程衔接起来，从而形成一种新的电子商务模式。

这种模式是在 B2C 模式中引入 B2B 模式，把连锁企业作为销售渠道的下游引进，实现企业接单，异地连锁企业配送，从而有效解决了企业配送能力不足的问题。

5）内容提供模式。这种模式下企业通过网络提供各种数字化内容服务，包括新闻、热点和各种有价值的信息，以及音乐、游戏等娱乐内容，消费者在网上订阅或支付后直接浏览或消费。新浪等门户网站、人民网等专业媒体、盛大等游戏网站、新东方等教育网站都属于这种模式。要想成为一个成功的内容提供商，关键是拥有对消费者来说有价值的信息内容。内容提供商主要通过广告和向消费者收费来盈利。

6）网上服务模式。这种模式主要被企业用来提供职业介绍、航空火车订票、医院预约挂号、旅游服务预约等网上服务。服务提供商通过网络向消费者提供比传统服务更有价值、更便利、更省时、成本更低的服务，使消费者在方便的同时大大提高了效率。51job 等人才网站、携程等旅游网站都采用这种模式。服务种类的多样性使网上服务所拥有的市场机会十分巨大，并与实际商品的市场机会一样有潜力。

上述前 4 种亚模式主要面向具有物理形态的实体产品的网络零售，其特点是产品的查询、订购和付款等活动可以在网上进行，但最终的交付不能通过网络实现，还是用传统的方式完成。网络零售的盈利主要体现在两个方面，一是扩大商品销售范围和销售规模直接获利，二是降低各种费用间接获利。后两种亚模式主要面向无形的虚体产品，其最大的特点就是产品以数字化的形式表现和存在，因而其查询、订购、付款和交付等一系列活动都可以通过网络直接完成。

（2）企业对企业模式（简称 BtoB 或 B2B）。B2B 的交易双方都是企业，指的是企业与企业之间依托互联网等现代信息技术手段进行的交易、信息、服务等商务活动，包括企业与供应商之间的采购、企业与产品批发商和零售商之间的供货、企业与仓储物流公司之间的业务协调等。

1）企业自建电子商务平台模式此种模式是企业利用自身的信息资源建立的电子商务平台，在上面发布一些与企业产品相关的信息，并进行产品与服务的交易活动。

企业建立电子商务平台，通过网络能够实现订单交互、库存信息交互和结算信息交等，大大提高了信息共享水平，提高了交易活动效率，降低了交易活动的成本。

2）第三方 B2B 电子商务平台模式这种方式由买方和卖方之外的第三方建立电子商务平台，利用其掌握的资源优势，吸引中、小企业利用这个平台了解供需信息，与潜在客户进行在线交流和商务洽谈等工作。该平台又分为两种类型：一种是综合性平台，它提供多个行业和领域的电子商务服务，如阿里巴巴、慧聪网、环球资源网和中国供应商网等；另一种是行业垂直型平台，它定位于某特定专业领域，提供专业的电子商务服务，如中国化工网、中国医药网和中国纺织网等。

第三方 B2B 电子商务平台通过会员费、广告费和竞价排名等方式盈利。

3）消费者对消费者模式（简称 CtoC 或 C2C）。C2C 的交易双方均为个人消费者，是消费者个人对消费者个人的电子商务模式。C2C 的运作模式是为买卖双方搭建交易平台实现个人对个人的网上交易活动。采用 C2C 模式的主要有易趣、淘宝、拍拍等。

在中国的 C2C 市场，免费是一个重要的驱动因素。起初易趣控制着中国近 90% 的 C2C 客户群，但是坚持收费的易趣很快就抵挡不住淘宝的免费攻势。许多卖家通过易趣展示商品，最终在淘宝交易。易趣苦心经营建立起的客户群，就这样变成了"替别人做嫁衣裳"。为适应激烈的市场竞争，易趣也开始了免费策略，对客户终身免收包括高级店铺和超级店铺在内的店铺费，也不再收取商品登录费、店铺使用费等费用。

2. 电子商务业务流程

电子商务模式是企业利用网络信息技术开展商务活动的方式，它是在传统的商务活动中引入电子化手段，革新企业传统商务过程中的不同环节而形成的。它以传统的商务过程为基础，但是与传统商务活动有较大差异，因而在确定了商务模式后，还要进行业务流程分析，确定要用怎样的业务流程来实现这一商务模式。

业务流程分析首先要了解现有业务的具体处理过程，然后根据电子商务目标定位的要求，修改和删除其中的不合理部分，进行业务流程优化，构造适应电子商务模式的核心业务流程。业务流程分析主要包括以下内容。

（1）原有流程的分析分析原有业务的整个处理过程，了解原有业务流程，确认各个处理过程是否具有存在的价值，哪些过程不尽合理，需要进行改进或优化。

（2）业务流程的优化原有流程中不尽合理的部分，或者与电子商务活动不相适应的过程，可以按业务流程重构的原则进行优化。

（3）确定新的业务流程，以文字说明电子商务下的核心业务流程，并绘制业务流程图。

3. 电子商务盈利方式

互联网作为信息传递工具，在发展初期是采用共享和免费策略发展起来的，目前网上依然存在许多免费的应用项目，如免费邮箱、免费信息、免费视频和免费交易场所（如淘宝易趣），这些免费的项目吸引了大量网民的眼球，这些免费策略对培育和发展网上市场起到了巨大的作用。

然而，"天下没有免费的午餐"，免费只是吸引眼球、培育市场的策略，企业上网的最终目的还是要盈利。策划一个电子商务项目如果没有明确的盈利模式，是不会得到领导或投资方认可的。

那么什么是盈利模式呢?盈利模式研究和关注的是企业的利润来源、生成过程及形式。它与销售模式和营销模式既有区别又有关系，最根本的区别在于：销售关注的是"如资方认可的如何卖货"，营销关注的是"如何满足市场需求"，而盈利关注的是"如何赚钱"。在实施盈利式的企业里，产品、服务是基础，品牌是工具，营销是过程，盈利才是根本。

下面介绍几种电子商务常见的盈利方式,企业实施电子商多时应结合自身情况，综合应用各种可能的方式来实现项目盈利。

（1）网络广告收费。网络广告收费是企业盈利的比较普遍的方式，其种类繁多，形式多样。从文字广告、网页广告、Banner（旗帜）和 LOGO（图标）广告，到 Flash 多媒体动画和竞价广告等，多种多样。门户网站（如新浪、搜狐）、搜索引擎网站（如 Google、百度）等大型网上企业主要依靠网络广告盈利。

任何网上企业都可以网络广告作为收入来源，其前提是网站要有较高的流量和知名度，最好是拥有某一类型的专业浏览群体，这就具备了网络广告收费的条件。

网络广告通常有两种收费以下两种方式。

1）CPM（Cost Per Mille）：按浏览量定价，广告条每显示 1 000 次（印象）为基准的收费模式。其计算公式为：

$$广告费用 = （CPM × 含有广告页面的访问次数）/1\,000 \qquad (3-1)$$

2）CPC（Cost Per Click）：按点击量定价，根据网络广告被点击的次数收费的定价模广告和竞价广告一般采用这种定价模式。

（2）网上销售获利。网上销售是企业或个人运作电子商务基本的盈利方式，国外的亚马逊，国内的当当网、卓越网等，都是通过网上销售盈利。

网上销售的盈利方式主要体现在两个方面，一是增加收入直接获利，二是降低成本间接获利。具体来看,不同企业网上销售的盈利可能来自以下一个或几个方面。

1)通过网上销售,企业的产品可以打破地域的限制,有更多的市场空间和交易机会,能够扩大销售量,为企业获取更多的利润。

2)通过网上销售,企业用虚拟的店面陈列代替实体商场,可以在不增加经营场地的情况下增加经营品种,拓展经营范围。

3)利用网上销售可以低库存成本。实现根据业务量需进货以销定产,有效地管理企业库存,降低库存成本。

4)通过网上直销,企业的产品可以直接与消费者见面,由于没有分销商、批发商这些环节,因而可以大大节省渠道费用。

5)网上销售使用电子手段、电子货币等,大大降低了管理的书面形式的费用。

6)网上销售能够加快商务周期,使商家提前回笼资金,加快资金周转,使单位时间内一笔资金能从事多次交易,从而增加年利润。

(3)注册会员收费。这种方式通常是由企业首先建立电子商务服务平台,提供相应的服务,并通过市场运作,吸引大量的企业和个人使用平台的服务,并收取会员费盈利。阿里巴巴等 B2B 网站、51Job 等招聘类网站、九天等音乐类网站都使用了这种模式。

(4)信息内容收费。信息内容是网络企业为满足客户需要而专门定制的一种专业性很强,有一定的实用性和实效性的电子读本,比如分别针对金融系统、房地产系统和汽车、建材、化工、环保等行业编辑的各种参考电子文本,这种文本还可以配合印刷品出现。订阅者一般一次订阅就是半年或者一年,客户付费后方能凭网络媒体所给的网络通行证(密码)浏览或定期收阅信息。这种信息的收费一般都比较高,人民网、新华网目前都开展了这项业务。

信息内容要想成功收费,必须做到市场定位准确,信息质量高,内容独特性高(信息内容不是在网上和一般媒体及资料上能找到的),付款机制方便完善,消费者付费观念健全,内容不易被仿冒及复制。

(5)软件(或者 MP3 音乐等)下载。软件(或者 MP3 音乐等)下载可以说是网上零售的一部分,只是其销售的产品为软件(或者 MP3 音乐等),可以在线直接下载,而无需物流的运输过程。现在国内的软件(或者 MP3 音乐等)下载多为免费的形式,有许多软件公司更是利用互联网的优势进行在线升级服务,这也是促进与客户互动的良好方法。

由于消费能力和消费习惯的不同,英文网站的软件(或者 MP3 音乐等)下载较大比例都是收费软件,即使是共享也是有使用期限的,这为许多的实用性小软件提供了良好的销售平台。

（6）互联网上网服务。互联网的发展离不开各种上网服务，比如企业网站建设、域名注册、服务器虚拟主机租用服务、网站推广服务（搜索引擎优化）和网站运营咨询服务等。随着互联网的应用普及，将有越来越多的企业需要上网服务。提供互联网上网服务，收取相应的服务费用也是可行的盈利方式。

3.3 创建工作分解结构

3.3.1 工作分解结构及作用

1. 什么是工作分解

项目范围说明书明确了为交付客户所要求的产品和服务，项目组必须完成的任务。在项目范围说明书里界定的这些任务往往比较粗略。为此，还需要将任务做进一步细分，以便确定具体应该做什么、怎么做，才能移交项目的交付成果。这便要用到一种分解技术。

分解技术就是为了管理和控制的方便，对项目进行细分和再细分的过程。在项目管理过程中，把项目一下子分解到最细致和最具体的工作是困难的甚至是不可能的，也是不可取的，应该分层次进行分解，每深入一层，便会更详细、更具体一些。一般需要从项目产品开始分解，把产品分解到一个个中间产品或子产品，即为产品分解结构（Product Breakdown Structure，PBS）。然后在确定需要做哪些工作才能实现这些中间产品，即为项目的工作分解结构（Work Breakdown Structure，WBS）。

WBS 是将项目逐层分解成一个个可执行的任务单元，这些任务单元既构成了整个项目的工作范围，又是进度计划、人员分配和成本计划的基础。

项目工作范围的结构分解，强调的是结构性和层次性，即按照相关系统规则将一个项目分解开来，得到不同层次的项目单元，然后对项目单元再做进一步的分解，得到各个层次的活动单元，清晰反映项目实施所涉及的具体工作内容，最终形成WBS 图。项目干系人可以通过它看到整个项目的工作结构。

通过项目的 WBS，可以加强项目组成员对项目的共同认知，保证项目结构的系统性和完整性，还可使项目易于检查和控制。最重要的是，WBS 是制订进度计划、成本计划等其他项目管理计划的基础。

2. 为什么要进行工作分解

进行工作分解的意义和作用表现在以下几个方面。

（1）把项目要做的所有工作都清楚地展示出来，不至于漏掉任何重要的事情。

（2）使用项目执行者明确具体的任务及其关联关系，做到胸有成竹。

（3）容易对每项分解出的活动估计所需要的时间和成本，便于制订完善的项目计划。

（4）通过项目分解，可以确定完成项目所需要的技术、人力及其他资源。

（5）有利于界定职责和权限，便于各方面的沟通。

（6）使项目团队成员更清楚地理解任务的性质及其努力的方向。

（7）便于跟踪、控制和反馈。

图 3-1 是按产品进行组织的企业内部网项目的 WBS 示例。WBS 也可以用列表格的形式来表示，图 3-2 是另一个企业内部网的 WBS 示例。其中序列以及任务项的缩进表示了该项目的 WBS。这种形式应用很广泛，比如在合同中就经常用到。

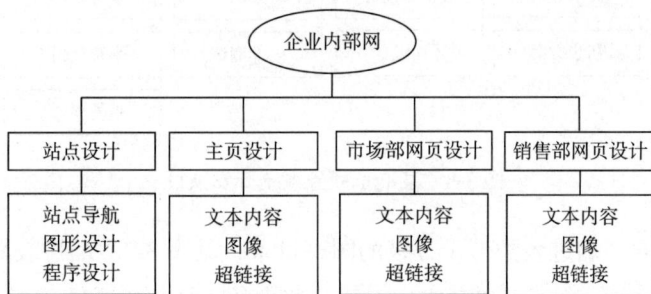

图 3-1　按产品进行组织的企业内部网项目的 WBS 示例

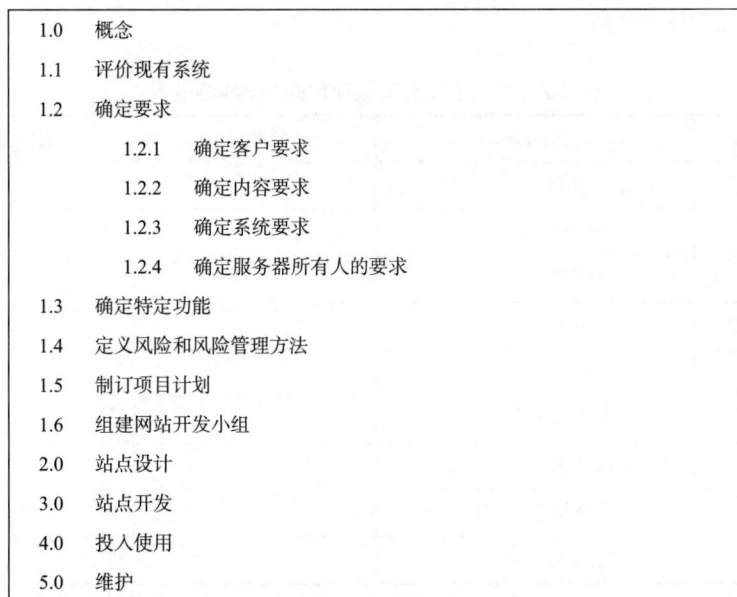

1.0	概念	
1.1	评价现有系统	
1.2	确定要求	
	1.2.1	确定客户要求
	1.2.2	确定内容要求
	1.2.3	确定系统要求
	1.2.4	确定服务器所有人的要求
1.3	确定特定功能	
1.4	定义风险和风险管理方法	
1.5	制订项目计划	
1.6	组建网站开发小组	
2.0	站点设计	
3.0	站点开发	
4.0	投入使用	
5.0	维护	

图 3-2　用列表的形式表示的企业内部网项目的 WBS

3. WBS 的形式

较常用的 WBS 表示形式主要有以下两种：树型图和缩进表。

（1）树型图。树型结构类似于组织结构图，如图 3-3 所示。树型图的优点是 WBS 层次清晰，非常直观，结构性很强，适用于与企业的高层和客户交流。

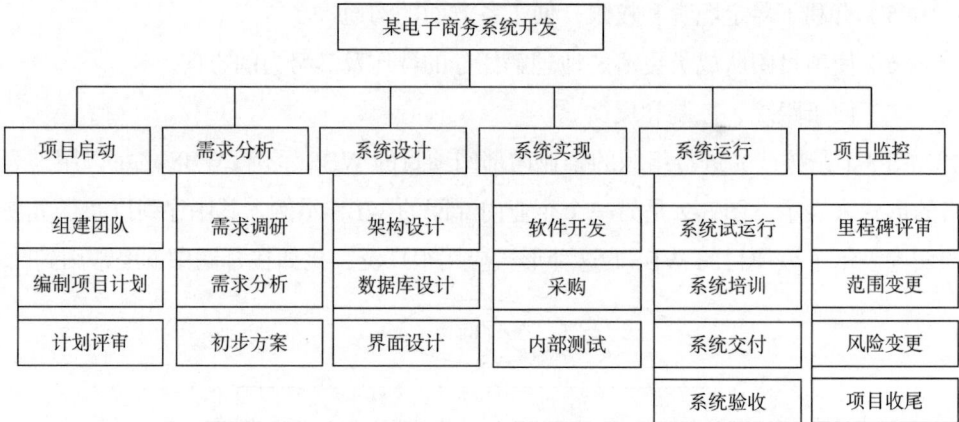

图 3-3　某电子商务系统开发项目

（2）缩进表。缩进表类似于分级的图书目录，见表 3-2。缩进表能够反映出项目所有的工作要素，但直观性较差。对于一些大的、复杂的项目而言，内容分类较多、容量较大，用缩进表的形式表示细节比较方便，也可以装订成手册，我们称为 WBS 手册或 WBS 字典。

表 3-2　某电子商务策划项目的 WBS 缩进表

工作编号	工作名称	负责人	资源描述
1.1	启动策划		
1.1.1	召开启动会		
1.1.2	行业调研分析		
1.2	进行策划		
1.2.1	盈利模式设计		
1.2.2	筹划资金来源		
1.3	策划评审		
1.3.1	召开评审会		
1.3.2	策划总结		

WBS 的编码设计与结构设计是有对应关系的。结构的每一层次代表编码的某

一位数，有一个分配给它的特定的代码数字。如表 3-2 所示，WBS 编码由 3 位数组成，第一位数表示整个项目，第二位数表示子项目要素（或子项目）的编码，第三位数是具体活动单元的编码。

编码设计对 WBS 来说很重要，不管是高级管理人员还是其他层次的员工，编码对于所有项目组来说都应当有共同的意义。

4．WBS 的编制

创建 WBS 是指将复杂的项目分解为一系列明确定义的项目工作，并作为随后计划活动的指导文档。在分解之前，首先要把握以下分解原则。

（1）分解后的每项工作应该是可管理的，可以对该工作包进行成本和工期估算，能够安排进度、做出预算、分配负责人员。

（2）最底层的活动可直接分派到个人去完成，并且其所需时间和成本是容易估算的。每个任务原则上要求分解到不能再细分为止。

（3）下一层的活动对上一层活动来说是充分且必要的，充分性说明下一层的子活动要是足够的，不能有漏项；必要性说明了下一层的每个子活动都是必需的。

（4）每一个 WBS 的层数不要太多，一般不要超过 4~5 层。由于人的管理能力是有限的，试想如果有一个 20 级的 WBS，则较低层次的工作单元对于项目管理层没有任何意义，因为他无法关注这么多层。对于大型或特大型的电子商务系统，我们可以有多个不同层次的 WBS，有的 WBS 是较粗略的，适用于项目总监或总指挥从整体上管理项目；有的可能是某一个子项目的 WBS，适用于子项目的项目经理。

（5）通过两个"凡是"的标准对照检查 WBS：凡是在 WBS 上的都是应该做的工作；凡是未在 WBS 上的都是不应该做的工作。前者用于检查有无镀金（多余工作），后者用于检查有无遗漏工作。

创建 WBS 的方法主要有以下 3 种。

（1）自上而下法（系统思考法）。这是构建 WBS 的常规方法，即从项目的目标开始逐级分解项目工作，直到管理者满意地认为项目工作已经充分地得到定义。该方法可检查有无遗漏工作。由于该方法已将项目工作定义在适当的细节水平，因而对于项目工期、成本和资源需求的估计比较准确。这种方法对具备较好系统思维能力的人而言，可以说是很好的方法。

（2）自下而上法（头脑风暴法）。让各个成员从不同的角度思考可能的各项具体任务，后将各项具体任务进行整合。有了这些零散的思路，再归纳就相对容易了。想到什么就记下来，然后再不断补充，不断归纳。

（3）模板参照法。如果存在 WBS 模板，就会容易得多。我们可以借鉴别人的模板，该方法也可促进全员参与，加强项目团队的协作，以后其他的电子商务系统开发项目就可以参考。WBS 的分解可以采用多种方式进行，包括以下几种方式。①按产品的物理结构分解，比如对于电子商务系统，可分解为数据层、逻辑层和表现层等。②按产品或项目的功能分解。根据产品的不同功能，分解为若干个模块。③按照实施过程分解。根据项目的生命周期进行划分，有利于项目管理。④按照项目的地域分布分解。有的系统可能是跨区域性的，有时也可根据地域进行分解。⑤按照项目的各个目标分解。按目标分解与按功能分解有些类似，但这里所说的目标多指项目的交付物。⑥按部门分解。根据项目的工作部分进行分解，如软件部、硬件部、采购部等。不同的分解方式适合不同的项目。例如，按项目目标或最后交付物进行分解的方式比较适合交付物容易分解为多个独立的子产品或产品部件单元的项目，而按项目阶段进行分解比较适合不易分解交付物的项目。

一个项目分解时，在不同层次的分解可能采用的分解方式不一样，即一个项目可能采用多种分解标准。但在同一层，其分解标准应该是一个，而且第一层的分解对整个项目的分解尤为关键，在很大程度上，项目 WBS 决定项目管理方式，而第一层的分解又在很大程度上决定整个 WBS 是否合理。那么，在第一层的分解究竟按哪一个标准划分？一般可参考以下标准权衡决定第一层的分解标准。

（1）哪一种更高级的标志最有意义？这里所说的有意义包括有利于任务分配或者有利于项目的进度、成本或者目标管理等。总之，要选择一种最有利于项目管理的方式分解。

（2）任务将如何分配？一般一个项目组包含多个项目小组，每个小组负责一个模块工作，在分解时最好要能够实现第一层分解后的每一个活动能直接分给各个项目小组。

（3）具体的工作将如何去做？这要求在进行工作分解时，要结合项目的分阶段生命周期，要兼顾项目是如何进行管理的。在项目范围确定之后，就可以开始制订项目的各类计划。项目计划包括项目总计划和领域计划（或称子计划、专项计划）。项目总计划是指通过使用项目的各专项计划过程所生成的结果，运用整体和综合平衡的方法所制订出的用于指导项目实施和管理的整体性、综合性、全局性、协调统一的整体计划文件。项目领域计划包括范围计划、进度计划、成本计划、质量计划、资源计划、沟通计划、风险计划、采购计划。范围、进度和成本是项目管理的三要素，也是项目管理监控的重点对象。

3.3.2　工作分解结构层次划分及步骤

1. WBS 的 6 个层次

从根本上来说，WBS 是将项目工作分解为更易于管理和控制的单元系统。

为了能够更好地划分与管理项目，项目工作分解有不同的层次，从最高一层到最低一层分别有不同的名称，如图 3-4 所示。

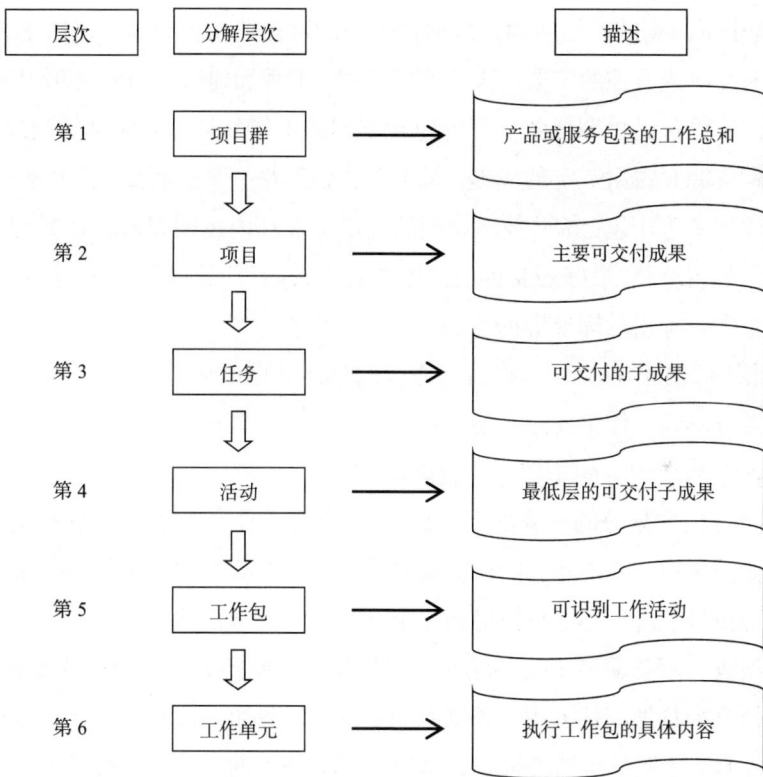

层次	分解层次	描述
第 1	项目群	产品或服务包含的工作总和
第 2	项目	主要可交付成果
第 3	任务	可交付的子成果
第 4	活动	最低层的可交付子成果
第 5	工作包	可识别工作活动
第 6	工作单元	执行工作包的具体内容

图 3-4　WBS 的分层分解

第 1 层叫作项目群，或者叫大项目，即完成大项目包含的工作的总和。一个项目群是由多个项目构成的复杂工程。例如，承建一个大型的电子商务购物网站及其所有的配套物流软件系统，它包含了网站建设、物流设备购置、服务器网络设备构建等多个项目。

第 2 层叫作项目，标明项目主要的可交付成果，但不是全部成果。主要成果应包括里程碑，里程碑是划分项目阶段的标志，表示了项目进程中从一个阶段进入另一个阶段，工作内容将发生变化。主要成果还可以有对项目进程有较大影响的其他可交付成果。网站建设本身就是一个项目，有项目经理与项目小组，可以是软件公司自己来做，也可以转包给其他公司。

第 3 层叫作任务，它是完成项目必须进行的工作，可交付子成果。比如相关的 LOGO 设计、网站色彩与布局、图片创意等网页美工设计，就是网站建设的一项任务。

第 4 层叫作活动，即完成项目需要做什么，也是最低管理可交付的子成果。比如一个网站的配色方案，或者一个完成的 LOGO 设计方案。

第 5 层叫作工作包，是活动的构成单元，它体现了活动是如何做的。工作包是 WBS 结构中可识别的工作活动，是项目最小的可控单元。在这一层次上，应能够满足客户对交流或监控的需要，这是项目经理、工程和建设人员管理项目所要求的最低层次。工作包是短期任务，可能包含不同的工作各类，有明确的起点和终点，消耗一定的资源并占用一定的成本。每个工作包都是一个控制点，工作包的管理者有责任关注这个工作包，按照技术说明的要求在预算内按期完成。工作包除了要包含短期任务的名称外，最好还要包括预定的起止日期、任务持续时间、人工估算量、可交付成果和完工衡量标准等内容。

第 6 层叫作工作单元，是执行工作包的具体动作或努力方向。在一般的 WBS 中，不需要分解到工作单元这一层。

2．WBS 层次划分的步骤与注意事项

（1）WBS 层次划分的步骤如下。①先问：需要干什么？如果是需要打扫房间，这就是要做的项目。②再问：打扫房间需要做什么？需要清扫地板、收拾家具、擦窗户和清理垃圾。这些都是打扫房间这个项目需要完成的主要任务。注意，从这里就要开始检查，不要漏掉了某些任务。如果打扫房间还必须将损坏的家具修理好，别忘了将修理家具加到任务中。③接着问：每项任务如何做？用拖把擦地板，用清洁剂清洁家具，用肥皂水清洗窗户，这些是完成任务的活动。④然后问：怎样才能完成这些任务？用拖把擦地板时需要取擦布、湿润擦布、擦地板、洗擦布等一系列的子活动，它们实际就是用擦布擦地板这项活动的工作包。⑤最后问：这样分解是否正确和完整？有没有遗漏任务？每项任务是否可以很容易地分配责任和角色？每项任务需要的资源是否很容易确定？每项任务的工期是否很容易估计？每期任务完成的衡量标准是否十分清楚？如果答案是否定的，就需要进一步地修改和分解。

像打扫房间这样简单的项目，分解到三四层就足够了；如果是复杂的项目，可能需要进行更详细的分解。

（2）WBS 层次划分的注意事项如下。①分解出的工作包应是一项项的行动，而不能用名词来表达。②不要把 WBS 变成物品清单，这是很多人在使用 WBS 时的误区。例如，在网站美工设计的任务下有 LOGO、Flash、选配颜色等，实际就成了一个名词库，这样来定义活动并不合适。实际上，对于这些活动应当用一个"动宾结构"的短语来描述。如绘制 LOGO、制作 Flash、选配颜色等。③不要考虑活动之间的先后顺序，WBS 的目的是清楚地界定实现项目目标所要执行的具体活动，并不关心究竟先做哪个，后做哪个。活动之间的先后顺序需要等到确定关键路径时再考虑，这样有助于尽早确定具体的工作内容。

3.3.3　工作分解结构编码设计

WBS 当中的每一项工作或者称为单元，都要编上号码，用来唯一确定项目分解结构中每一个单元，这些号码的全体叫作编码系统。编码系统同项目分解结构一样重要，在项目规划和以后的各个阶段，负责项目各基本单元的查找、变更。成本计算、进度安排、资源安排、质量要求等各个方面都要参照这个编码系统。若编码系统不完整或编排不合适，会引起很多麻烦。

3.4　电子商务项目范围控制

电子商务项目的范围控制是指通过一套有效的流程和管理办法，把电子商务项目执行过程中出现的各种有关项目最终产品或服务范围的增加、修改、删减等变更进行有效管理和控制。对于电子商务项目尤其是电子商务系统开发项目来说，范围控制是项目管理的重点之一。一是因为在 IT 项目中，"范围蔓延"现象太过普遍；二是有相当多的进度和成本问题都是由于范围失控，最终导致工期、成本、质量等指标的变动，影响项目目标的实现。

3.4.1　电子商务项目范围变更的影响因素

不同类型的电子商务项目，发生范围变化的原因不尽相同，如电子商务开发项目可能受技术和客户需求变化的影响相对多一些，电子商务策划项目可能受企业组织发展战略的影响更大一些，而电子商务运营项目可能受外部市场环境的影响更大些。但总体来说，导致电子商务项目的范围变化的因素主要包括以下几个方面。

（1）项目需求的变化。无论是在开发项目还是策划项目中，都可能出现项目发起人因为各种原因，她（他）的需求和期望发生变化了，要求增加某个电子商务系统的功能或因为企业财务状况恶化而减少某个功能模块。

（2）项目外部环境发生变化。例如，对于电子商务策划项目和运营项目而言，可能因为市场的变化而导致以前做的市场调研结果失效，或调研工作必须扩大调研范围。

（3）项目管理方面的原因。如可能因为项目组的需求调研不够周密详尽，有一定的错误或遗漏。例如，在设计语言数据处理系统时没有考虑到计算机网络的承载流量的问题。

（4）新技术方法的出现。国际上出现了或是设计人员提出新技术、手段或方案。在项目实施过程中，常常会出现制订范围管理计划时尚未出现的可以大幅度降低成本的新技术。

（5）客户单位本身发生变化。比如由于项目的使用单位同其他单位合并是出现其他情况，项目的范围发生了变化。

总之，范围变更在任何时候都可能存在。但变更并不可怕，可怕的是我们没有预见，缺乏有效的范围变更管理，这样一旦发生变更，项目组就束手无策。实际上，并不是所有变更的发生都是一件坏事情，如果管理得好，范围变更可能意味着出现了新的利润机会；但管理得不好，可能导致项目的失败。对于变更我们要做到事先严格定义，事中严格执行。

需求变更主要程序包括变更申请、变更申请的审批、更改需求文档、重新审评需求文档和变更结束，每个阶段均需要相关负责人员签字才能进行下一步骤。需求变更控制报告模板见表3-3。

表3-3　需求变更控制报告模板

需求变更申请	
申请变更的需求文档	（输入名称、版本、日期等信息）
变更的内容及理由	
评估需求变更将对项目造成的影响	
申请人签字	
变更申请的审批意见	
项目经理签字	审批意见 　　　　　签字 　　　　　日期
客户签字 （合同项目）	审批意见 　　　　　签字 　　　　　日期

更改需求文档	
变更后的需求文档	（输入名称、版本、完成日期等信息）
更改人签字	
重新评审需求文档	
需求评审小组签字	评审意见 签字 日期
变更结束	
项目经理签字	签字 日期

电子商务项目范围变更中的项目计划变更的主要程序包括项目计划变更申请、变更申请的审批意见、更改项目计划和审批变更后的项目计划，每个阶段最重要的是相应的审批意见。项目计划变更控制报告模板见表 3-4。

表 3-4　电子商务项目计划变更控制报告

项目计划变更控制报告	
申请变更的项目计划	（输入名称、版本、日期等信息）
变更的内容及理由	
评估需求变更将对项目造成的影响	
项目签字	
变更申请的审批意见	
机构领导签字	审批意见 签字 日期
客户审批 （合同项目）	审批意见 签字 日期
更改项目计划	
变更后的项目计划	（输入名称、版本、完成日期等信息）
项目经理签字	

审批变更后的项目计划	
高级经理签字	评审意见
	签字
	日期
客户审批 （合同项目）	签字
	日期

电子商务项目范围变更中的配置项变更的主要程序包括变更申请、审批变更申请、变更配置项和结束变更。配置项变更报告模板见表 3-5。

表 3-5　电子商务项目配置项变更控制报告

1.　变更申请	（输入名称、版本、日期等信息）		
申请变更的配置项			
变更的内容及其理由			
估计配置项变更将对项目造成的影响			
变更申请人签字			
2.　审批变更申请			
CCB 审批意见	审批意见 CCB 负责人签字 日期		
批准变更的配置项	变更执行人		时间限制
3.　变更配置项			
变更后的配置项	重新评审结论	完成日期	责任人
4.　结束变更			
CCB 签字	CCB 负责人签字 日期		

3.4.2　电子商务项目范围变更控制的方法

为更好地进行项目范围变更控制，需要注意以下方法的应用。

（1）建立有效的范围变更流程。进行范围变更控制，首要的工作就是建立范围变更控制流程。范围的变更控制流程除了要控制已知的变更，更多的还需要项目团队通过分析项目实际执行数据去识别可能导致的偏离项目目标的因素。而在范围变更控制中，范围变更的控制一般是从项目干系人提出的范围变更申请开始，也就是说控制对象一般是比较明确的，即项目干系人的变更申请。当然，这里干系人既可能是客户，也可能是项目团队本身。在范围变更申请提出之后，其他的流程和前面讲述的就基本一样，包括范围变更的分析、变更的确认和审批、变更的实施，以及变更效果评价等环节。

（2）重视需求分析工作。在项目初期，项目经理首先需要考察客户做这个项目有什么用处，就是"为什么"要做什么做这个项目，这样才能真正从客户的角度来考虑系统的需求，接下来需要总结出整个项目要"做什么"，并能概括出各个子任务，让开发人员对项目内容的大方向有很好的把握。

在进行需求分析时应该注意以下技巧：需求分析报告以客户认为易于翻阅和理解的方式进行编写，同时也要有助于开发人员开发出真正需要的系统；项目组成员最好就需求分析报告为客户详细地讲述，并达成共识，良好有效的沟通在这里很重要；另外，需求确认之后，最好让客户方管理层书面签字，作为终止需求分析过程的标志，但绝不能作为拒绝范围变更的手段。

（3）尽可能明确项目的范围。合同中的项目范围应该只是粗线条的约定，必须进行细化和深入。编制范围说明书和 WBS 是其中重要的部分。范围说明书应该包括项目背景、产品简介、主要可交付物、验收标准等。在进行详细需求调研基础上，编制 WBS 和需求分析报告。WBS 可以为项目执行绩效测评和项目控制提供一个基准。

如果在项目的合同或范围说明书中，不但能明确做什么，还能明确不做什么，那么是非常好的事情。如果那些开始明确不做的内容，后来客户提出来要做，那就是一个明显的变更，非常容易辨认和确认。

本章小结

项目范围包括项目的最终成果或服务及实现该成果或服务所需要做的各项具体工作。项目范围是制订项目计划的基础，而如何定义项目的范围是项目范围管理的主要任务。项目范围的确定是为成功地实现项目目标而规定必须完成的工作任务。

范围定义就是定义项目的范围，即根据范围规划阶段定义的范围管理计划，采取一定的方法，逐步得到精确的项目范围。项目范围说明书是范围定义工作最主要的成果，软件系统范围也是软件项目范围中最重要的一部分。

WBS 是项目管理中最常用的工具，在范围管理中创建，在进度管理、成本管理中都需要使用。常见的分解方法包括类比法、自上而下的分解和自下而上的归纳等。

范围控制就是为了解决项目范围变更问题，消除范围变更造成的不利影响。项目范围控制是通过变更系统完成的。

案例分析

案例 1 "全职太太"的商务模式

"全职太太"是针对"太太"这一特殊的女性客户群体打造的一个集社群沟通交流功能与电子商务功能于一体的垂直电商平台项目，成立现代化的客户服务中心，除为客户提供购物等环节的帮助外，还为太太们提供"育儿心得、婆媳关系、辅食制作"等热门话题的专题服务。

开发了基于 B2C 的电子商务后台运营管理系统和 PC 电商平台，进一步加大基于 APP 的移动端商城开发。整体平台的开发由运营管理和前台应用开发两大部分组成。后台运营包含商家管理、产品管理、订单管理、客户管理、资金管理、营销管理、支付管理等模块，是整个系统的管理中心。前台应用开发包含门户商城、移动商城（安卓及苹果）、微商城、第三方商城的开发与建设。经营模式采用 B2C 模式（企业对终端消费者）。盈利模式采用平台销售自主品牌和合作伙伴的产品，通过产品销售价格与产品成本间的利差实现平台直接盈利，为企业发布广告收取广告费，收取商家按年缴纳服务年费、流量服务费等。

平台开发"PC+移动"互联网整体应用。通过技术的研发使平台与微信、微博、QQ 等社交应用平台全线联通，便于客户的沟通交流与信息分享。构建轻资产平台运营中心，主导公司新产品的研发、平台的运营和服务，全面发挥平台的核心价值。

思考："全职太太"的项目商务规划的特点。

（杨海涛."全职太太"电商项目商业计划书. 中国知网. 兰州大学. 2017-04-01）

案例 2　WBS 的设计

某公司为当地一家书店开发图书资料垂直搜索引擎产品，双方详细约定了合同条款，包括合同金额、产品验收标准等。项目经理小张兼任项目技术负责人。项目进行到设计阶段后，由于小张从未参与过垂直搜索引擎的产品开发，产品设计方案经过两次评审后仍未能通过。公司决定将小张从该项目组调离，由小李接任该项目的项目经理兼技术负责人。

小李仔细查阅了小张组织撰写的项目范围说明书和产品设计方案后进行了修改。小李将原定从头开发的方案，修改为通过学习和重用开源代码来实现的方案。小李还相应地修改了小张组织编写的项目范围说明书，将其中按照项目生命周期分解得到的大型分级目录列表形式的 WBS 改为按照主要可交付物分解的树形结构图形式，减少了 WBS 的层次。小李提出的设计方案和项目范围说明书，得到了项目干系人的认可，通过了评审。

思考： 1. 请简述小李组织编写的项目范围说明书中 WBS 的表示形式与小张组织编写的范围说明书中 WBS 的表示形式各自的优缺点及适用场合。

2. 结合项目现状，请简述在项目后续工作中小李应如何做好范围控制工作。

（百度文库. http://wenku.baidu.com/view/061d45ccc0c708a850ad02de80d4d406c7,html.2016）

案例 3　项目边界

B 系统集成公司拟承建某大型国有企业 A 单位的一个信息系统项目。该项目由 A 单位信息中心负责。信息中心主任赵某任甲方经理，B 公司委派项目经理杨某负责跟进该项目。经初步调研，杨某发现该项目进度紧，任务中客户需求模糊，可能存在较大风险。但 B 公司领导认为应该先签下该项目，其他问题在项目实施中再想办法解决。A、B 双方很快签订了一份总价合同。在合同中，根据赵某提供的初步需求说明，简单列出了系统应完成的各项功能的性能指标。杨某根据合同制定了项目的范围说明书。

可是随着需求调研的深入，杨某发现从 A 单位一些业务部门活动的客户需求大大超出了赵某所提出的需求范围。杨某就此和赵某进行了沟通。杨某认为需求变化太大，如果继续按合同中所规定的进度和验收标准实施将非常困难，要求 A 单位追加预算并延长项目工期。而赵某认为这些需求应经包含在所欠合同条款中，并且这是一个固定预算项目，不可能再增加预算。双方对照合同条款逐条分析，结果杨某发现这些条款要么太粗，不够明确，要么就是双方在需求理解上存在巨大差异。

杨某将上述情况汇报给了 B 公司主管领导，主管领导认为 A 单位为公司大客户，非常重要，要求杨某利用合同条款的模糊性，简化部分条款的功能实现，以保持成本和进度不变。

思考：1. B公司主管领导的想法会给项目带来什么样的影响？

2. 双方需求为何存在差异？应该怎样避免？

（信管网. http://www.cnitpm.com/pm/9996.html.2014-05-06）

习题

一、不定项选择题（每道题有 1 个或多个正确选项）

1. 有关项目范围的正确描述是（   ）。

A. 确定项目施工地点的范围

B. 确定与项目有关的人员和地点的范围

C. 确定项目都有哪些必要工具

D. 确定项目产品的范围

2. 进行项目范围定义时，经常使用的项目管理工具是（   ）。

A. 因素分析法   B. 列举法   C. 运筹管理法   D. WBS

3. 造成范围变更的原因有（   ）。

A. 政府的有关规定   B. 项目范围计划出现错误

C. 新的技术、手段或方案出现   D. 客户要求发生变化

4. WBS 的层次划分有几个？（   ）

A. 5 个   B. 6 个   C. 7 个   D. 8 个

5. 项目范围说明书一旦被确定和批准，要被用于（   ）。

A. 未来决策的唯一基准

B. 管理客户的组织形式

C. 对范围变更形成统一的认识并且评估潜在的变更

D. 作为绝不会变更的静态机制

二、名词解释

1. 电子商务项目范围控制

2. WBS

3. 项目范围说明书

4. 电子商务项目定位

5. 项目范围

三、简答题

1. 如果项目范围定义不明确引起项目变更会造成什么影响？

2. 制定电子商务目标应遵循目标管理普遍使用的 SMART 原则，分别是什么？该怎么做？

3. 项目进行分解结构的意义是什么？

第4章
| 电子商务项目进度管理

学习目标

- 了解电子商务项目进度管理的关键因素。
- 掌握项目活动定义和排序的概念及方法。
- 掌握项目活动时间估算的概念和方法。
- 掌握项目进度计划的编制。
- 掌握项目进度优化和控制的方法。
- 熟悉电子商务项目进度管理的实际操作。

知识要点

- 电子商务项目进度管理的概念、过程和关键因素。
- 电子商务项目活动定义、排序、资源估算和历时估算的概念及方法。
- 电子商务项目进度计划编制的步骤及方法。
- 电子商务项目进度计划的优化。
- 电子商务项目进度控制的原理、工作要点、实施及方法。

【导入案例】

A 银行前置机软件系统开发项目

利原公司是一家专门从事系统集成和应用软件开发的公司，公司目前有员工 50 多人，公司有销售部、软件开发部、系统网络部等业务部门，其中销售部主要负责进行公司服务和产品的销售工作，他们会将公司现有的产品推销给客户，同时也会根据客户的具体需要，承接应用软件的研发项目，然后将此项目移交给软件开发部，进行软件的研发工作。

软件开发部共有开发人员 18 人，主要是进行软件产品的研发及客户应用软件的开发。

经过近半年的跟踪后，2017 年元旦，销售部门与 A 银行签订了一个银行前置机的软件系统的项目。合同规定：2017 年 5 月 1 日之前系统必须完成，并且进行试运行。在合同签订后，销售部门将此合同移交给了软件开发部，进行项目的实施。

小伟被指定为这个项目的项目经理，小伟做过 5 年的金融系统的应用软件研发工作，有较丰富的经验，可以做系统分析员、系统设计等工作，但作为项目经理还是第一次。项目组还有另外 4 名成员：1 个系统分析员（含项目经理），2 个有 1 年工作经验的程序员，1 个技术专家（不太熟悉业务）。项目组的成员均全程参加项目。

在被指定负责这个项目后，小伟制订了项目的进度计划，简单描述如下。

（1）2017 年 1 月 10—31 日需求分析。

（2）2017 年 2 月 1—25 日系统设计，包括概要设计和详细设计。

（3）2017 年 2 月 26 日—4 月 1 日编码。

（4）2017 年 4 月 2 日—4 月 30 日系统测试。

（5）2017 年 5 月 1 日试运行。

但在 2 月 17 日小伟检查工作时发现详细设计刚刚开始，2 月 25 日肯定完不成系统设计的阶段任务。

（https://m.doc88.com/p-1817571129182.html）

4.1　电子商务项目进度管理概述

4.1.1　进度管理的定义

项目进度管理也称时间管理，电子商务项目进度管理是指采用一定的方法对电子商务项目范围所包括的活动及其之间的相互关系进行分析，对各项活动所需要的时间进行估计，并在项目的工期期限内合理地安排和控制活动开始和结束的时间，保障项目整体如期完成。

4.1.2 进度管理的过程

《PMBOK®指南》（第6版）定义的项目进度管理过程包括以下6个过程。

（1）规划进度管理。为规划、编制、管理、执行和控制项目进度而制定政策、程序和文档的过程。

（2）定义活动。识别和记录为完成项目可交付成果而需采取的具体行动的过程。

（3）排列活动顺序。识别和记录项目活动之间的关系的过程。

（4）估算活动持续时间。根据资源估算的结果，估算完成单项活动所需工作时段数的过程。

（5）制订进度计划。分析活动顺序、持续时间、资源需求和进度制约因素，创建项目进度模型，从而落实项目执行和监控的过程。

（6）控制进度。监督项目状态，以更新项目进度和管理进度基准变更的过程。

其中，规划进度管理是项目进度管理的首要工作。其工作内容包括组建进度管理的人员和组织、确定进度管理的流程和标准、选择合适的进度管理的工具和方法。

4.2 电子商务项目活动定义和活动排序

4.2.1 活动定义

活动定义就是对 WBS 中规定的可交付成果或半成品的产生所必须进行的具体活动进行定义，并形成文档的过程。

活动定义的主要依据是项目目标、项目范围的界定和项目工作的分解结构。活动定义的结果是项目的活动清单，以及有关项目活动清单的支持细节等。

生成项目的活动清单可以采用下列活动定义的工具和技术。

（1）活动分解技术。活动分解技术是在项目 WBS 的基础上，将项目工作按照一定的层次结构逐步分解为更小的、更具体的和更容易控制的许多具体的项目活动。

图 4-1 是一个常见的软件开发项目的简单 WBS 图，如果把它倒过来，形状就像一棵树，所以也叫树形结构图。

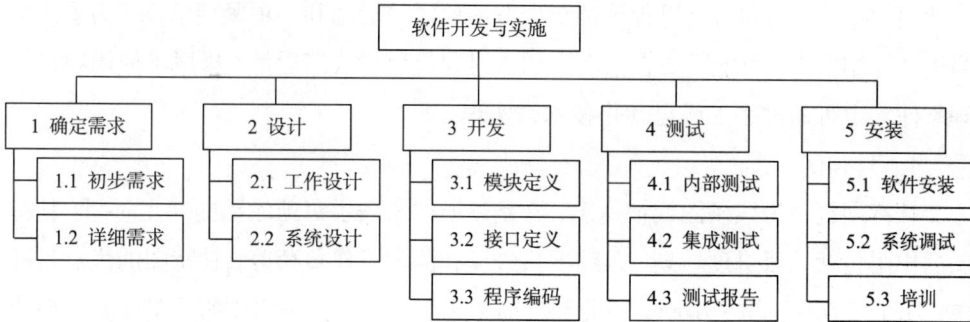

图 4-1　树形结构图

上述软件开发项目的 WBS 也可以用列表的形式表示，如图 4-2 所示。

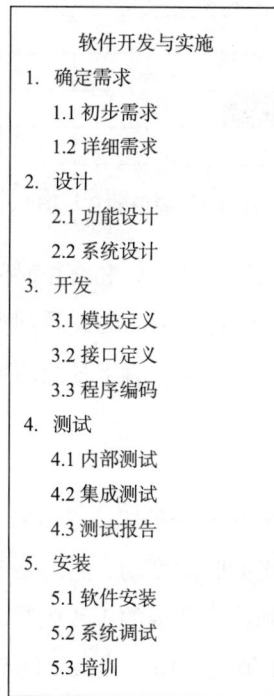

图 4-2　WBS 表

（2）模板法。已经完成的类似项目的活动清单或其中的一部分往往可以作为一个新项目的活动清单的模板，通过对模板中包含的活动进行增减或修改就可以得到新的项目的活动清单。

4.2.2　活动排序

活动排序是识别和记录项目活动间逻辑关系的过程。按逻辑关系排序，除了首尾两项，每项活动和每个里程碑都至少有一项紧前活动和一项紧后活动。为了使项目进度计划实现，可能需要在活动间加入时间提前量或滞后量。排序可使用项目管理软件，也可通过手工或自动化技术来实现。

1. 甘特图

甘特图也称为线条图或横道图，它是以横线来表示每项活动的起止时间。甘特图的作用包括项目进度计划、跟踪项目进度和测定工作负荷等。甘特图的优点是简单、明了、直观，易于编制，因此到目前为止仍然是小型项目中常用的工具。即使在大型系统开发项目中，它也是高级管理层了解全局、基层安排进度时有用的工具。图 4-3 是一个简单的甘特图。

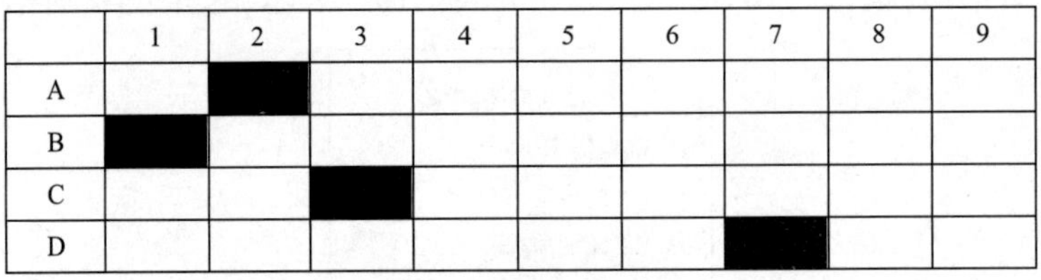

	1	2	3	4	5	6	7	8	9
A		■							
B	■								
C			■						
D							■		

图 4-3　简单的甘特图

在甘特图上，可以看出各项活动的开始和终止时间。在绘制各项活动的起止时间时，也考虑它们的先后顺序。但各项活动的关系却没有简洁表示出来，同时也没有指出影响项目进度的关键所在。因此，对于复杂的项目来说，甘特图就显得不足以适应项目。

2. 网络图

网络图将任务计划和进度安排分开的职能是甘特图所没有的。因此，一旦各项活动的进度延误，甘特图整体将面临大变动，而网络图则不然。采用网络图进行进度控制，能够清晰地展现现在和将来完成的工程内容、各工作单元间的关系，并且可以预先确定各任务的时差。了解关键作业或某一环节的进度的变化对后续工程和总工期的影响度，便于及时地采取措施或对进度进行调整。

网络图可分为单代号和双代号两种。

（1）单代号网络图。单代号网络图是指按工作先后顺序把每项工作作为一个方块，按照先后顺序用箭线图表示。单代号工作位于节点上，也就是说，每一个节点表示一个工作，用箭头表示工作的先后顺序和相互关系。图 4-4 是一个单代号网络图，包括 A、B、C、D、E、F 这 6 项工作，以及项目的开始和结束节点。

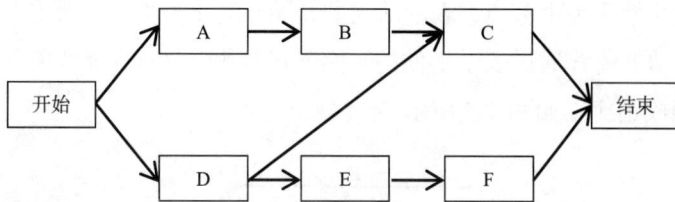

图 4-4　单代号网络图

1）单代号网络图的 4 种逻辑关系。前导图法表示了活动之间的 4 种逻辑关系。

- 结束——开始（FS）：紧后工作的开始依赖于紧前工作的结束。
- 开始——开始（SS）：紧后工作的开始依赖于紧前工作的开始。
- 结束——结束（FF）：紧后工作的结束依赖于紧前工作的结束。
- 开始——结束（SF）：紧后工作的结束依赖于紧前工作的开始。

所谓紧前工作，是指在某项工作开始之前必须结束的工作称为该工作的紧前工作。

所谓紧后工作，是指在某项工作结束以后才能开始的工作称为该工作的紧后工作。

2）前导图法的一般规定。单代号网络图的箭头可以画成水平直线、折线或斜线，箭头的方向应自左向右，表示工作的进行方向。

详尽的单代号网络图中可包括活动名称（NO）、活动历时（D）、最早开始时间（ES）、最晚开始时间（LS）、最早结束时间（EF）及最晚结束时间（LF）等多个事项；简单的单代号网络图中仅有一个活动名称。按照绘制的原则，可以先确定活动名称与活动的先后顺序关系，再补充上活动历时，最后考虑最早开始时间（ES）、最晚开始时间（LS）、最早结束时间（EF）及最晚结束时间（LF）。

3）前导图法（用于绘制单代号网络图）的绘制规则约束：

- 严禁出现循环回路。
- 严禁出现双向箭头或者无箭头的连线。
- 严禁出现没有箭尾节点和没有箭头节点的箭线。
- 只能有一个起点节点和一个终点节点。

（2）双代号网络图。双代号网络图法是一种利用箭线代表活动，而在节点处将活动连接起来表示依赖关系的编制项目网络图的方法。双代号网络图与单代号网络图的区别是后者把工作放在节点上。双代号图的工作是用箭线来表示，而节点反映的是工作的起始和结束。

1）双代号网络图法的一般画法。用圆圈（节点）表示一个事件（Event），表示指向它的活动的结束，离开它的活动的开始。用于连接两个节点的箭线代表一个活动，每条箭线始于一个节点，表示活动的开始；终止于另一个节点，表示活动的结束。表示活动的箭线通过表示事件的圆圈连接起来。另外，箭线的长度并不与活动的持续时间成正比。如图 4-5 所示。

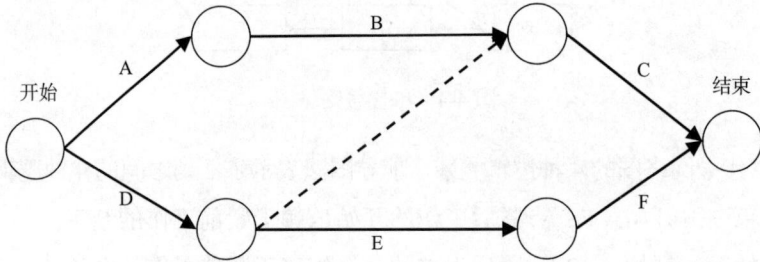

图 4-5　双代号网络图

事件是满足一定条件的时间点，例如一个或多个活动的开始或完成。事件的典型例子如"提供起草的报告""设计的开始"。里程碑（Milestone）也是一种事件，是项目中的重大事件，通常指主要可交付成果的完成。活动（Activity）需要占用时间和资源，如"制定报告格式""评审设计结果"。根据箭线图法的符号可知，箭线图法的显著特点是活动在箭线上。

采用箭线图法比较完整的项目网络图的例子，如图 4-6 所示。

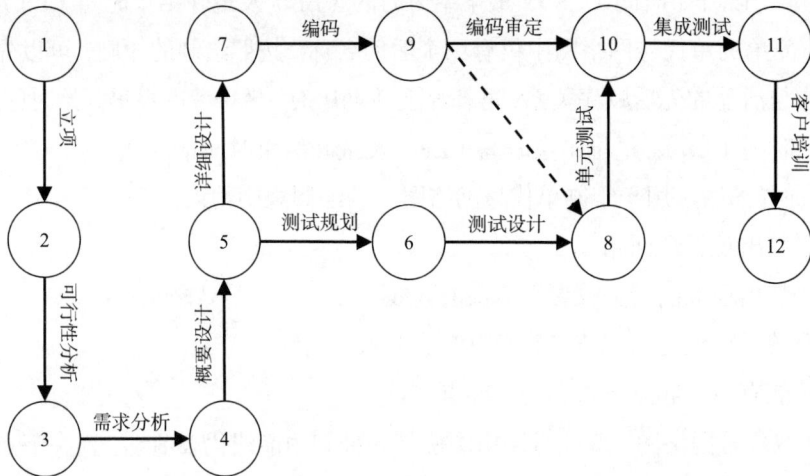

图 4-6　用箭线图法绘制的软件开发双代号网络图

由于活动是通过节点联系起来的，因此双代号网络图所表示的活动之间的逻辑关系只能是"结束—开始"型的。为了正确地描述活动之间的各种逻辑关系，必要时双代号图需要引入虚活动，虚活动没有历时，不需要资源，用虚箭线表示。如

图 4-6 中的例子，通过引入虚活动，可以间接地将"编码"和"单元测试"两个活动间的逻辑关系表示出来。

在上面的例子中，箭线除了可以表示对活动的描述之外，为了能够描述更多有关活动的信息，双代号网络图的箭线还可以加上负责人、工期估计等内容，分行排列在箭线的两侧。

2）箭线图法的一般规定如下：

- 双代号网络图中，一项工作只有唯一的一条箭线和相应的一对节点编号，箭尾的节点编号小于箭头的节点编号。编号从小到大，可以间断，但严禁重复。
- 虚箭线表示虚工作。
- 严禁出现循环回路。

双代号网络图的正误如图 4-7 所示。

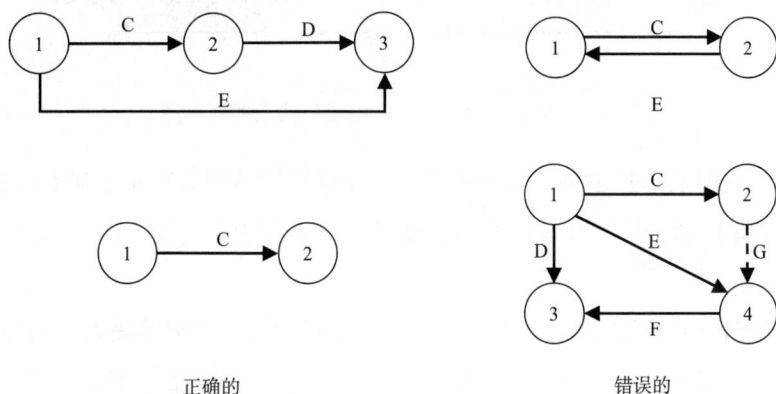

正确的　　　　　　　　　　　　　　　错误的

图 4-7　双代号网络图的正误

（3）网络图的规则。网络图的绘制，需要满足以下规则。

1）有向图：应按照时间顺序从左向右依次展开，箭线从左至右指向且可以交叉。

2）逻辑先后关系：全部紧前活动完成以后，后续活动才能开始绘制。

3）编号顺序：每一个节点必须有且只有一个编号；箭头节点编号大于箭尾节点编号。

4）首尾原则：对于双代号网络图，都只能有一个开始节点和一个结束节点。如果项目有多个起始点，可引入虚活动，用虚活动的节点把它们连接起来。同理，当项目有多个终结点时，应当把它们连接成共同的结束节点。

5）循环和假设属性：不允许活动的连接出现循环，其原因是具有循环的项目网络图不能显示项目的整个工期。

如图 4-8 所示，是一个项目网络图的子网络，该子网络构成一个循环，这意味着该项目将无休止地进行下去，项目规划者将无法对网络图进行分析得出项目的整个工期。为了避免这种情况，可以将图 4-8 修改为图 4-9。尽管图 4-9 中的活动（11和 12）仍然包含隐蔽的回路，但考虑到预计的修改次数，此活动仍然要有一个固定的工期，因此这样就可以对网络图本身进行分析了。

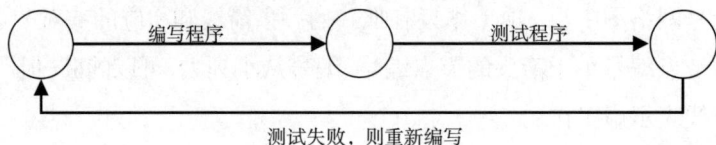

图 4-8　不可采纳的回路

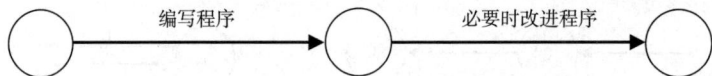

图 4-9　可以采纳的包括有限重复活动的网络图

（4）网络图的绘制步骤。一般来说，绘制项目网络图需要 4 个基本的步骤。

1）借助于 WBS 列出项目的活动清单。该步骤其实就是活动定义所要完成的任务。

2）界定各项活动之间的关系。首先，对于每项活动必须明确以下问题。

- 哪些活动需要安排在此项活动之前？或者说，在进行此项活动之前，其他哪些活动需要完成？
- 哪些活动需要安排在此项活动之后？或者说，在此项活动结束之前，哪些活动不能开始？
- 哪些活动可以和此项活动同时进行？或者说，哪些活动可以和此项活动在同一段时间内进行？

通过明确上述问题就可以界定各项活动之间的关系，但是有些活动之间的关系可能不会很清楚，只有真正动手绘制网络图时才能明确。

3）绘制项目网络图。根据以上步骤的结果，绘制一张完整的、可行的项目网络图。

4）检查项目网络图的逻辑结构。为了得到最佳的项目网络图，需要对所绘制的项目网络图的逻辑结构进行检查。此时，通常需要对每一项活动及活动之间的关系进行审查，以保证所有的活动都是必要的，所有活动之间的关系都是恰当的。另外，这一步骤中，应注意把项目网络图和 WBS 对照起来，这样可能还会发现一些不必要的项目活动。

4.3　电子商务项目活动资源估算和历时估算

4.3.1　工作量和工期的估算

电子商务项目活动资源估算包括决定每项活动需要哪些资源，每种资源的需求量，以及何时使用这些资源。项目工作量和工期的估算是项目资源估算的依据。

项目工作量和工期的估算通常有下面几种方法。

1. 德尔菲（Delphi）法

德尔菲法的步骤如下。

（1）协调人向各专家提供项目规模估计迭代表（见图 4-10）。

德尔菲法规模估计迭代表

项目名称：_____
估计日期：_____
估计者：_____
估计轮次：_____
结果：_____
代码行：_____LOC
周期：_____月
工作量：_____人月
费用：_____元
理由：
_____
_____
_____

图 4-10　德尔菲法规模估计迭代表样例

（2）协调人召集小组会，各专家讨论与规模相关的因素。

（3）各专家匿名填写迭代表格。

（4）协调人整理出一个估计总结，以迭代表的形式返回各专家。

（5）协调人召集小组会，讨论较大的估计差异。

（6）各专家复查估计总结并在迭代表上提交另一个匿名估计。

（7）重复步骤（4）～（6），直到达到最低和最高估计的一致。

2. 功能点估计法

功能点估计法是在需求分析阶段基于系统功能的一种规模估计方法。通过研究初始应用需求来确定各种输入、输出、计算和数据库需求的数量和特性。通常的步骤如下。

（1）计算输入、输出、查询、主控文件和接口需求的数目。

（2）将这些数据进行加权和。表 4-1 为一个典型的权值表。

（3）估计者根据对复杂度的判断，总数可以用 ± 25%、0 或−25%调整。

统计发现，对一个软件产品的开发，功能点对项目早期的规模估计很有帮助。在对产品有了更多的了解后，功能点可以转换为软件规模测量更常用的 LOC。

表 4-1 权值表

功能类型	权 值	功能类型	权 值
输入	4	主控文件	10
输出	5	接口	10
查询	4		

3. 类比法

类比法适合评估一些与历史项目在应用领域、环境和复杂度相似的项目，通过新项目与历史项目的比较得到规模估计。类比法估计结果的精确度取决于历史项目数据的完整性和准确度。因此，用好类比法的前提条件之一是组织建立起较好的项目后评价与分析机制，对历史项目的数据分析是可信赖的。

类比法的基本步骤如下。

（1）整理出项目功能列表和实现每个功能的代码行。

（2）标识出每个功能列表与历史项目的相同点和不同点，特别要注意历史项目做得不够的地方。

（3）通过步骤（1）和（2）得出各个功能的估计值。

（4）产生规模估计。

4.3.2 计划评审技术

计划评审技术（Program Evaluation and Review Technique，PERT）是 20 世纪 50 年代末美国海军部开发北极星潜艇系统时为协调 3 000 多个承包商和研究机构而开发的，其理论基础是假设项目持续时间以及整个项目完成时间是随机的，且服从某种概论分布。PERT 可以估计整个项目在某个时间内完成的概率。

如果对一项工作进行估计时缺乏足够的信息，或者说考虑到未来环境的变化，它的时间是个变量，这时可以采用三点时间估计法。

比如，可以按照最乐观的时间估计、最可能的时间估计和最悲观的时间估计。每一个时间估计都用 3 个时间参数来表示。假定这 3 个时间参数遵循一个 β 分布

（β 分布是一种常用的概率分布），基于 β 分布的概率假设，就可以计算出这三点估计。根据分布的概率假设可以计算出三点的期望值和方差，如图 4-11 所示。

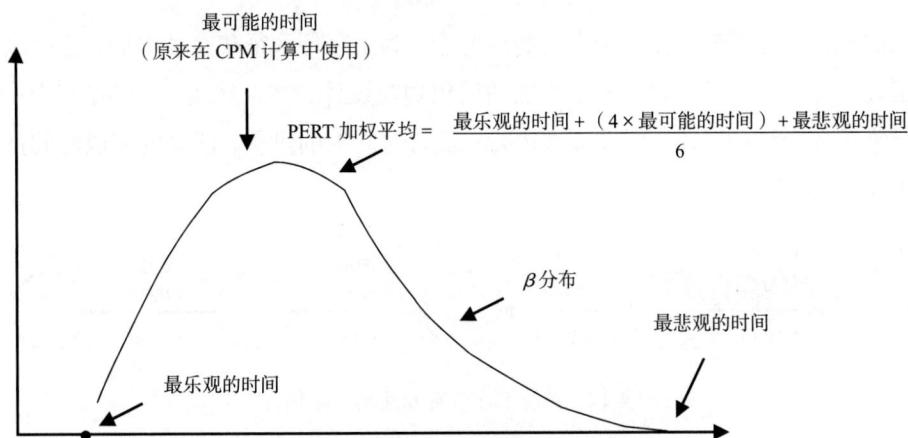

图 4-11 单项活动的 PERT 所需时间估算

期望值的计算公式是对于最乐观的时间估计加上最悲观的时间估计再加上 4 倍的最可能的时间估计再除以 6。方差是最悲观的时间估计减去最乐观的时间估计再除以 6，然后求平方。标准差时间等于最悲观的时间估计减去最乐观时间估计再除以 6。用三点时间估计法进一步计算方差和标准差，取代单一时间估计的关键路径法（CPM）的计算，这种计算方法的优点是可以进一步估计整个项目完成的时间的概率保证。

1.活动时间的估计

PERT 对各个项目活动的完成时间按 3 种不同情况估计。

（1）乐观时间（Optimistic Time）：任何事情都顺利的情况下完成某项工作的时间。

（2）最可能时间（Most Likely Time）：正常情况下完成某项工作的时间。

（3）悲观时间（Pessimistic Time）：最不利的情况完成某项工作的时间。

假定 3 个估计服从 β 分布。由此可算出每个活动的期望值 t_i：

$$t_i = \frac{a_i + 4m_i + b_i}{6} \tag{4-1}$$

式中　　a_i——第 i 项活动的乐观时间；

m_i——第 i 项活动的最可能时间；

b_i——第 i 项活动的悲观时间。

根据 β 分布的方差计算方法，第 i 项活动的持续时间方差为：

$$\sigma^2{}_i = \frac{(b_i - a_i)^2}{36} \qquad (4\text{-}2)$$

例如，某地区想举办一个大型的展览会，为了宣传和征集企业参展，主办单位要建设一个网站，其步骤可分解为网站的规划与设计、站点的建设、网站发布、管理与维护 4 个活动，各个活动顺次进行，没有时间上的重叠，活动的完成时间估计如图 4-12 所示。

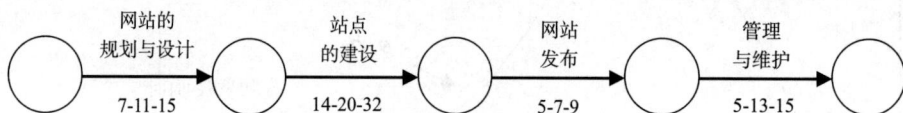

图 4-12　系统工作分解和活动工期估计

则各活动的期望工期和方差为：

$$t_{需求分析} = \frac{7 + 4 \times 11 + 15}{6} = 11 \qquad \sigma^2{}_{需求分析} = \frac{(15 - 7)^2}{36} = 1.778$$

$$t_{设计编码} = \frac{14 + 4 \times 20 + 32}{6} = 21 \qquad \sigma^2{}_{设计编码} = \frac{(34 - 12)^2}{36} = 9$$

$$t_{测试} = \frac{5 + 4 \times 7 + 9}{6} = 7 \qquad \sigma^2{}_{测试} = \frac{(9 - 5)^2}{36} = 0.101$$

$$t_{安装部署} = \frac{5 + 4 \times 13 + 15}{6} = 12 \qquad \sigma^2{}_{安装部署} = \frac{(15 - 5)^2}{36} = 2.778$$

2. 项目周期估算

PERT 认为整个项目的完成时间是各个活动完成时间之和且服从正态分布。整个项目完成的时间 t 的数学期望 T 和方差 σ^2 分别为：

$$\sigma^2 = \sum a^2 = 1.778 + 9 + 0.101 + 2.778 = 13.657$$

$$T = \sum t_i = 11 + 21 + 7 + 12 = 51$$

标准差为：

$$\sigma = \sqrt{a^2} = \sqrt{13.657} = 3.696 \ (天)$$

综上可以得出项目周期的正态分布曲线，如图 4-13 所示。

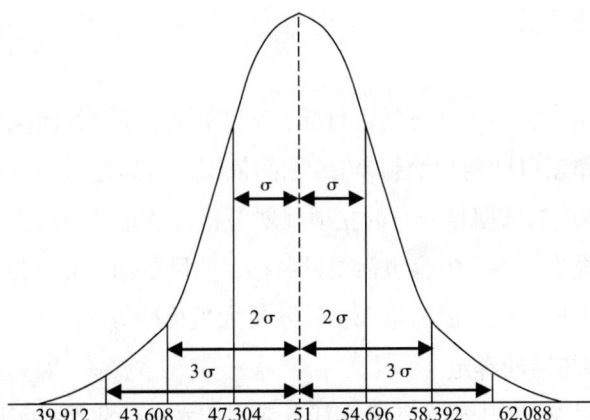

图 4-13　项目的工期正态分布图

根据正态分布规律，在 ±σ 范围内，即在 47.304~54.696 天完成的概率为 68%；在 ±2σ 范围内，即在 43.608~58.393 天完成的概率为 95%；在 ±3σ 范围内，即在 39.912~62.088 天完成的概率为 99%。如果客户要求在 39 天内完成，则可完成的概率几乎为 0，也就是说，项目有不可压缩的最小周期，这是客观规律。

通过查标准正态分布表，可得到整个项目在某一时间内完成的概率。例如，如果客户要求在 60 天内完成，那么可能完成的概率为：

$$P(t \leqslant 60) = \varphi\left(\frac{60 - T}{\sigma}\right) = \varphi\left(\frac{60 - 51}{3.696}\right) = 0.992\,86$$

如果客户要求再提前 7 天，则完成的概率为：

$$P(t \leqslant 53) = \varphi\left(\frac{53 - T}{\sigma}\right) = \varphi\left(\frac{53 - 51}{3.696}\right) = 0.705\,4$$

实际上，大型项目的工期估算和进度控制非常复杂，往往需要将 CPM 和 PERT 结合使用，用 CPM 求出关键路径，再对关键路径上的各个活动用 PERT 估算完成期望和方差，最后得出项目在某一时间段内完成的概率。PERT 还告诉我们，任何项目都有不可压缩的最小周期，这是客观规律。千万不能不客户观规律而对客户盲目承诺，否则必然会受到客观规律的惩罚。

4.4　电子商务项目进度计划编制

4.4.1　编制进度计划的步骤

电子商务项目进度计划的制订包括了项目描述、项目分解与活动界定、工作描述、项目组织和工作责任分配、工作排序、计算工作量、估计工作持续时间、绘制网络图、进度安排等活动。

1. 项目描述

项目描述是用一定形式列出项目目标、项目范围、项目如何执行及项目完成计划等内容，是制作项目计划和绘制 WBS 图的依据，目的是对项目总体做一个概要性的说明。项目描述的依据是项目的立项规划书和已经通过的初步设计方案和批准后的可行性研究报告，主要内容包括项目名称、项目目标、交付物、交付物完成准则、工作描述、工作规范、所需资源估计及重大里程碑等。

2. 项目分解与活动界定

活动就是项目 WBS 中确定的工作任务或工作元素，活动界定则是明确实现项目目标需要进行的各项活动。对于一个较小的项目，活动可能会界定到每一个人；但对于一个大而复杂的项目，如果运用 WBS 技术对项目进行了分解，项目经理就没有必要把每一个具体的活动都界定到每一个人。因此对于运用 WBS 分解的项目，个人活动可以由工作任务的负责人或责任小组来界定。

3. 工作描述

在项目分解的基础上，为了更明确地描述项目所包含的各项工作的具体内容和要求，需要对工作进行描述。它作为编制项目计划的依据，同时便于项目实施过程中更清晰地领会各项工作的内容。工作描述的依据是项目描述和项目 WBS，其结果是工作描述表及项目工作列表。

4. 项目组织和工作责任分配

为了明确各部门或个人在项目中的责任，便于项目管理部门在项目实施过程中的管理协调，应根据项目 WBS 和项目组织结构图表对项目的每一项工作或任务分配责任者和落实责任，工作责任分配的结果是形成工作责任分配表。

5. 工作排序

一个项目有若干项工作和活动，这些工作和活动在时间上的先后顺序称为"逻辑关系"。逻辑关系可分为两类。一类是客观存在且不变的逻辑关系，也称为"强制性逻辑关系"。例如，应用程序 APP 的开发，首先应进行需求分析，然后才能进行系统开发。另一类则是可变的逻辑关系，这类逻辑关系随着人为约束条件的变化而变化，随着实施方案、人员调配和资源供应条件的变化而变化。例如，一项任务有 3 项工作，假如它们之间不存在不变的逻辑关系，则要完成这一任务，三者之间的关系有多种不同的方案。显然，不同的统筹安排方案所花费的工期及成本各不相同。

6．计算工作量

根据项目分解情况，计算各工作或活动的工作量，包括工作内容、工作开展的前提条件、工作量及所需的资源等。

7．估计工作持续时间

工作持续时间指在一定的条件下，直接完成该工作所需时间与必要停歇时间之和，单位可为日、周、旬、月等。工作持续时间是计算其他网络参数和确定项目工期的基础，其估计是编制项目进度计划的一项重要的基础工作，要求客观正确。在估计工作时间时，不应受到工作的重要性及项目完成期限的限制。要在考虑各种资源供应、技术、工作量和工作效率等因素的情况下，将工作置于独立的正常状态下进行估计。

8．绘制网络图

绘制网络图主要依据项目工作关系表，通过网络图的形式表达项目的工作关系。

9．进度安排

在完成项目分解、确定各项工作和活动先后顺序、计算工作量并估计出各项工作持续时间的基础上，即可安排项目的时间进度。

常见的进度计划编制工具和技术包括计划评审技术（PERT）、关键路径法（CPM）和图形评审技术（GERT）。图形评审技术（GERT）可对网络逻辑和活动所需时间估算进行概率处理。即某些活动可能根本不进行，某些活动可能只部分进行，而其他活动则可能多次进行。

4.4.2　关键路径法

关键路径法（Critical Path Method，CPM）是一种运用特定的、有顺序的网络逻辑和估算出的项目活动时间，确定项目每项活动的最早开始时间、最早结束时间、最晚开始时间和最晚结束时间，并做出项目进度网络计划的方法。关键路径法关注的核心是项目活动网络中关键路径的确定和关键路径总时间的计算，其目的是使整个项目工期最短。关键路径法通过反复调整项目活动的计划安排和资源分配方案，使项目活动网络中的关键路径逐步优化，最终确定出合理的项目进度计划。因为只有时间最长的项目活动路径完成以后，项目才能够完成，所以一个项目最长的活动路径被称为"关键路径"。

1．活动间的依赖关系

项目活动间存在 4 种依赖关系：结束—开始（FS）关系、结束—结束（FF）关系、开始—开始（SS）关系、开始—结束（SF）关系。每个活动有 4 个和时间相关的参数。

（1）最早开始时间（ES）：某项活动能够开始的最早时间。

（2）最早结束时间（EF）：某项活动能够完成的最早时间。

$$EF = ES + 活动持续时间估计 \tag{4-3}$$

（3）最迟结束时间（LF）：为了使项目按时完成，某项工作必须完成的最迟时间。

（4）最迟开始时间（LS）：为了使项目按时完成，某项工作必须开始的最迟时间。

$$LS = LF - 活动持续时间估计 \tag{4-4}$$

2．关键路径法的规则

（1）某项活动的最早开始时间必须不早于直接指向这项活动的最早结束时间中的最晚时间。

（2）某项活动的最迟结束时间必须不晚于该活动直接指向的所有活动最迟开始时间的最早时间。

3．关键路径法的特点

（1）关键路径上活动的持续时间决定项目的工期，关键路径上所有活动的持续时间加起来就是项目的工期。

（2）关键路径上任何一个活动都是关键活动，其中任何一个活动的延迟都会导致整个项目完成时间的延迟。

（3）关键路径是从起点到终点的项目路线中耗时最长的路线。因此，要想缩短项目的工期，必须在关键路径上想办法。反之，若关键路径耗时延长，则整个项目的完工期就会延长。

（4）关键路径的耗时是可以完成项目的最短的时间量。

（5）关键路径上的活动是总时差最小的活动。

4．关键路径法的计算步骤

（1）将项目中的各项活动视为有时间属性的节点，从项目起点到终点进行排列。

（2）用有方向的线段标出各节点的紧前活动和紧后活动的关系，使之成为一个有方向的网络图。

（3）用正推法计算出各个任务的最早开始时间（ES）和最早结束时间（EF）。

（4）用逆推法计算出各个任务的最晚开始时间（LS）和最晚结束时间（LF）。

（5）用下面的公式计算出各个活动的时差（TF）：

$$TF_i = LF_i - EF_i = LS_i - ES_i \tag{4-5}$$

（6）找到总时差为零的活动组成的路线，即为关键路径。

5．关键路径法的计算案例

（1）正推法。正推法确定每项活动的最早开始时间（ES）和最早结束时间（EF），是指从项目的开始往结束的方向推导，以此计算网络图中每项活动的最早开始时间和最早结束时间。具体来说，分为下面两步。

1）从网络图的左边开始，最早开始时间加上活动持续时间，就得到最早结束时间。

2）在不同路径的交汇点，应取它前面活动最早结束时间中的最晚时间，作为后面活动的最早开始时间。

举办活动项目关键路径正推法如图 4-14 所示。该图所示的举办活动项目的预计开始时间为 0 天，因此活动"写活动策划"的最早开始时间为 0 天，由于该项活动的持续时间为 7 天，则该活动的最早结束时间为 7 天。同理，活动"物料准备"的最早开始时间为 0 天，最早结束时间为 8 天；活动"租场地"的最早开始时间为 0 天，最早结束时间为 3 天。对于活动"举办活动"，由于其前 3 个紧前活动的最早结束时间的最晚值为 8 天，因此该项活动的最早开始时间只能是 8 天，其最早结束时间为 8 天加上其持续时间 1 天，即为 9 天。从该例可见，最早开始时间和最早结束时间是通过正向计算得到的，即从项目开始沿网络图到项目完成进行计算，这种方法叫作正推法。

（2）逆推法。逆推法确定了每项活动的最晚开始时间（LS）和最晚结束时间（LF），是指从项目提交结果的最后期限算起，看看每项活动最晚什么时间结束，或者最晚必须什么时间开始的方法。具体来说，分如下两步。

1）从网络图的右边开始，最晚结束时间减去活动持续时间，就得到最晚开始时间。

2）在不同路径的交汇点，应取它后面活动最晚开始时间中的最早时间，作为前面活动的最晚结束时间。

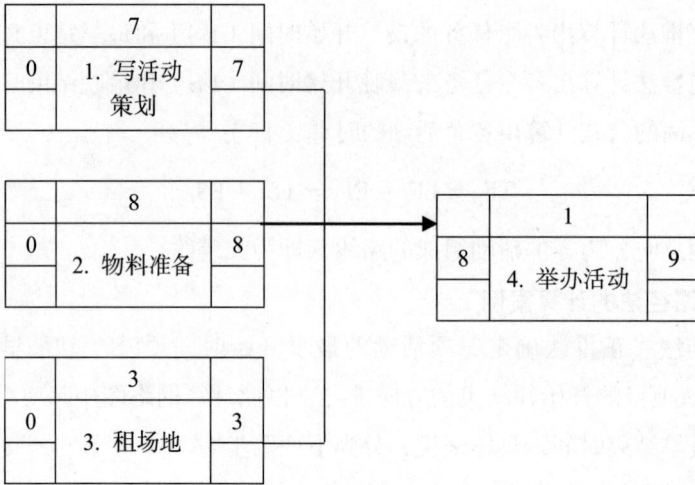

（a）

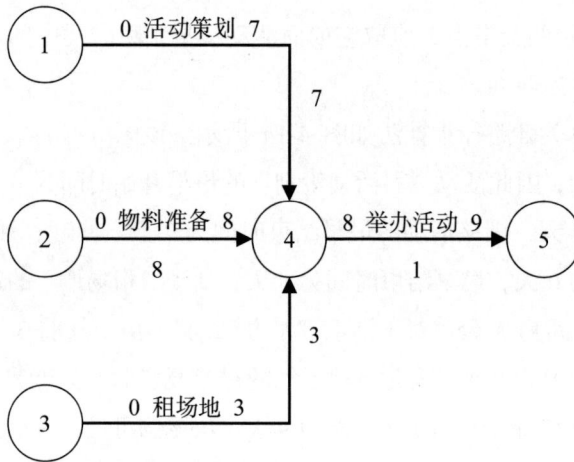

（b）

图例

	D	
ES		EF
LS	活动名称	LF

D：工期估计时间
ES：最早开始时间
EF：最早结束时间
LS：最晚开始时间
LF：最晚结束时间

（c）

图 4-14　最早开始和结束时间示意图

装修房子项目关键路径逆推法如图 4-15 所示。该图所示的装修房子项目的要求完工时间为第 30 天，则"装修材料准备"和"装修"的最晚结束时间都只能是第 30 天，进一步用最晚结束时间减去活动的持续时间估计可计算出这两个活动的最晚开始时间，分别为第 20 天、第 15 天。由于"装修方案确定"的紧后活动，即"装修材料准备"和"装修"这两个活动的最晚开始时间的最早时间为第 10 天，所遇"装修方案确定"的最晚结束时间只能是第 10 天，进一步可计算出该活动的最晚开始时间为第 2 天。从该例可知，最晚结束时间和最晚开始时间是通过反向推算得出的，即从项目完成沿网络图到项目的开始时间推算，这种方法叫作逆推法。

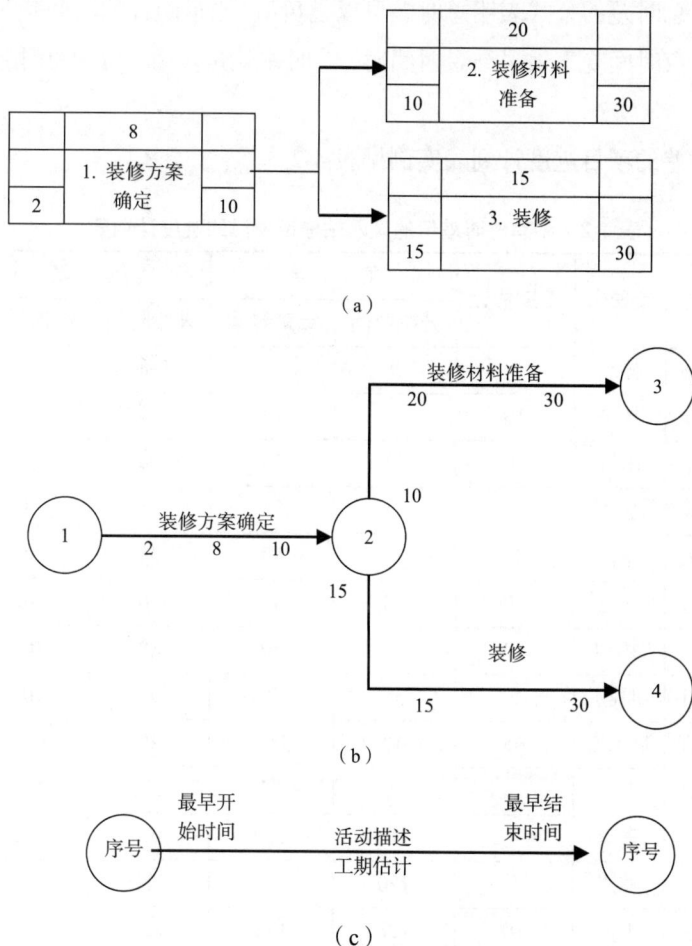

（a）

（b）

（c）

图 4-15　最晚开始和结束时间示意图

（3）时差。

1）总时差。总时差（Total Slack，TS）也称为浮动时间（Float）、总浮动时间

（Total Float）或路径浮动时间（Path Float），是指在不延误项目完成日期的情况下，活动自其最早开始时间起可推迟的时间。根据总时差的含义，其计算公式为：

$$总时差 = 最晚开始时间（LS）- 最早开始时间（ES） \quad (4-6)$$

如果活动的持续时间是不变的，则活动的最早和最晚开始时间的差值与其最早和最晚结束时间的差值是一样的，即总时差也按如下公式计算：

$$总时差（TS）= 最晚结束时间（LF）-最早结束时间（EF）= 最晚结束$$
$$时间（LF）-最早开始时间（ES）-活动持续时间 \quad (4-7)$$

以上计算总时差的公式表明总时差可以是负值，当最晚开始时间晚于最早开始时间或最晚结束时间晚于最早结束时间时，总时差就是负值。负的总时差意味着项目将要延迟。

计算总时差的项目进度计划表实例见表 4-2。

表 4-2　附有总时差值的某网站建设项目的进度计划表

序号	活动名称	负责人	工期估计	最 早		最 晚		总时差
				开始时间	结束时间	开始时间	结束时间	
1	设计机房	林杰	3	0	3	–8	–5	–8
2	设计布线	林杰	10	3	13	–5	5	–8
3	设计网络	田涛	20	13	33	5	25	–8
4	机房装修	赵伟	5	33	38	25	30	–8
5	机房布线	赵伟	2	38	40	38	40	0
6	采购执行	李勇	10	38	48	30	40	–8
7	确定需求	周靖生	12	38	50	88	100	50
8	网页设计	刘程远	2	38	40	98	100	60
9	网站编程	赵志宏	65	48	113	40	105	–8
10	测试网站	李成	5	50	55	100	105	50
11	培训客户	李勇	7	113	120	105	112	–8
12	分析效果	林杰	8	120	128	112	120	–8
13	鉴定项目	王倩	10	128	138	120	130	–8

总时差表明了在保证项目如期完工的情况下，各项活动的机动时间或时间潜力，总时差越大，说明时间潜力也越大。具体而言，如果总时差为正值，表明该条路径上各项活动花费的时间总量可以延长，而不会影响项目的如期完工；如果总时差为

负值，则表明该条路径上各项活动要加速完成以减少整个路径上花费的时间总量，保证项目如期完成；如果总时差为零，则该条路径上的各项活动不必加速完成但是也不能拖延。

需要注意的是，某一路径上的总时差是由该路径上的所有活动所共有的，如果某项活动占用了该条路径上的部分或全部总时差，则此路径上其他活动的可用时差就会相应减少，正因为如此，总时差也叫路径浮动时间或路径时差。认识到总时差是在活动之间共同分享非常重要，否则，项目小组成员就可能会认为他们执行的活动可以毫无顾虑地使用总时差。实际上，只要他们使用了总时差，其他组员执行活动的机动时间就会相应减少。

根据总时差可以定义许多有用的概念，如总时差为零的活动是关键活动（Critical Activity），这些活动决定了项目的总工期，总时差很大的活动叫作松弛活动，总时差短的活动叫作次关键活动（Near-Critical Activity），总时差为负值的活动叫作超关键活动（Super-Critical Activity）。另外，一个大的网络图从开始到结束可以有很多路径，一些路径可以有正的总时差，另一些可能有负的总时差。具有正的总时差的路径有时被称为非关键路径（Non-Critical Path），而总时差为零或最小（可能是负值）的路径被称为关键路径（Critical Path），其中耗时最长的路径经常被称为最关键路径（Most-Critical Path）。

2）自由时差。如果一项活动所用的时间比其估计的持续时间长，也就是说，如果该活动战胜了总时差，相应路径上其他活动的可用时差就会减少。然而，有时候某些活动有另一种时间，活动对该种时差的使用不会对其后续活动产生任何影响，这种时差就是自由时差。

自由时差（Free Slack）也叫浮动时间（Free Float），是指某项活动在不推迟其任何紧后活动的最早开始时间的情况下可以延迟的时间量。根据自由时差的含义，其计算可采用如下公式：

自由时差 = 活动的紧后活动的最早开始时间 – 活动的最早结束时间

　　　　 = 活动的紧后活动的最早开始时间 – 活动的最早开始时间 – 活动

　　　持续时间　　　　　　　　　　　　　　　　　　　　　　　　（4-8）

显然，在活动的紧后活动有多个的情况下，公式中"活动的紧后活动的最早开始时间"应取最早开始时间中的值最小的那个紧后活动的最早开始时间值，只有这样才不会推迟活动的任何紧后活动的最早开始时间。并且，自由时差总为非负值。

4.5   电子商务项目进度计划的优化

4.5.1   进度优化

电子商务项目的进度优化包括两种情况：一是初始网络计划的关键路径的长度小于规定的完工工期；另一种是关键路径的长度大于规定完工工期。

当关键路径的长度小于规定的工期时，意味着各工序的机动时间还可以增加，它可用来增加某些关键工序的延续时间，从而可使资源需要量的峰值降低，并减少单位时间资源需要的强度，以降低工程成本。

当关键路径的长度大于规定的期限，则需要通过缩短处于关键路径上各工序的完工时间，来达到完工工期的约束。缩短关键工序的完工时间有如下途径。

（1）采取组织措施增加关键工序的人力、物力投入。例如，改一班作业为二班作业或三班作业，改单机作业为多机作业，采取适当的技术组织措施、提高效率。

（2）采用新设备、新工艺，提高效率。

（3）在关键工序上采用平行作业和交叉作业。

（4）在非关键路径上的一些有机动时间的工序中挖潜，从其中抽出一些人力、物力支援关键工序，这样既可以使关键工序提前完成，又不会影响本工序的按时完工。在缩短关键路径的总工期时，非关键路径可能上升为关键路径。所以在调整时也要注意非关键路径的时差，注意是否有新的关键路径出现。

在采取各种措施缩短工期的过程中，可能出现几种都满足规定工期的不同方案，这时应通过技术经济比较来择优。如果采取各种措施后，新得到的工期仍然大于规定的期限，则应报请上级有关机构，要求合理地改动规定的期限，并根据实际情况提出关于合理工期的建议。

4.5.2   进度—资源优化

在进行初始网络图的进度优化时，往往是从完成项目所需要的资源不受限制这一条件出发的。但很多实践中的项目都不满足这一条件。

（1）不受人力、设备、动力、材料、资金等条件限制的大型项目是不存在的，很多情况下由于资源不能满足"峰值"的需要而不得不使某些工序推迟。

（2）初始工序流线图所需要的各种资源在时间上的分布往往极不均匀，因而给项目的进行造成困难并增加成本，所以要对网络图进行进度—资源优化。

4.5.3　进度—成本优化

实施任何一个项目都要注意经济效益，既要使项目在规定的期限内完成，又要使其成本最低，这就是进度—成本优化问题。

一般来说，完成整个项目的总成本是由直接成本和间接成本两部分组成的。通常为了使工期比正常工期缩短，总要采取一些技术上或组织上的措施，如采用新技术、新工艺、增加设备和人员等。所以当工期比正常工期缩短时，其直接成本是要增加的，而间接成本却随着工期的缩短而减少。

4.6　电子商务项目进度控制

在电子商务项目进度计划实施过程中，为掌握进度计划的实施状况，将实际情况与计划进行对比分析，在实际进度向不理想方向偏离并超出了一定的限度时采取纠正措施，使项目按预定的进度目标进行，避免项目工期的拖延，这一过程称为电子商务项目进度控制。

电子商务开发项目实施中进度控制是项目管理的关键，若某个阶段实施的进度没有把握好，则会影响整个项目的进度。因此，应当尽可能地排除或减少干扰因素对电子商务项目进度的影响，确保项目实施的进度。

4.6.1　进度控制原理

电子商务项目进度控制原理的特征主要体现在 3 个方面。首先是进度—成本优化，在项目工期和成本之间寻求一种均衡，使得在工期最短的时候成本最低，或者在成本最低的情况下工期最短，从而使两者之间达到最优的组合。这是电子商务项目进度控制的首要内容。其次，由于企业许多信息化项目同时存在，经常发生项目之间相互影响、争夺资源的现象。因此，在资源有限的情况下，如何协调每个项目的计划和资源是电子商务项目进度控制的关键内容。最后，电子商务项目在实施过程中如何应对各种突发事件，如何更真实地反映作业活动时间、消除不确定因素也是电子商务项目进度控制的重要内容。

4.6.2　进度控制的实施内容、阶段性及方法

1．进度控制的实施内容

电子商务项目进度控制的实施内容主要表现在组织管理、技术管理和信息管理等几个方面，其中，组织管理包括以下 4 个方面的内容。

（1）项目经理监督并控制项目进展情况。

（2）进行项目分解，如按项目结构分，按项目进展阶段分，按合同结果分，并建立编码体系。

（3）制定进度协调制度，确定会议时间和参与人员等。

（4）对影响进度的干扰因素和潜在风险进行分析。

技术管理与人员管理有非常密切的关系。电子商务开发项目的技术难度需要引起重视，有些技术问题可能需要特殊的人员，也可能需要花时间攻克一些技术难题。技术措施就是预测技术问题并制定相应的应对措施。控制的好坏直接影响项目的实施进度。

2. 进度控制实施的阶段性

电子商务项目进度控制实施的阶段性可以分为项目准备阶段进度控制、需求分析和设计阶段进度控制、实施阶段进度控制等几个部分。

（1）准备阶段进度控制的任务是：向客户提供有关项目信息，协助客户确定工期总目标；编制阶段计划和项目总进度计划；控制该计划的执行。

（2）需求分析和设计阶段控制的任务是：编制与客户的沟通计划、需求分析、工作进度计划、设计工作进度计划、控制相关计划的执行等。

（3）实施阶段进度控制的任务是：编制实施总进度计划并控制其执行；编制实施计划并控制其执行。由甲乙双方协调进度计划的编制、调整并采取措施确保进度目标的实施。

3. 进度控制的实施方法

电子商务项目进度控制的实施过程可以归纳为规划、控制和协调。规划是指确定项目进度控制目标和分进度控制目标，并编制其进度计划；控制是指在项目实施全过程中进行的检查、比较及调整；协调是指协调参与项目的各有关单位、部门和人员之间的关系，使之有利于项目的进展。

从具体方法来看，实际进度与计划进度比较阶段的典型方法有横道图、S曲线、前锋线；分析进度偏差对后续工作及总工期影响阶段的典型方法有进度偏差分析、网络计划技术；进度计划调整阶段的典型方法有前锋线、图上记录法、报告表法等。本部分介绍典型的前锋线比较法。

前锋线比较法是通过绘制某检查时刻工程项目实际进度前锋线，进行工程实际进度与计划进度比较的方法，它主要适用于时标网络计划。所谓前锋线，是指在原时标网络计划上，从检查时刻的时标点出发，用点画线依次将各项工作实际进展的位置点连接而成的折线。前锋线比较法就是通过实际进度前锋线与原进度计划中各工作箭线交点的位置来判断工作实际进度与计划进度的偏差，进而判定该偏差对后续工作及总工期影响的一种方法。采用前锋线比较法进行实际进度与计划进度的比较，其步骤如图 4-16 所示。

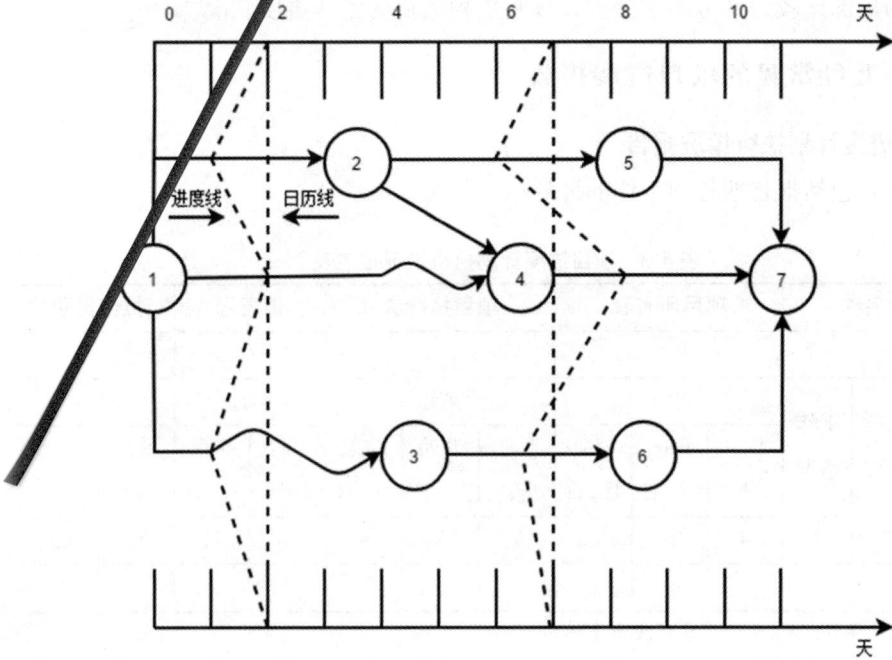

图 4-16　前锋线比较法

（1）绘制时标网络计划图。工程项目实际进度前锋线在时标网络计划图上标示，为清楚起见，可在时标网络计划图的上方和下方各设一时间坐标。

（2）绘制实际进度前锋线。一般从时标网络计划图上方时间坐标的检查日期开始绘制，依次连接相邻工作实际进展的位置点，最后与时标网络计划图下方坐标的检查日期相连接。

工作实际进展的标定方法有两种：按该工作已完成任务量比例进行标定；按尚需作业时间进行标定。

（3）进行实际进度与计划进度的比较。前锋线可以直观地反映出工作的实际进度与计划进度之间的关系。对某项工作来说，其实际进度与计划进度之间的关系可能存在以下 3 种情况：工作实际进展位置点落在检查日期的左侧，表明该工作实际进度拖后，拖后的时间为两者之差；工作实际进展位置点与检查日期重合，表明该工作实际进度与计划进度一致；工作实际进展位置点落在检查日期的右侧，表明该工作实际进度超前，超前的时间为两者之差。

（4）预测进度偏差对后续工作及总工期的影响。通过实际进度与计划进度的比较确定进度偏差后，还可以根据工作的自由时差和总时差预测该进度偏差对后续工作及项目总工期的影响。由此可见，前锋线比较法既适用于工作实际进度与计划进度之间的局部比较，又可用于分析和预测工程项目的整体进度状况。

4.6.3　几种常见的项目进展报告

1．进度计划执行情况报告

该报告包括报告期各项工作的计划执行状况，见表4-3。

表4-3　项目进度计划执行情况报告表

项目名称			项目所有者			项目执行者			信息号		报告日期	
工作编号	工作名称	工作情况	计划			实际			估计		TF_{i-j}	
			D_{i-j}/天	ES_{i-j}/月、日	EF_{i-j}/月、日	工时/天	开始/月、日	结束/月、日	工时/天	结束/月、日	原有/天	剩余/天
1	2	3	4	5	6	7	8	9	10	11	12	13

注　1．第1、2、4、5、6栏应事先填好。
　　2．第3栏可填一个数字代表工作情况：0—工作剔除；1—新增工作；2—工作已结束；3—推迟完成；4—按期完成；5—提前完成；6—推迟开始；7—如期开始；8—提前开始。

2．项目关键点检查报告

项目关键点是指对项目工期影响较大的时间点，如里程碑事件点就是项目关键点。对项目关键点的监测、检查是项目进度动态监测的重点之一。将关键点的检查结果加以分析、归纳所形成的报告就是项目关键点检查报告，见表4-4。

表4-4　项目关键点检查报告

关键点名称		检查组名称	
检查组负责人		报告人	
报告日期		报告份数	
对关键点的目标描述			
关键点实际时间与计划时间相比			
交付物是否能满足项目要求			
预计项目发展趋势			
检查组负责人的审核意见：		签名：　　　　　　日期：	

3. 项目执行状态报告

项目执行状态报告反映了一个项目或一项工作的现行状态，见表 4-5。

表 4-5　项目执行状态报告

任务名称 （项目或工作）		任务编码	
报告日期		状态报告份数	
实际进度与计划进度比较			
已用时间、尚需时间与计划总时间比较			
提交物能否满足项目要求			
任务能否按时完成			
目前人员配备状况			
目前技术状况			
任务完成预测			
潜在风险分析及建议			
任务负责人审核意见			
签名：		日期：	

4. 任务完成报告

任务完成报告反映了一项已完成任务或工作的基本情况，见表 4-6。

表 4-6　任务完成报告

任务名称及编码		任务完成日期	
已完成任务	交付物的性能特点		
	实际工时与计划工时比较		
	实际成本与计划成本比较		
	遇到的重大问题及解决办法		
紧后工作情况	紧后工作名称及编码		
	紧后工作计划及措施		
评审意见：		评审人：	评审日期：
项目负责人审核意见：		签名：	日期：

5. 重大突发事件报告

就某一重大突发事件的基本情况及其对项目的影响等有关问题所形成的特别分析报告就是重大突发事件报告。报告的基本形式见表 4-7。

表 4-7　重大突发事件报告

事件发生时间	
事件发生部位	
事件描述	
事件对项目影响程度说明	
事件发生原因分析	
建议采取的措施	
项目负责人审核意见：	签名：　　　　　　日期：

6. 项目变更报告

该报告反映了某一项目变更的状况及其对项目产生的影响，也是特别分析报告，见表 4-8。

表 4-8　项目变更报告

项目名称		项目负责人	
项目变更原因			
项目变更替代方案描述			
估计项目变更对进度的影响			
变更所涉及的相关单位			
项目负责人审查意见：		签名：　　　　　　日期：	
项目主管部门审查意见：		签名：　　　　　　日期：	

7. 项目进度报告

项目进度报告反映了报告期项目进度的总体概况，见表 4-9。

表 4-9　项目进度报告

项目名称		报告日期	
关键问题	任务范围变化情况		
	进度状况		
	成本状况		
	质量状况		
	技术状况		
对跟踪项目的解释：			
未来设想	任务计划：		
	问题和办法：		
完成人：　　　　日期：		评审人：　　　　日期：	

8．项目管理报告

该报告反映了报告期项目管理的总体状况，见表 4-10。

表 4-10 项目管理报告

项目名称		项目号	
报告日期		报告份数	
状态总结	已完任务或工作占用时间占总工期的比例		
	已完工程量或工作量占总工程量或工作量的比例		
	已完任务或工作实际进度、成本及质量状况		
	已完任务或工作计划进度、成本及质量要求情况		
	提交物状况		
	目前状态对项目进度的影响程度预测		
	目前状态对项目成本的影响程度预测		
	目前状态对项目质量的影响程度预测		
人员配备情况			
技术状况			
项目完成情况评估			
其他需说明的事项			
审核意见：		审核人：	审核时间：
项目经理意见：		项目经理：	日期：

本章小结

本章详细讲解了电子商务项目进度管理的过程和方法。电子商务项目进度管理首先要求对项目活动进行定义，然后进行项目活动排序、项目活动资源估算和项目历时估算，进而编制项目进度计划并对此进行优化，在实施过程中对项目进度计划进行控制。

电子商务项目进度管理的关键因素有人力资源因素、材料和设备因素、方法和工艺因素、资金因素，以及环境因素。

项目活动定义就是对 WBS 中规定的可交付成果或半成品的产生必须进行的具体活动进行定义，并形成文档的过程。活动定义的工具和技术主要有活动分解法和模板法。

项目活动排序是指识别项目活动清单中各项活动的相互关联与依赖关系，并据此对项目各项活动的先后顺序的安排和确定工作。常见的活动排序的工具包括甘特图、网络图，其中网络图又包括前导图法和箭线图法。

项目活动资源估算包括决定需要什么资源和每一项资源的需求量，以及何时使用这些资源进行有效的项目活动。项目活动历时估算也称工期估算，是根据项目范围和资源状况计划列出项目活动所需要的工期。项目工作量和工期的估计通常有德尔菲法、功能点估计法和类比法。

项目进度计划编制的过程包括项目描述、项目分解与活动界定、工作描述、项目组织和工作责任分配、工作排序、计算工作量、估计工作持续时间、绘制网络图和进度安排等活动。项目进度计划是项目专项计划中最为重要的计划之一，编制方法比较复杂，使用的方法有进度计划评审技术、关键路径法和图形评审技术等。项目进度计划编制工作的结果是给出一系列项目进度计划文件，如项目进度计划书、进度计划执行情况报告、项目关键点检查报告、项目执行状态报告、任务完成报告和重大突发事件报告。

项目进度的优化包括进度优化、进度—资源优化、进度—成本优化。

项目进度控制的原理有系统原理、封闭循环原理、动态控制原理。工作要点是要有明确的目的、要及时、要考虑代价、要适合项目实施组织和项目班子的特点、要注意预测项目过程的发展趋势、要有灵活性、要有重点。进度控制的实施方法有绘制时标网络计划图、绘制实际进度前锋线、进行实际进度与计划进度的比较、预测进度偏差对后续工作及总工期的影响。

案例分析

希赛信息技术有限公司电子商务平台项目

小赵为希赛信息技术有限公司 IT 主管，最近接到公司总裁的命令，负责开发一个电子商务平台。由于公司业务发展需要，公司总裁急于启动电子商务平台项目，因此，要求小赵准备一份关于尽快启动电子商务平台项目的进度和成本的估算报告。小赵粗略地估算该项目在正常速度下需花费的时间和成本。

在第一次项目团队会议上，项目团队确定了与项目相关的任务如下。

第一项任务是比较现有电子商务平台，按照正常速度估算完成这项任务需要花10 天，成本为 15 000 元。但是，如果使用允许的最多加班工作量，则可在 7 天、18 750 元的条件下完成。

一旦完成比较任务，就需要向最高管理层提交项目计划和项目定义文件，以便获得批准。项目团队估算完成这项任务按正常速度为 5 天，成本为 3 750 元。如果赶工为 3 天，成本为 4 500 元。

当项目团队获得高层批准后，各项工作就可以开始了。项目团队估计需求分析为 15 天，成本为 45 000 元。如加班则为 10 天，成本为 58 500 元。

设计完成后，有 3 项任务必须同时进行：①开发电子商务平台数据库；②开发和编写实际网页代码；③开发和编写电子商务平台表格码。估计数据库的开发在不加班的时候工期为 10 天，成本为 9 000 元；加班时可以在工期为 7 天，成本为 11 250 元的情况下完成。同样，项目团队估算在不加班的情况下，开发和编写网页代码需要 10 天和 17 500 元，加班时可以在工期为 8 天和成本为 19 500 元的情况下完成。开发表格工作分包给别的公司，需要 7 天、成本 8 400 元。开发表格的公司并没有提供赶工多收费的方案。

最后，一旦数据库开发出来，网页和表格编码完毕，整个电子商务平台就需要进行测试、修改，项目团队估算需要 3 天，成本为 4 500 元。如果加班，则可以减少一天，成本为 6 750 元。

思考：1. 如果不加班，完成此项目的成本是多少？完成这一项目要花多长时间？

2. 项目可以完成的最短时间量是多少？在最短时间内完成项目的成本是多少？

3. 假定比较其他电子商务平台的任务执行需要 13 天而不是原来估算的 10 天，小赵将采取什么行动保持项目按常规速度进行？

4. 假定总裁想在 35 天内启动项目，小赵将采取什么行动来达到这一期限？在 35 天完成项目将花费多少？

习题

一、不定项选择题（每道题有 1 个或多个正确选项）

1. 以下哪些是活动定义的工具和技术？（　　　）

A. 活动分解技术　　　　　　　　B. 计划评审技术

C. 模板法　　　　　　　　　　　D. 关键路径法

2. 项目工作量和工期的估算通常有下面哪几种方法？（　　　）

A. 德尔菲（Delphi）法　　　　　B. 功能点估计法

C. 计划评审技术　　　　　　　　D. 类比法

3. 活动的时间估计包括以下哪几种时间？（　　　）

A. 乐观时间　　　B. 最可能时间　　　C. 悲观时间　　　D. 最不可能时间

4. 项目活动间存在哪几种依赖关系？（　　　　）

A. 结束—开始（FS）关系　　　　B. 结束—结束（FF）关系

C. 开始—开始（SS）关系　　　　D. 开始—结束（SF）关系

5. 项目进度的优化包括哪几方面？（　　　　）

A. 系统优化　　B. 进度优化　　C. 资源优化　　D. 成本优化

二、名词解释

1. 进度管理

2. 活动定义

3. 活动分解技术

4. 前导图法

5. 关键路径法

三、简答题

1. 简述进度管理的过程。

2. 简述甘特图的定义、作用及优缺点。

3. 简述前导图法（用于绘制单代号网络图）的绘制规则约束。

4. 简述网络图的规则。

5. 简述关键路径法的规则和特点。

第 5 章
| 电子商务项目成本管理

学习目标

- 了解电子商务项目成本管理的工作内容。
- 熟悉项目资源计划编制的方法。
- 了解项目成本估算和预算的概念。
- 掌握项目成本的基本构成。
- 掌握项目成本预算。
- 熟悉项目成本控制的方法和工具。

知识要点

- 电子商务项目成本定义。
- 电子商务项目成本估算的工具和方法。
- 电子商务项目成本控制的工具和方法。

【导入案例】

必圈技术开发项目成本管理

必圈信息技术有限公司于 2017 年 4 月欲开发聚合支付移动支付项目，此项目旨在为入驻的商家提供融合支付宝、微信等多种支付方式，提供 AA 支付、随机支付等更多趣味支付功能，实现聚合支付的前沿产品，实现"一码走天下"。

公司设有技术部、营销推广部、秘书处等多个部门。针对此项目，公司建立相应的项目组，对该项目进行调研，访问各种商户获得可靠数据；随后组建技术团队，对该系统的软硬件、数据库等进行选择，同时对聚合支付系统界面和内容进行设计，初步通过系统的搭建来完成对项目的设想。对此项目，公司预计在 6 个月完成此系统的调查和搭建并对系统项目进行初步的推广，在进行初步推广期间，不断维护和完善系统功能。项目团队对各个环节的成本进行逐一的估算，项目组团队技术人员月薪为 1.5 万元，系统维护人员月薪 0.8 万元，推广人员月薪 0.4 万元，6 名技术人员完成系统搭建预计花费 3 个月；系统开发出来后的 3 个月，有 2 名系统维护人员对系统进行维护，5 名推广人员对系统进行推广，在 6 个月中，完成对系统的搭建，并在后期对系统进行维护和推广，在完成预定时间内的各项工作，预计在员工薪资总计花费 37.8 万元；系统选择软硬件、数据库等多种操作环境所需的成本，系统后期的开发和维护中所需要的各种成本，预计为 55 万元；项目团队在开发系统前期所需的通信费、差旅费等费用预计为 10 万元；所有预估的子成本合计为 102.8 万元。

7 月，项目在基础的聚合支付和趣味支付上，已建设了 3 个子系统：商户审核子系统、商户交易子系统、代理商管理子系统。通过这几个子系统，在发展老客户的同时吸引新客户的入驻，根据系统的实际情况，对入驻后的商户定期进行电话调查，对系统功能不断地进行修改和优化。在完成基础功能和增值功能的建设和优化后，对此系统进行初步推广。10 月，团队对成本进行核算，项目团队的通信费、差旅费为 12 万元，系统搭建和维护成本达到 60 万元，将推广人员增加至 15 人，员工薪资花费了 49.8 万元，已累计花费了 121.8 万元，超过了预计的成本。

项目成本管理是为保障以最小的成本实现最大的项目价值而开展的项目专项管理工作。项目成本管理的具体内容包含资源计划编制、项目成本估算、项目成本预算和项目成本控制 4 个部分。项目成本管理也可以理解为：为了确保完成项目目标，在批准的预算内，对项目实施所进行的按时、保质、高效的管理过程和活动。

5.1　电子商务项目资源计划

5.1.1　电子商务项目资源计划的概念

电子商务项目资源计划是做好项目成本管理工作的第一步，以此为依据开展项目成本管理中成本的估算、预算分配和成本控制工作。电子商务项目资源计划过程就是确定项目所需要的资源的过程。该部分以工作分解结构、项目进度计划、资源安排描述、组织策略和相关历史信息为依据，通过分析和识别资源需求确定本项目的资源。从总体上来讲，资源计划包括两部分工作。

（1）哪些资源可以为本项目所利用，这是资源计划的前提条件。

（2）根据项目的进度、合同的截止日期，以及项目团队的成员结构决定该项目需要哪些资源。

一般来说，电子商务项目实际所需的资源包括硬件和软件资源两部分。其中，在硬件上包括人员、设备、物资、资金及时间等，在软件上包括电子商务项目所需的各种技术、信息等。

5.1.2　电子商务项目资源计划编制的方法

1．专家判断法

专家判断法是指由项目成本管理专家根据经验和判断确定和编制项目资源计划的方法。这种方法通常又有以下两种具体的形式。

（1）专家小组法。是指组织一组有关专家在调查研究的基础上，通过召开专家小组座谈会的方式，共同探讨并提出项目资源计划方案，然后制订出项目资源计划的方法。

（2）德尔菲法。由一名协调者通过组织专家进行资源需求估算，然后汇集专家意见，整理并编制项目资源计划的方法。一般协调者只起联系、协调、分析和归纳结果的作用，专家们不见面、不讨论，只与协调者发生联系，并做出各自的判断。

专家判断法的优点是：主要依靠专家判断，基本不需要历史信息资料，适用于全新的项目。它的缺点是：如果专家的水平不一，专家对于项目的理解不同，就会造成项目资源计划出现问题。

2．统一定额法

这是指使用国家或民间统一的标准定额和工程量计算规则去制订项目资源计划的方法。所谓"统一标准定额"是指在一定的技术装备和组织条件下，由权威部门（国家或民间）所制定出的为完成一定量的工作，所需消耗和占用的资源质量和数量限定标准或额度。这些统一标准定额都是一种衡量项目经济效果的尺度，套用这些统一标准定额去编制项目资源需求是一种很简便的方法。但是，由于统一标准定额相对比较固定，无法适应技术装备、工艺和劳动生产效率的快速变化。

3. 资料统计法

这是指使用历史项目的统计数据资料，计算和确定项目资源计划的方法。这种方法要求有足够数量的历史统计资料，而且有具体的数量指标以反映项目资源的规模、质量、消耗速度等。通常这些指标又可以分为实物量指标、劳动量指标和价值量指标。实物量指标多数用来表明物质资源的需求数量指标，这类指标一般表现为绝对数指标。劳动量指标主要用于表明人力的使用，这类指标可以是绝对量指标，也可以是相对量指标。价值量指标主要用于表示资源的货币价值，一般使用本国货币币值表示活劳动或物化劳动的价值。利用资料统计法计算和确定项目资源计划，能够得出比较准确、合理和切实可行的项目资源计划。但是，因为这种方法要求有详细的历史数据，并且要求这些历史数据具有可比性，所以这种方法的推广和使用有一定难度。

4. 项目成本管理软件法

这是使用现成的项目管理软件来编制项目资源计划的办法。现在，市场上已经有许多项目资源计划编制方面的通用软件系统，不仅可以储存资源库信息，还可以定义资源的使用定额，以及确定资源需求的时间等。但是，这种系统的复杂程度和功能强度不同，需要根据项目的需要进行必要的选用。

5.1.3　电子商务项目资源计划的结果

项目资源计划编制工作主要是生成一份项目资源计划书。这一计划给出了项目资源的数量、质量和投入等方面的要求与安排。这种资源的数量、质量和投入等方面的安排至少应该是针对项目 WBS 的最下层要素（工作包）给出的。更进一步，这种项目资源计划也可以按照项目活动分解的结果，即按照项目每项活动所需消耗的资源，自上而下地滚动到工作包的资源需求，然后编制项目资源计划。

5.2　电子商务项目成本估算

5.2.1　电子商务项目成本的构成及影响因素

电子商务项目成本是指为实现项目目标而开展各项活动所耗用资源的货币总和。

1．自上而下估算法

自上而下估算法也叫类比估算法，其过程是由上到下一层层地进行的（由项目的总成本分解到项目各活动单元的成本），它是一种最简单的成本估算方法。根据项目管理人员的经验和判断，再结合以前相关类似活动的历史数据，管理人员估计项目整体的成本和子项目的成本，把这个估计的成本给底层的管理人员，底层管理人员再对任务和子任务的成本进行估计，最后到最底层。如图 5-1 所示。

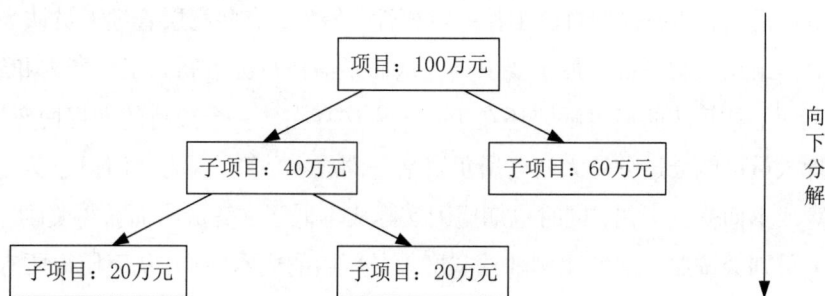

图 5-1　自上而下成本估算示意图

自上而下估算的依据主要是历史的同类项目的成本。参考同类项目的成本是人们对新项目的成本估算最常使用的方法，虽然历史不会重演，但也会惊人地相似。一个组织进行的同类项目越多，那么进行该类项目的成本估算也就越准确。通过和历史同类项目的比较，比较需要进行估算的项目在规模、范围和难度等方面和历史项目的不同，管理层就能估算出项目成本。

自上而下估算的主要优点是管理层会综合考虑项目中的资源分配，由于管理层的经验，他们能比较准确地把握项目的整体需要，能够把预算控制在有效的范围之内，并且避免有些任务有过多的预算，而另外一些任务被忽视。

它的主要缺点是：当下层人员认为所估算的成本不足以完成任务时，由于在公司中的地位不同，下层人员有很大的可能保持沉默，默默地等待管理层发现估算中的问题再自行纠正，而不是试图和管理层进行有效的沟通，讨论更为合理的估算。这样会使得项目的执行出现困难，甚至失败。

2．自下而上估算法

自下而上估算法也称工料清单估算法，首先估算其各项活动的独立成本，然后将各项活动的估算成本自下而上汇总，从而估算出项目的总成本。采用自下而上估算法估算项目成本时，由于参加估算的部门和需估算的活动较多，有必要将各项活动资源的度量单位加以统一。

自下而上估算法的优点在于它是一种参与管理型的估算方法，与那些没有亲身参与工作的上级管理人员相比，基层管理人员往往对资源的成本估算有着更为准确的认识。另外，由于基层管理人员直接参与具体的成本估算工作，还可促使他们更乐于接受项目成本估算的最终结果，从而提高项目成本估算工作的效率。

但是在实际工作中，自下而上估算法应用得却非常少。上层的管理人员一般都不会相信基层管理人员所收集和汇报的成本估算信息，认为他们会夸大自己所负责活动的资源需求，片面强调自己工作的重要性。另外，有些高层管理人员认为项目成本估算是组织控制项目的最重要工具，从而不信任自己下属的工作能力和经验。

自下而上估算法的最大缺陷还在于，该方法存在着一个独特的管理博弈过程。基层管理人员可能会过分夸大自己所负责活动的成本估算，因为他们担心实际成本高于估算成本而受到责罚，同时也期望因实际成本低于估算成本而获得奖励。而高层管理人员则会按照一定的比例削减基层人员所做的成本估算，从而使得所有参与者陷入博弈怪圈。

显然，无论采用自上而下还是自下而上的估算方法，管理层和项目执行人对任务的执行所需要的资源和资金都有自己的估算。一般来说，在实际工作中总是管理层的估算要比项目执行人要乐观一些。首先，管理层往往不了解工作的细节，容易低估工作中可能遇到的实际困难和问题。其次，管理层会一厢情愿地估计任务的成本，以适应市场或者上层管理者的要求；而作为项目的实际执行者、则为了保险起见，倾向于多估算项目的成本。

管理层和项目执行人之间的协商能够把双方的估计成本拉近，双方越坦诚，那么双方的成本估算就越接近。对于电子商务开发项目，由于最主要的成本之一是人力资源，而据统计，优秀的程序员和普通程序员的效率比可达到10∶1，如果管理层完全按照最优秀的程序员的效率进行项目成本估算，那么就很难和程序员的项目成本估算相一致了。

如果在进行了有效的沟通和协商之后，管理层和项目执行人的估算值可能仍然相差很大，那么就应该充分考虑项目执行人的估算。这是因为电子商务软件项目的建设有如下特点：在项目开始前一段时间，项目投资人所投入的资金和资源不能产生多少效益，而到了项目的后期，各个子系统相继成型，项目投资人所继续投入的资金和资源则能立即产生效益，如果这时由于成本超出了估算而停止投入，那么电子商务软件项目可能一事无成。而对于其他一些项目后期所产生的效益并不明显的项目，即使采用管理层的估算值，当项目后期超出成本估算而减少投入时，项目的损失相对电子商务软件项目类型的项目而言则较少，项目执行人也比较能够接受。

项目估算中的这种协商非常重要，电子商务软件项目中如果没有这种协商，则经常出现这样的情况：管理层会不断指责项目组总是超出成本估算（交付日期的不断推延是电子商务软件项目成本不断超支的重要原因）；而项目组成员面对管理层的压力，如果能用辛勤和汗水在成本估算的范围内完成项目就已经是非常幸运的。

3. 参数模型估算法

参数模型估算法是一种比较科学的、传统的估算方法。它是把项目的一些特征作为参数，通过建立一个数学模型来估算项目成本的方法。在估算成本时，参数模型估算法只考虑对成本影响较大的因素，对成本影响较小的因素则忽略不计，因而用此法估算的成本精确度不高。

采用参数模型估算法时，如何建立一个合适的模型，对于保证成本估算结果的准确性非常重要。为了保证参数模型估算法的实用性和可靠性，在建立模型时，必须注意如下三点。

（1）用来建模所参考的历史数据的精确性。

（2）用来建模的参数是否容易量化。

（3）模型是否具有通用性。

5.3　电子商务项目成本预算

5.3.1　电子商务项目成本预算的概念及依据

1. 电子商务项目预算的概念

电子商务项目成本预算是进行项目成本控制的基础，也是项目成功的关键因素，其中心任务是将项目成本估算的结果分配到项目的各项活动中，估计项目各项活动的资源需要量。

电子商务项目的成本预算工作内容包括：根据项目成本估算向项目各项具体工作与活动分配预算定额和确定项目总预算，制定项目成本控制标准和规定项目不可预见费用的划分与使用规则等。

成本估算与成本预算既有区别又有联系。成本估算的目的是估计项目的总成本和误差范围，而成本预算是将项目的总成本分配到各工作项上。成本估算的结果是成本预算的基础与依据，成本预算则是将已批准的估算进行分摊。尽管两者的目标和任务不同，但都以 WBS 为依据，所运用的工具与方法相同，两者均是项目成本管理中不可或缺的组成部分。

2．项目成本预算的依据

（1）项目成本估算文件。这是项目成本估算所形成的结果文件。在项目成本预算工作中，项目各项工作与活动的预算定额主要是依据这一文件确定的，因为项目成本估算提供成本预算所需的各项工作与活动的预算定额。

（2）项目工作结构分解。这是在项目活动定义和确认中生成的项目 WBS 文件。在项目成本预算工作中，要依据这一文件，进一步分析和确定项目各项工作与活动在成本估算中的合理性和项目预算定额的分配。

（3）项目进度计划。这是一种有关项目各项工作起始与终结时间的文件。它规定了项目范围及必须完成的时间，以便将成本分配到发生成本的各个阶段上。项目进度计划的目的是控制项目的时间和节约时间。依据这一文件可以安排项目的资源与成本预算方面的工作。

5.3.2　电子商务项目成本的组成

与其他类型的项目比较而言，电子商务项目因其独特性，使得其在成本结构上表现出如下特点，这是该类项目的管理者在掌握了成本管理的一般规律的基础上，需要着重考虑的。

1．人工费用

人工费用指项目所涉及的人员工资，由于电子商务项目突出的不确定性，使得项目的人员流动率较高，因此，在做预算时还要考虑诸如加班费和人员离职后的招聘费用等。

2．调查费用

电子商务项目中很多子项目的推出，或者某个网络营销方案的产生都需要大量的调查数据。在互联网上有不少专业机构专门从事各种数据调查，而这些调查中最具商业价值的数据通常需要收费，因此调查费用将是一笔必要的开支。调查的结果在很大程度上将对未来电子商务平台业务的推出起着至关重要的作用。

3．接洽费用

电子商务项目涉及的投资较大，可能存在较多的干系人（如投资商、政府机构、第三方电子商务平台等渠道商）。因此，各类接洽工作不可避免，事先预算出这类费用能够使项目有序地进行。

4．分包与顾问费用

当项目团队缺少某项专门技术时，可以通过分包子项目或者聘用具有相当水平的专家充当项目顾问以保证项目按顺序进行。因此，在项目工作分解后，可以通过对项目团队技术能力进行充分考虑来预算这一部分的费用。

5. 原材料费用

原材料费用对于电子商务项目来说可能存在硬件（设备、耗材）和软件组件两大类。由于大多数电子商务项目存在软件开发的过程，为了保证软件的开发质量和开发效率，必要时购买软件组件以提高工效成为一件很自然的事情。通过购买组件（必要时购买源码），将给软件开发带来极大的工效。

5.3.3　直接成本与间接成本的区别

电子商务项目具备知识密集型团队的特点，人力资源的成本是最主要的项目成本之一。为了进行人力资源成本的预算，根据 WBS 的分解，确定每一项工作包所需要的人力资源和占有时间，再根据不同类型的人力资源的成本对每个工作包所需要的人力资源成本进行计算，最后把所有工作包的人力资源成本进行汇总，才能得到项目的总的人力资源成本。

对于许多项目，直接成本还包括采购原材料的成本，而且这项成本是项目成本的主要组成部分。如果是网络安装和集成的电子商务软件项目，采购服务器、网络设备和线材都是项目成本的主要组成部分。在进行项目预算时，除了要考虑项目的直接成本，还要考虑其间接成本和一些对成本有影响的以下因素。

1. 非直接成本

包括了租金、保险和其他管理成本。例如，如果项目中有些任务是项目组成员在项目期限内无法完成的，那么就可能需要进行项目的外包或者聘请专业的顾问。如果项目的进行需要专门的工具或设备，而采购这些设备并非明智，那么采用租用的方式就必须付租金。

2. 沉没成本

沉没成本是当前项目的以前尝试已经发生过的成本。比如一个系统的一次失败的产品花费了 350 000 元，那么这 350 000 元就是同一个系统的下一个项目的沉没成本。考虑到已经投入了许多的成本，人们往往不再愿意继续投入，但是在项目选择时，沉没成本应该被忘记，不应该成为项目选择的理由。

3. 学习曲线

如果在项目中采用了项目组成员未使用过的技术和方法，那么在使用这些技术和方法的初期，项目组成员有一个学习的过程，许多时间和劳动投入到尝试和试验中。这些尝试和试验会增加项目的成本。同样地，对于项目组从未从事的项目要比对原有项目升级的成本要高得多，也是由于项目组必须学习新的行业的术语、原理和流程。

4．项目完成的时限

一般来说，项目需要完成的时限越短，那么项目完成的成本就越高。压缩信息系统的交付日期不仅要支付项目组成员的加班成本，而且如果过于压缩进度，项目组可能在设计和测试上就会减少投入，项目的风险会提高。

5．质量要求

显然，项目的成本估算中要根据产品的质量要求的不同而不同。登月火箭的控制软件和微波炉的控制软件不但完成的功能不同，而且质量要求也大相径庭，其成本估算自然有很大的差异。

6．应急储备金

应急储备金是为风险和未预料的情况而准备的预留成本。遗憾的是，有时候管理层和客户会把这部分成本进行削减。没有应急储备金，将使得项目的抗风险能力降低。

5.4　电子商务项目成本控制

5.4.1　电子商务项目成本控制的概念

所谓成本控制，是在项目实施过程中，实际发生的成本在项目预算范围内所进行的管理工作，要实现对于项目成本的全面控制，最根本的任务是要控制项目各方面的变动和变更，以及项目成本的事前、事中和事后控制。项目成本控制的基础是项目成本预算，项目成本控制就是要保证各项工作在它们各自的预算范围内进行。在电子商务项目中，成本管理不能脱离质量管理和进度管理独立存在，而要在成本、质量、进度三者之间做综合平衡。

因为项目具体活动本身的不确定性（可发生或不发生）、活动规模及其所耗资源数量的不确定性、项目活动所耗资源价格的不确定性（价格可高可低），使得项目实施过程中成本也存在不确定性。所以，随着项目的进展，根据项目实际发生成本的情况，需要修正原先的成本估算，并对项目的最终成本进行重新预测等工作也都属于项目成本管理的范畴。

1．项目成本控制的工作

项目成本控制要经常、及时地分析实际发生的成本，尽早发现成本差异，以便及时采取纠正措施。项目成本控制的具体工作如下。

（1）监视项目各个任务成本执行的情况，发现项目成本控制中的偏差，查找产生偏差的原因。

（2）确保所有发生的变化被准确地记录在成本线上，防止不正当或未授权的项目变更所发生的费用反映在成本线上。

（3）采取各种纠偏措施防止项目成本超过预算，确保实际发生的项目成本和项目变更都能够有据可查，必要时可以根据实际情况对成本线进行适当的调整和修改。

（4）进行成本控制的同时，还必须考虑与其他控制过程（范围控制、进度控制、质量控制等）相协调，避免因为单纯的控制成本而引起项目范围、进度和质量方面的问题，或者导致不可接受的项目风险。

成本控制的关键是，及时分析项目成本的实际状况，尽早发现项目成本出现的偏差和问题，以便在情况变坏之前能够及时采取纠正措施。因为一旦项目成本失控，则很难挽回，所以只要发现项目成本的偏差和问题，就应该积极地着手去解决它。项目成本控制问题越早发现和处理，对项目范围和项目进度的冲击会越小，项目越能够达到整体的目标要求。

2. 项目不确定性成本的控制工作

由于各种不确定性因素的存在和它们对项目成本的影响，使得项目成本一般都会有以下 3 种不同成分。

（1）确定性成本。对这一部分成本，人们知道它确定会发生，而且知道其数额大小。

（2）风险性成本。对这部分成本，人们只知道它可能发生和它们发生的概率大小与分布情况，不能肯定它一定会发生。

（3）完全不确定性成本。对这部分成本，人们既不知道其是否会发生，也不知道其发生的概率和分布情况。

这 3 类不同性质的项目成本的综合构成了一个项目的总成本。

3. 项目不确定成本的成因

项目不确定性成本的成因有以下 3 个方面。

（1）项目具体活动本身的不确定性。这是指在项目实现过程中有一些项目具体活动可能发生，也可能不发生。例如，如果出现雨天，项目的一些室外施工就要停工，并且需要组织排水；如果不下雨就不需要停工，也不需要组织排水。但是，因为是否下雨是不确定的，所以停工和排水的活动就有很大的不确定性。这种项目具体活动的不确定性会直接转化成项目成本的不确定性，这是造成项目不确定性成本的根本原因之一。

（2）活动规模及其所耗资源数量的不确定性。这是指在项目实现过程中有一些具体活动规模变动所造成的消耗与占用资源的数量的不确定性，以及由此造成的项目成本的不确定性。例如，在一个工程建设项目的地基挖掘过程中，如果实际地质情况与地质勘查资料不一致，则地基挖掘工作量就会发生变化，从而消耗与占用资源的数量也会变化。这种项目具体活动规模及其消耗和占用资源数量的不确定性也会直接转化为项目成本的不确定性，也是造成项目成本不确定性的主要根源之一。

（3）项目活动所耗资源价格的不确定性。这是指在项目实现过程中有一些活动消耗和占用资源的价格会发生异常波动和变化。因为人们虽然可以对项目实现活动消耗与占用资源的价格进行种种预测，但是通常这种预测都是基于相对条件的预测，预测结果本身都包含相对的不确定性，所以项目具体活动消耗与占用资源的价格也是不确定性的。这种项目具体活动消耗与占用资源价格的不确定性同样会直接形成项目成本的波动与变化，所以这种不确定性同样是项目成本不确定性的主要根源之一。

5.4.2　电子商务项目成本控制的方法

1. 偏差分析技术

偏差分析技术也称挣值分析（Earned Value Analsis，EVA），是评价项目成本实际消耗和预算进度情况的一种方法。该方法可以通过测量和计算计划工作预算成本、已完成工作的实际成本和已完成工作的预算成本，得到有关计划实施的进度和成本偏差，从而达到衡量项目成本执行情况的目的。

偏差分析技术的核心思想是通过引入一个关键性的中间变量，即挣值（已完成工作的预算成本），来帮助项目管理团队分析项目成本和进度的实际执行情况同计划的偏差程度，运用偏差分析技术要求计算每个活动的关键值。

首先，要确定偏差分析的 3 个基本参数。

（1）计划工作量的预算成本（Budgeted Cost for Work Scheduled，BCWS）。即根据批准认可的进度计划和预算，到某一时点应当完成的工作所需投入资金的累积值。按我国的习惯可以把它称为"计划投资额"。

（2）已完成工作量的实际成本（Actual Cost for Work Performed，ACWP）。即到某一时点已完成的工作实际所花费的总金额。按我国习惯可以把它称为"消耗投资额"。

（3）已完成工作量的预算成本（Budgeted Cost for Work Performed，BCWP）。即指项目实施过程中某阶段实际完成工作量按预算定额计算出来的成本，即挣值（Earned Value，EV）。挣值反映了满足质量标准的项目实际进度和工作绩效。

偏差分析主要通过上述 3 个成本量之间的差值或比值，计算成本偏差、进度偏差、进度执行指数和成本执行指数来实现其评价目的。

（1）成本偏差（CV）：

$$CV=BCWP-ACWP \tag{5-1}$$

（2）进度偏差（SV）：

$$SV=BCWP-BCWS \tag{5-2}$$

（3）进度执行指数（SPI）：

$$SPI=BCWP/BCWS \tag{5-3}$$

（4）成本执行指数（CPI）：

$$CPI=BCWP/ACWP \tag{5-4}$$

偏差分析技术不仅可用来衡量项目的成本执行情况，而且用来衡量项目的进度。在项目实施过程中，可根据项目进度在项目成本曲线 BCWS 图中画出 BCWP 曲线和 ACWP 曲线，在每个检查日均可比较这 3 个参数值，进而求出评价指标，如图 5-2 所示。

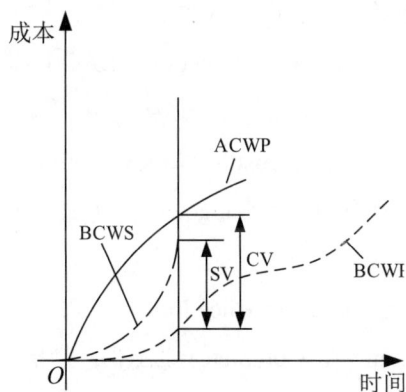

图 5-2　偏差分析技术的评价图

将各种情况下的偏差值和绩效指数表明的项目进度和成本状况整理见表 5-1。

表 5-1　挣值分析的参考尺度

偏差分析	偏差为正值	偏差为负值
成本偏差（CV）	节约成本	成本超支
进度偏差（SV）	工期提前	工期滞后
绩效分析	绩效指数>1	绩效指数<1

续表

偏差分析	偏差为正值	偏差为负值
工期绩效指数（SPI）	提前完成了计划	未完成计划
成本绩效指数（CPI）	比计划成本节约了	比计划成本超支了

如果成本偏差值是正值，说明实际成本相对预算成本节约了；如果成本偏差是负值，说明实际成本相对于预算成本超支了。

如果进度偏差值是正值，说明实际进度相对于计划进度提前了；如果进度偏差值是负值，说明实际进度相对于计划进度拖期了。

如果进度绩效指数大于1，说明劳动生产效率高于进度计划，工期提前；如果进度绩效指数小于1，说明劳动生产效率低于进度计划，工期滞后了。

如果成本绩效指数大于1，说明资金效益高于计划预算，资金有盈余；如果成本绩效指数小于1，说明资金效益低于进度计划，资金有浪费。

2. 预测技术

预测技术是根据已知的项目执行和绩效过程中获得的工作绩效信息，对项目未来状况的产生、更新和重新发布进行估算和预测的一种方法。

预测技术所涉及的参数主要有以下5个。

（1）完成时预算（Budgeted At Completion，BAC），即完成某个项目的全部预算额之和。

（2）实际已发生成本（Actual Cost of Work Performed，ACWP）。

（3）已完成工作量的预算成本（Budgeted Cost of Work Performed，BCWP），即挣值。

（4）成本执行指数（Cost Performance Index，CPI）。

（5）完工估算（Estimate At Complete，EAC），是指完成某项工程或者某个工作包的预计总成本，是截至某一时刻直接成本和间接成本的总和再加上所有确认的剩余工作的估算成本。

因此，预测EAC的通用公式可以表示为：

$$EAC=ACWP+到完成时的估算 \tag{5-5}$$

3. 关键比值法

在大项目控制中，常常通过计算一组关键比值分析。关键比值技术是指通过计算一组指标比值的乘积（关键比值），并以此进行项目状态控制的一种分析方法。

下面选取成本比值和进度比值作为项目控制的指标比值来说明关键比值技术

应用。

我们可以把"预算成本/实际成本"称为成本比值，把"实际进度/计划进度"称为进度比值，这里的关键比值就是成本比值与进度比值两者的乘积。

在此需要注意的是：关键比值计算中的指标比值可以根据项目执行工作过程中所需控制的指标设定。指标比值中分子与分母的排列应按"越大越好"的原则。如成本比值中的"预算成本/实际成本"，就是按"越大越好"（预算成本应大于实际成本）的原则进行排列的。

关键比值的计算公式如下：

$$关键比值=（预算成本/实际成本）×（实际进度/计划进度） \qquad (5\text{-}6)$$

在项目的实施过程中，无论是成本比值还是进度比值，大于 1 都表示它们的实际状况好于计划指标，小于 1 则表示它们的实际情况没有达到计划指标的要求。对单一指标比值而言，据此我们很容易判断出项目实施状态的好坏。

4.《PMBOK®指南》（第 6 版）对成本偏差分析方法的改进内容

在项目管理的实践中，虽然挣值管理我们可以很方便地评估项目的绩效，对项目的进展展开预测，但是也存在一些局限性。首先，挣值管理主要针对成本的计算和预测，对进度这个维度涉及很少；其次，虽然挣值管理也可以计算进度偏差 SV 和进度绩效指数 SPI 两个进度相关指标，但是 SV 是用货币计量，而不是时间单位。

为了解决上面挣值管理的局限性，业界引入了挣得进度（Earned Schedule，ES）这个概念来对应挣值 EV。在《PMBOK®指南》（第 6 版）中也首次介绍了挣得进度理论。

挣得进度指的是在项目进展中，截至某一个时间点，实际已经完成的工作量原计划多少时间来完成。同时，还引入实际时间（Actual Time，AT）来对应挣值分析里面的实际成本 ACWP，这样我们就可以用 SV=ES−AT，SPI=ES/AT 来计算进度偏差和进度绩效指数。

5.4.3　电子商务项目成本控制的结果

开展项目成本控制的直接结果带来了项目成本的节约和项目经济效益的提高。开展项目成本控制的间接结果生成了一系列项目成本控制文件。这些文件主要有以下 4 个。

1. 项目成本估算的更新文件

这是对项目原有成本估算的修订和更新的结果文件。更新成本估算是为了管理项目的需要而修改成本信息，成本计划的更新可以不必调整整个项目计划的其他方向。更新后的项目计划活动成本估算是指对用于项目管理的费用资料所做的修改。如果需要，成本估算更新应通知项目的干系人。这一文件中的信息一方面可以用于下一步的项目成本控制，另一方面将可以作为项目历史数据和信息使用。

2．项目预算的更新文件

在某些情况下，成本偏差可能极其严重，以至于需要修改成本基准，才能对绩效提供一个现实的衡量基础，此时，预算更新是非常必要的。项目预算的更新文件是对项目原有成本预算的修订和更新的结果文件，是项目后续阶段成本控制的主要依据。这一文件同样可用于项目成本控制和作为历史数据和信息使用。

3．项目活动的改进行动文件

改进行动是为了使项目的预期绩效与项目管理计划相一致所采取的所有行动，是指任何使项目实现原有计划目标的努力。它包括两个方面的信息：一是项目活动方法与程序的改进方面的信息，二是项目活动方法改进所带来的项目成本降低方面的信息。改进行动文件经常涉及调整计划活动的成本预算，如采取特殊的行动来平衡成本偏差。

4．项目成果和经验教训文件

这是有关项目成本控制中的失误或错误以及各种经验与教训的汇总文件，应该以数据库的形式保存下来，供以后参考。这种汇总文件的目的是总结经验和接受教训，以便改善下一步的项目成本控制工作。项目经理应及时组织项目成本控制的评估会议，并就项目成本控制工作做出相应的书面报告。

5.4.4　纠正成本偏差的活动

1．成本失控的主要原因

（1）缺乏计划。没有经过详细计划的信息系统，没有成本、范围和风险等计划都会造成项目的成本失控。有人认为，项目失败是失败在开始的时候。但是也应该意识到，没有能够完全计划的项目，特别是电子商务软件项目，当项目开始实施之后，有可能许多事务超出了计划的范畴。

（2）目标不明。虽然瞎猫可能碰到死耗子，但不会总是那么幸运。如果项目管理者无法清晰地描述项目目标，项目成本失控就已经开始了。

（3）范围蔓延。信息系统的建设过程中，范围蔓延非常常见。电子商务软件项目往往在项目启动、计划、执行甚至收尾时不断加入新功能，无论是客户的要求还是项目实现人员对新技术的试验，都可能导致电子商务软件项目成本的失控。

（4）缺乏领导力。缺乏领导力的项目领导者无法领导项目走向成功，也无法控制项目成本。

当出现成本偏差时，如果偏差超过了允许的限度，就要找出项目成本偏差的原因。可以将成本偏差的原因归纳为几个因素，然后计算各个因素对成本偏差程度的影响，判断哪个因素是造成成本偏差的主要因素。或者把总分解成几个分项成本，通过总成本和分项成本的比较，找出是哪个分项成本造成了成本偏差。

2．纠正成本偏差的活动

在发现造成成本偏差的原因后，必须采取相应的措施，减少成本偏差，把成本控制在计划范围内，保证目标成本的实现或者修改目标成本。

纠正成本偏差一般考虑两种活动。一种是当前正在进行的活动，如果出现了成本偏差，项目管理者不能指望后面的活动会自动减少成本偏差，采取纠正措施越晚，纠正的可能性就越小，项目成本偏差就可能越大。第二种是成本预算不准确的活动，尤其是预算偏差大的活动，需要根据项目实际运行情况调整。预算越大，进行调节的空间也就越大。

降低成本的最有效的方法是减少项目的可交付成果，或者交付质量略低的可交付成果。有时候，稍微降低要求的可交付成果能给项目节约大量的成本。这样做的主要困难是必须和客户进行协商，客户显然不会那么愿意接受这样的做法。所以使用这种方法，要挑选那些客户觉得并不重要的可交付成果。有经验的项目管理者在项目的初期就会和客户协商好哪些是不特别重要的、具备修饰性的可交付性成果，并声明这些可交付性成果将在项目组有剩余的时间和资源的情况下完成。

其他降价成本的方式：使用低价的原材料代替高价的原材料，这就要冒项目产品质量可能无法达到要求的风险；还可以设法通过劳动生产效率，比如使用自动测试工具、请组织内的专家协助提高效率等。

如果偏差很大，那么就算是事情变得不会更糟的努力也是必要的。

如果发现无论如何进行调整都无法满足项目的成本计划，虽然对管理层来说修改目标成本往往视为项目的失控，也必须面对现实，修改项目的目标成本。

总之，当发生项目目标过高，期望实现的功能过多，而可用资源有限的矛盾时，有两种解决途径。其一是不断修正功能，降低目标，使功能和可用资源匹配；其二是期望实现的功能不变，不断挖掘和调用资源，使功能和资源匹配。

3．控制成本的措施

在项目运行中，控制项目成本的措施包括 3 个方面：组织措施、技术措施和经济措施。

项目成本控制的组织措施、技术措施和经济措施三者是融为一体、相互作用的。项目经理是项目成本控制中心，要以投标报价为依据，制定项目成本控制目标。各部门和项目组各成员通力合作，形成以市场投标报价为基础的实施方案经济优化、设备采购经济优化、人员配备经济优化的项目成本控制体系。

本章小结

电子商务项目成本管理，就是按照实现拟订的计划，将项目实施过程中发生的各种实际成本与预算成本进行对比、检查、监督和纠正，尽量使项目的实际成本控制在计划和预算范围内的管理过程。电子商务项目的成本是指为实现项目目标而开展各项活动所耗用资源的货币总和。项目成本管理的具体内容包含资源计划编制、项目成本估算、项目成本预算和项目成本控制4个部分。

项目资源计划是指通过分析和识别项目的资源需求，确定项目需要投入的资源种类、项目资源投入的质量和数量及项目资源投入的时间，从而制订出项目资源供应计划的项目成本管理活动。项目资源计划编制的方法有专家判断法、统一定额法、资料统计法、项目成本管理软件法。在进行项目资源计划编制的时候，应当与项目成本管理活动紧密结合进行，选择正确、合适的编制方法，制订出合理、科学、可行的项目资源计划。

项目成本估算是指为了实现项目的目标，根据项目活动资源估算所确定的资源需求，以及市场上各项资源的价格信息，对项目所需资源的全部成本而进行的估算。项目成本估算的步骤是：①识别和分析项目成本的构成要素，即项目成本由哪些资源项目组成；②估算每项项目成本构成要素的单价和数量；③分析成本估算的结果，识别各种可以相互代替的成本，协调各种成本的比例关系。项目成本估算的依据是范围基准、项目进度计划、项目人力资源计划、风险登记册、项目的制约因素和组织积累的相关资源。项目成本估算的常用方法有：自上而下估算、自下而上估算、参数模型估算法。项目成本估算的结果主要包括项目活动成本估算、项目成本估算依据和更新的项目文件3个文档。

项目成本预算是进行项目成本控制的基础，也是项目成功的关键因素，其中心任务是将项目成本估算的结果分配到项目的各项活动中，估计项目各项活动的资源需要量。

有效控制项目成本的关键是，经常及时地分析项目成本的实际状况，尽早地发现项目成本出现的偏差和问题，以便在情况变坏之前能够及时采取纠正措施。项目成本控制的工具和方法有偏差分析技术、预测技术、项目绩效审核和关键比值法。

偏差分析技术也称挣值分析，是评价项目成本实际开销和预算进度情况的一种方法。该方法可以通过测量和计算计划工作预算成本、已完成工作的实际成本和已完成工作的预算成本，得到有关计划实施的进度和成本偏差，从而达到衡量项目成本执行情况的目的。

成本控制的结果是项目成本估算的更新文件、项目预算的更新文件、项目活动的改进行动文件、项目成果和经验教训文件。

成本失控的主要原因有缺乏计划、目标不明、范围蔓延和缺乏领导力。控制项目成本的措施有组织措施、技术措施和经济措施。

案例分析

"新农会"农村电子商务项目

湖北经济学院电商创业实验室（原名：淘宝创业实验室）拟成立湖北新农会电子商务有限公司，目标是"促进农业产业化、打造地域名牌、拉动地区经济增长"。为开展新农会项目，夯实项目基础，团队自 2009 年至今，走访了湖北省内的荆州、恩施、五峰、保康、监利、竹山、来凤等多个地州市，调研了地方和企业农产品资源现状和农村电商的发展现状，与湖北农时生态农业股份、湖北盛稀源农业科技等多家农业企业开展合作，并依托校方平台与之开展电子商务代运营和电子商务服务，积累了大量的农产品资源和农业企业资源。

新农会项目开展网上销售项目，在此，他们以一年为时间段，对成本进行预估。在营销推广方面分为线上线下推广方式，线上除了微信运营外，还使用其余的营销手段。运营微信预计需要花费 1 万元，其微信维护成本预计 7 200 元，其余线上推广花费 3 000 元，线下推广成本预计为 2 000 元。员工大约 15 人，每人每年平均工资为 15 760 元。管理成本为 3 200 元，场地租金为 700 元/月，设备预算为 1 100 元。

请根据以上信息完成表 5-2，并计算其预算。

表 5-2　项目成本统计表

成　　本		预算分摊（元）	累计分摊（元）
营销推广成本	线上推广成本		
	线下推广成本		
微信运营及维护成本			

续表

成　　本	预算分摊（元）	累计分摊（元）
员工成本		
管理成本	3 200	
场地成本	8 400	
设备成本	1 100	

习题

一、不定项选择题（每道题有 1 个或多个正确选项）

1. 项目成本管理的具体内容主要包含哪几个部分？（　　）

A. 资源计划编制　　　　　　　B. 项目成本估算

C. 项目成本预算　　　　　　　D. 项目成本控制

2. 项目成本估算的依据有哪些？（　　）

A. 范围基准　　　　　　　　　B. 项目进度计划

C. 项目人力资源计划　　　　　D. 风险登记册

E. 项目的制约因素　　　　　　F. 组织积累的相关资源

3. 下列哪些成本属于直接成本？（　　）

A. 租金、保险　　　　　　　　B. 原材料

C. 人力资源成本　　　　　　　D. 其他管理成本

4. 成本失控的主要原因有哪些？（　　）

A. 缺乏计划　　　B. 目标不明　　　C. 范围蔓延　　　D. 缺乏领导力

5. 电子商务项目成本控制的结果有哪些？（　　）

A. 项目成本估算的更新文件　　B. 项目可交付成果清单

C. 项目预算的更新文件　　　　D. 项目活动的改进行动文件

E. 项目成果和经验教训文件

二、名词解释

1. 电子商务项目成本管理

2. 项目成本控制

3. 项目成本估算

4. 偏差分析技术

5. 项目资源计划

三、简答题

1. 简述项目成本估算的步骤。

2. 简述项目不确定成本的成因。

3. 阐述自上而下估算法和自下而上估算法的优缺点。

四、计算题

一个电子商务系统开发软件项目，总共需要 20 000 个工时，每个工时的预算价格是 50 元，计划每天完成 400 个工时，50 天内全部完成。开发部门经理在开工后第 4 天晚上去做成本测量时取得了两个数据：已经完成了 1 500 个工时，实际成本为 90 000 元。求 BCWP、ACWP、BCWS、CV 和 SV。

第 6 章
| 电子商务项目质量管理

学习目标

- 了解电子商务质量管理工作的主要内容。
- 掌握电子商务项目质量计划的方法。
- 了解电子商务项目质量保证的过程。
- 掌握电子商务项目质量控制的步骤。
- 掌握电子商务质量控制的措施和项目质量计划的编写。

知识要点

- 质量管理主流观点与组织。
- 电子商务项目质量计划的工具和方法。
- 电子商务项目质量控制模型。
- 电子商务项目质量控制工作的方法和技术。

【导入案例】

A 公司的质量管理体系

A 公司是国内一家大型系统集成企业，已建立基于 SJ/T11234、SJ/T11235 的涵盖公司所有部门和人员的质量管理体系。

在公司建立质量管理体系之初，质量部要求各业务部门都参加体系建设，编写程序文件和作业指导，但这些部门都说忙，难以抽出人力。质量部便借鉴了其他公司的体系文件，对其简单修改后形成了 A 公司的质量管理体系文件。

质量管理体系运行一年后，公司承担了一个大型软件集成项目。公司领导对此项目非常重视，任命高级项目经理陈工管理此项目，并强调一定要保质保量完成。同时，公司要求销售部、采购部、质量部各抽派一个人参与该项目，配合项目组开展工作。根据公司的质量管理体系要求，项目的每个里程碑节点都要召开评审会，主要开发文档（包括需求规格说明书、总体设计和详细设计等）都需要通过评审。

事实上，在以往的项目中，这些评审会都是项目组内部讨论，讨论出结果后让相关部门负责人签字，质量部只要看到有签字的评审记录就不干预项目的实施。由于本项目关系重大，各部门都怕出了问题而承担责任，因此所有部门都参加了该项目的评审会。几个评审会开完，项目组成员开始抱怨，说以前的项目评审都是我们自己讨论，其他部门根本没人仔细看，可是现在这个项目，各个部门都有人参与，评审会上每个人都提意见，并且意见经常不一致，没有人负责最后拍板；对于有些技术文件的评审，评审人员明明不懂还提出很多问题，还要费很大力气给他们解释。在以往的项目中，虽然公司的程序文件中规定评审没通过就不能进入下一环节，但如果进度要求紧张的话，一般也不管什么流程了，抢进度要紧。但是在这个项目中，设计方案经过几次讨论都没有结果。项目经理陈工为了保证进度，向采购部提出提前采购设备，采购部以设计方案没定稿为理由拒绝处理。无奈陈工找了好几次公司领导，最终领导拍板可以提前采购。

项目就这样在不断的争执过程中进行，每次争执不下时陈工就去找公司领导。如此多次争执后，陈工发现质量管理体系文件中规定那么多评审纯粹浪费时间，希望修改。按照计划，现在项目应该进行到测试阶段，但实际上项目的详细设计还未通过评审。

6.1 电子商务项目质量管理概述

6.1.1 电子商务项目质量管理的基本概念

1. 电子商务项目质量的定义

许多组织和质量大师都对质量有定义，其中，国际标准化组织（ISO）对质量下的定义是：质量是反映实体能满足明确和隐含需求的能力之和。朱兰给出的定义最通俗：质量是产品的适用性，即在使用时能够满足客户需要的程度。

项目质量是指项目可交付成果能够满足客户需求的程度。项目质量管理是为了保证项目质量的可交付成果能满足客户的需求，围绕项目的质量而进行的计划、协调和控制等活动。项目质量管理包括 3 个主要工作过程：质量规划、实施质量保证和实施质量控制。

电子商务项目质量表现在两个方面：电子商务项目过程质量和电子商务项目成果质量。如果未能满足两个方面中的任何一个，均会对项目产品及部分或全部项目干系人造成消极后果。

2. 电子商务项目质量管理的特点

电子商务项目质量管理与一般产品的质量管理相比，其特点主要体现在以下 3 个方面。

（1）复杂性。由于电子商务项目的影响因素多、经历的环节多、涉及的主体多、质量风险多，使得电子商务项目的质量管理具有复杂性。

（2）动态性。由于电子商务项目动态性的特点使得项目质量管理的侧重点和方法要随着阶段的不同而做出相应调整。即使在同一阶段，由于时间不同，影响项目质量的因素也可能有所不同，同样需要进行有针对性的质量管理。

（3）系统性。电子商务项目的质量受到工期、成本和资源等因素和目标的制约，同时它也制约着其他的因素和目标。因此，电子商务项目质量管理是系统管理。

3. 电子商务质量管理的指导思想

对于电子商务项目来说，由于其复杂性、动态性和系统性的特点，特别需要对电子商务项目的建设过程进行管理，用全面质量管理思想来指导。

在制造业和服务业中，人们通过全面质量管理（Total Quality Management，TQM）来实现产品的质量。所谓全面管理的思想，国际标准化组织认为，是一个组织以质量为中心，以全员参与为基础，目的在于通过让客户满意和本组织所有成员及社会受益而达到长期成功的一种质量管理模式。

全面质量管理的指导思想分为两个层次：一是整个组织要以质量为核心；二是

组织的每个员工要积极参与全面质量管理。而全面质量管理的根本目的是使全社会受益和使组织长期成功。确切地说，全面质量管理的核心思想是质量管理的全员性（全员参与质量管理）、全过程性（管理好质量形成的全过程）和全要素性（管理好质量所涉及的各个要素）。

电子商务项目的质量管理不仅仅是项目建设完成后的最终评价，更是在电子商务建设过程中的全面质量管理。也就是说，它不仅包括系统实现时的质量管理，也包括系统分析和系统设计时的质量管理；不仅包括对系统实现时软件的质量管理，而且还包括对文档、系统建设人员和客户培训的质量管理。显然，在电子商务项目质量管理中同样要贯彻全面质量管理的思想。

6.1.2 质量管理的主流观点与组织

对于一个电子商务项目团队来说，应熟悉一些主流的质量管理思想和组织体系。

1. ISO 9000:2000 版八大质量管理原则

ISO 9000:2000 版八项质量管理原则是 ISO/TC 176 总结了质量管理实践经验，并吸纳了国际上最受尊敬的一批质量管理专家的意见，用高度概括、易于理解的语言所表达的质量管理最基本、最通用的一般性规律，成为质量管理的理论基础。它是组织的领导者有效实施质量管理工作必须遵循的原则。

（1）以客户为关注焦点。组织依赖于客户，因此组织应该理解客户当前的和未来的需求，从而满足客户要求并超越其期望值。

（2）领导作用。领导者将本组织的宗旨、方向和内部环境统一起来，并创造使员工能够充分参与实现组织目标的环境。质量问题 80%与管理相关，20%与员工相关。

（3）全员参与。各级员工是组织的生存和发展之本，只有他们充分参与，才能给组织带来最佳效益。岗位职责包括了全体员工（从总经理到基层员工）。

（4）过程方法。将相关资源和活动作为过程进行管理，可以更高效地取得预期成果。采用流程图的方法。

（5）管理的系统方法。针对设定的目标，识别、理解并管理一个由相互关联的过程所组成的体系，有助于提高组织的有效性和效率。

（6）持续改进。它是组织的一个永恒发展的目标。

（7）基于事实的决策方法。针对数据和信息的逻辑分析或判断是有效决策的基础。用数据和事实说话。

（8）互利的供方关系。通过互利的关系，增强组织及其供方创造价值的能力，如麦当劳的管理方式。

2. 6σ质量管理方法

6σ（六西格玛，Six Sigma）是在20世纪90年代中期开始被GE从一种全面质量管理方法演变成为一个高度有效的企业流程设计、改善和优化的技术，并提供了一系列同等地适用于设计、生产和服务的新产品开发工具。继而与GE的全球化、服务化、电子商务等战略齐头并进，成为全世界上追求管理卓越性的企业最为重要的战略举措。6σ逐步发展成为以客户为主体来确定企业战略目标和产品开发设计的标尺，追求持续进步的一种管理哲学。

6σ管理法是一种统计评估法，核心是追求零缺陷生产，防范产品责任风险，降低成本，提高生产率和市场占有率，提高客户满意度和忠诚度。6σ管理既着眼于产品、服务质量，又关注过程的改进。"σ"在统计学上用来表示标准偏差值，用以描述总体中的个体离均值的偏离程度，测量出的σ表征着诸如单位缺陷、百万缺陷或错误的概率性，σ值越大，缺陷或错误就越少。

6个σ=3.4失误／百万机会——意味着卓越的管理，强大的竞争力和忠诚的客户。

5个σ=230失误／百万机会——意味着优秀的管理，很强的竞争力和比较忠诚的客户。

4个σ=6 210失误／百万机会——意味着较好的管理和运营能力，满意的客户。

3个σ=66 800失误／百万机会——意味着平平常常的管理，缺乏竞争力。

2个σ=308 000失误／百万机会——意味着企业资源每天都有1/3的浪费。

1个σ=690 000失误／百万机会——意味着每天有2/3的事情做错，企业无法生存。

6σ是一个目标，这个质量水平意味的是所有的过程和结果中，99.999 66%是无缺陷的，也就是说，做100万件事情，其中只有三四件是有缺陷的，这几乎趋近人类能够达到的最为完美的境界。6σ管理关注过程，特别是企业为市场和客户提供价值的核心过程。因为过程能力用σ来度量后，σ越大，过程的波动越小，过程以最低的成本损失、最短的时间周期满足客户要求的能力就越强。6σ理论认为，大多数企业在3σ~4σ运转，也就是说，每百万次操作失误数在6 210~66 800，这些缺陷要求经营者以销售额在15%~30%的资金进行事后的弥补或修正，而如果做到6σ，事后弥补的资金将降低到约为销售额的5%。

为了达到6σ，首先要制定标准，在管理中随时跟踪考核操作与标准的偏差，不断改进，最终达到 6σ。现已形成一套使每个环节不断改进的简单的流程模式：界定—测量—分析—改进—控制。

（1）界定：确定需要改进的目标及其进度，企业高层领导就是确定企业的策略目标，中层营运目标可能是提高制造部门的生产量，项目层的目标可能是减少次品和提高效率。界定前，需要辨析并绘制出流程。

（2）测量：以灵活有效的衡量标准测量和权衡现存的系统与数据，了解现有质量水平。

（3）分析：利用统计学工具对整个系统进行分析，找到影响质量的少数几个关键因素。

（4）改进：运用项目管理和其他管理工具，针对关键因素确立最佳改进方案。

（5）控制：监控新的系统流程，采取措施以维持改进的结果，以期整个流程充分发挥功效。

3.《朱兰质量手册》

《朱兰质量手册》（*Juran's Quality Handbook*）堪称质量管理领域中理论和实践的集大成之作。本书由质量管理的开山人物朱兰主编，以朱兰为代表的一批质量管理领域的世界级顶尖专家参与撰写，被人们称誉为"质量管理领域中的圣经"。

朱兰把当今企业经营的动态环境的特征概括为"6 个 C"，即 Change（变革）、Complexity（复杂性）、Customer Demands（客户需求）、Competitive Pressure（竞争压力）、Cost Impacts（成本冲击）和 Constraints（约束因素）。这些因素显著地影响着组织实现其经营目标的能力。传统上，组织是以推出新的产品和服务来应对这些因素的。它们很少会对产出这些产品和服务的过程以改变。经验表明，经营目标的实现在很大程度上取决于那些大而复杂的跨职能力业务，如产品计划、产品开发、开具发货清单、患者护理、原料采购和零件分销等。如果长期得不到管理，这些业务过程中的许多都会变得观念过时、负担过载、方法累赘、成本过高、定义不当，从而不能适应持续变化的环境的要求。对于未能得到适当关注的那些过程而言，其产出的质量会远远低于有竞争力的绩效水准所要求的质量。

朱兰认为，业务过程是为产出预期成果（产品或服务）而将人员、材料、能源、设备和信息结合成为工作活动的逻辑构成。衡量过程的质量有 3 个主要的尺度，即效果、效率和适应性。若产出能够满足客户的需要，则该过程便是有效果的；若能以最小成本实现其效果，则该过程便是有效率的；若随着时间的流逝，该过程面对所发生的诸多变化仍能保持效果和效率，则称其具有适应性。要满足客户的需要并确保组织的健康，管理者就必须树立过程意识。

显然，将过程保持在高质量状态的必要性是毋庸置疑的。但在现实中，好的过程质量只是例外而非常规。朱兰指出，要理解这一点，就必须仔细考察过程是如何设计的，以及随时间的流逝会发生什么样的变化。

首先是过程的设计。由于历史的原因，西方的企业组织模式已经演变成为由职能专业化的部门所构成的一种等级制结构。管理者的方向、目标和考核由上至下部署在这一纵向的等级制构造中。然而，产出产品，尤其是客户所购买产品（组织因此而存在）的那些过程却是横跨组织的职能部门水平地流动着的。传统上，过程的每一块职能均由一个部门来负责，该部门的主管对这块绩效承担责任。可是，没有谁对整个过程负责。很多问题都源自部门要求与整个过程的要求之间的冲突。在与职能目标、职能资源和职能成长的竞争中，跨职能过程备受冷落。结果，这些过程在运作中常常是既无效果也无效率，注定不具有适应性。

过程绩效不良的又一原因是所有过程在演化过程中均会遭受到的自然劣化。例如，在一家铁路公司中，从公司电话簿中可以看出，"维修职员"头衔要多于"职员"头衔。维修职员的设立，本是为了防止某些曾发生过的严重问题的复发，但随着时间的流逝，头衔上的失衡成了一个外在的证据，表明这些过程将维修固化成了组织的常规。

技术发展的加速，再加上客户期望的攀升，造成了在成本和质量方面的全球性竞争压力。这些压力刺激了对跨职能过程的探索，人们在思考如何来明确和理解这些过程并改进其绩效。现有大量证据表明，在整个产品生产周期中，过程管理技术是导致过程绩效不良的一个主要问题。职能目标常常与必须由跨职能过程来满足的客户需要相冲突。这些过程还会产生出各种各样的浪费（不准时、产出废品等）。很容易看到，许多产品，如发货清单的制作、保险单的填报或收款单的支付等，本来只需 20 分钟就可以完成，但实际上却要花费 20 多天。更严重的是，它们很难得到及时的改变，以对持续变动的环境做出反应。因此，朱兰最后强调，为了更好地满足客户的需要，就必须使这些过程恢复其效果、效率和适应性。

4. 戴明 PDCA 循环

戴明是世界著名的质量管理专家，他对世界质量管理发展做出的卓越贡献享誉全球，以戴明命名的"戴明品质奖"，至今仍是日本品质管理的最高荣誉。作为质量管理的先驱者，戴明学说对国际质量管理理论和方法始终产生着异常重要的影响。戴明的学说简洁易明，其主要观点"十四要点"成为 21 世纪全面质量管理的重要理论基础。

戴明最早提出了 PDCA 循环的概念，所以又称其为"戴明环"。PDCA 循环是能使任何一项活动有效进行的一种合乎逻辑的工作程序，在软件项目质量管理中得到了广泛的应用。P、D、C、A 这 4 个字母所代表的意义如下。

- P（Plan）计划——包括方针和目标的确定以及活动计划的制订。
- D（Do）执行——执行就是具体运作，实现计划中的内容。
- C（Check）检查——就是要总结执行计划的结果，分清哪些对了，哪些错了，明确效果，找出问题。
- A（Action）行动（或处理）——对总结检查的结果进行处理，成功的经验加以肯定，并予以标准化，或制定作业指导书，便于以后工作时遵循；对于失败的教训也要总结，以免重现。对于没有解决的问题，应提给下一个 PDCA 循环中去解决。

PDCA 循环有以下 4 个明显特点：周而复始、大环带小环、阶梯式上升和统计的工具。

戴明学说反映了全面质量管理的全面性，说明了质量管理与改善并不是个别部门的事，而是需要由最高管理层领导和推动才可奏效的。戴明学说的核心可以概括为以下 8 个方面。

（1）高层管理的决心及参与。

（2）群策群力的团队精神。

（3）通过教育来增强质量意识。

（4）软件项目质量改良的技术训练。

（5）制定衡量软件项目质量的尺度标准。

（6）对软件项目质量成本的分析表认识。

（7）不断改进运动。

（8）各级员工的参与。

5. 美国质量学会

美国质量学会（American Society for Quality，ASQ）是由美国民间基金赞助成立的非营利性科技社团组织。ASQ 成立于 1946 年 2 月 17 日，由第二次世界大战期间致力于开展数理统计方法及质量控制技术培训和普及推广的 17 个地方质量管理协会合并组成。

6. 欧洲质量组织

欧洲质量组织（European Organization for Quality，EOQ）是由欧洲 31 个国家的质量组织在瑞士依法注册的一个"自治、非营利性的专业质量组织"。其活动宗旨是通过传播欧洲的质量理念，提高欧洲工商业界的综合竞争力，为推动质量管理技术在各成员国企业的普及与应用做贡献，最终目标是实现欧洲人民和欧洲社会整体的发展与进步。

7. 日本科学技术联盟

日本科学技术联盟（Union of Japanese Scientists and Engineers，JUSE）隶属于日本科学技术厅指导的科技社团组织。

JUSE 积极倡导质量振兴、卓越经营的思维理念，集结和组织了一大批专家、学者和企业家，致力于数理统计技术、QC 工具方法的教育培训及研究应用。

6.1.3 项目质量管理过程

《PMBOK®指南》（第 6 版）定义的项目质量管理过程包括以下 3 个过程。

（1）规划质量管理。识别项目及其可交付成果的质量要求和/或标准，并书面描述项目将如何证明符合质量要求和/或标准的过程。

（2）管理质量。把组织的质量政策用于项目，并将质量管理计划转化为可执行的质量活动的过程。

（3）控制质量。为了评估绩效，确保项目输出完整、正确，并满足客户期望，而监督和记录质量管理活动执行结果的过程。

6.2 电子商务项目质量计划

6.2.1 电子商务项目质量计划的内容和主要工作

电子商务项目质量计划是指确定电子商务项目应该达到的质量标准和如何达到这些质量标准的工作计划和安排。

1. 电子商务项目质量计划的内容

电子商务项目质量计划主要从项目范围、项目交付结果、交付接受的标准、质量保证计划、质量监督及控制措施、质量责任等方面进行计划，必要时还可以通过流程图来描述各质量环节。

电子商务项目质量计划的编制是为了对电子商务项目质量进行更好的管理而进行的，具体内容如下。

（1）概述。提供项目名称、客户名称、项目经理与项目发起人姓名等与项目相关的一般信息。

（2）项目范围。按照项目范围说明书的要求描述项目的工作范围、主要交付结果、项目总体目标、客户需求以及应遵循的程序等方面的信息。

（3）项目的交付的结果。描述项目的主要交付结果，包括合同规定的交付结果以及重大里程碑事件。

（4）交付结果的接受标准。描述交付结果的接受标准或者产品测试的验收标准，详细列出客户提出的相关质量标准。

（5）质量保证计划。确定项目质量保证活动，包括项目质量责任人、工作程序、作业指导书、里程碑检查清单、测试标准和流程、质量事故报告及沟通渠道、持续改进措施等。

（6）质量监督及控制措施。提供有关质量监督与质量控制的措施。

（7）质量责任。确定与项目质量相关的责任人，包括产品测试、过程评审、质量检查等。

2．电子商务项目质量计划的主要工作

项目质量计划的主要工作见表 6-1。

表 6-1　项目质量计划的主要工作

依　　据	工具和方法	结　　果
范围基准	成本收益分析	质量管理计划
项目干系人登记表	质量成本	质量测量指标
成本基准	控制图	质量核对表
进度基准	质量标杆法	过程改进计划
风险登记册	实验设计	更新的项目文档
项目的制约因素	统计抽样	
组织积累的相关资源	流程图	
	质量管理专门方法	
	其他质量规划工具	

6.2.2　电子商务项目质量计划的工具和方法

1．成本收益分析

项目质量成本（Cost of Quality）是指实施项目质量管理活动所需支出的有关

费用，如一切防止质量缺陷的支出、评估及确保产品达到质量标准要求的支出，以及出现质量问题后善后工作的各项支出等。

项目质量成本一般包括以下内容。

（1）预防费用。它是为减少质量损失和检验费用而发生的各种费用，如质量管理活动费和行政费、质量改进措施费、质量教育培训费、新产品评审费、质量情报费及工序控制费。

（2）鉴定费用。它是按照质量标准对产品质量进行测试、评定和检验所发生的各项费用，如部门行政费、材料工序成品检验费、检测设备维修费和折旧等。

（3）内部故障费用。它是交货前因产品未能满足质量要求而造成的损失，如返修费用、停工损失和复检费等。

（4）外部故障费用。它是在产品出售后由于质量问题而造成的各种损失，如产品的维护、担保、退货、责任赔偿和违约损失等。

上述概念也可用公式表示如下：

$$质量成本=预防费用+鉴定费用+内部故障费用+外部故障费用 \quad （6-1）$$

通常情况下，预防费用、鉴定费用、内部故障费用和外部故障费用之间是此消彼长的关系，质量成本分析的目的在于寻求一种平衡，使得这 4 种费用相加的总和最小，也就是质量成本最小。

项目的质量管理需要实施两方面的工作：一是质量保证工作，二是质量检验和质量纠正工作。这两方面的工作涉及两类费用，即质量保证费用（由预防费用和鉴定费用组成）和质量纠正费用（由内部故障费用和外部故障费用组成）。这两类费用呈反方向变动：质量保证费用越高，质量纠正费用就越低；质量保证费用越低，质量纠正费用也就越高。

2．质量标杆分析

质量标杆法是以其他项目的质量计划和质量管理的结果为基准，从而制订出本项目质量计划的一种方法。

其他项目可以是项目团队以前完成的类似的项目，也可以是其他项目组织已经完成或正在进行的项目。

在使用这一方法时，要特别注意基准项目实际发生的质量问题，在制订本项目质量计划时，要采取一些防范措施和应急计划，以避免类似问题再次发生。

3．质量功能展开

质量功能展开（Quality Function Deployment，QFD）是把客户对产品的需求进行多层次的演绎分析，转化为产品的设计要求、零部件特性、工艺要求和生产要求的质量工程工具，用来指导产品的全面设计和质量保证。其基本原理就是用"质量屋"图示化的形式来分析项目的需求与产品性能参数的关系。图 6-1 是质量屋的典型形式。

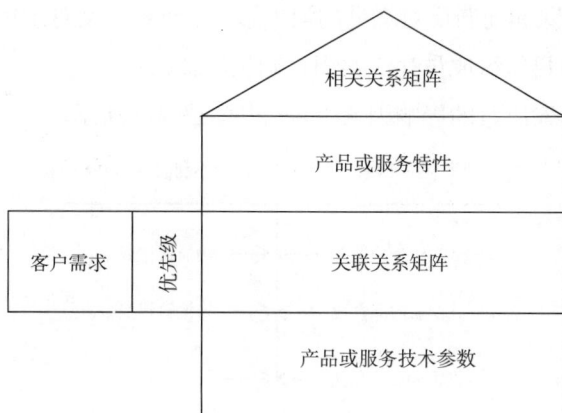

图 6-1 质量屋

"客户需求"是指客户意见或客户的期望，往往涉及客户希望得到的产品或服务是什么。

"优先级"是客户对各项要求的重视程度，通常由客户来定义，但是客户的优先考虑一般也是项目的优先考虑。

"相关关系矩阵"是指产品或服务的多种特性之间的相互关系，根据它们之间的相互影响关系，通常用正相关或负相关来表示。

"产品或服务特性"是指为了满足客户需求，在产品设计或服务提供等方面必须具备的特性，这些特性是由项目组织来确定的。

"关联关系矩阵"是指客户需求和产品或服务特性之间的关联关系，通常用强、中等、弱 3 种定性关系来确定。

"产品或服务技术参数"是指产品或服务的质量性能参数，用可以测量的客观标准来衡量。依照这些技术参数来设计产品和提供服务，才能准确无误地满足客户的需求。

4．软件能力成熟度模型

软件能力成熟度模型（Capability Maturity Model，CMM）是一种用于评价软件承包能力并帮助其改善软件质量的方法，侧重于软件开发过程的管理及工程能力的提高与评估。CMM 明确地定义了 5 个不同的成熟度等级，即初始级、可重复级、已定义级、已管理级和优化级。

5. 力场分析

力场分析可以帮助项目组织分析那些赞成和反对意见的来源，评估这些意见对项目质量规划影响力的大小，以便有针对性地制定相应的措施来增加和扩大赞成意见的积极作用，排除和削弱反对意见的消极影响，或者将反对意见转化成中立甚至赞成意见，从而项目组织成员达成共识，确保项目的顺利进行。

某企业物流自营决策的影响因素力场分析如图 6-2 所示。

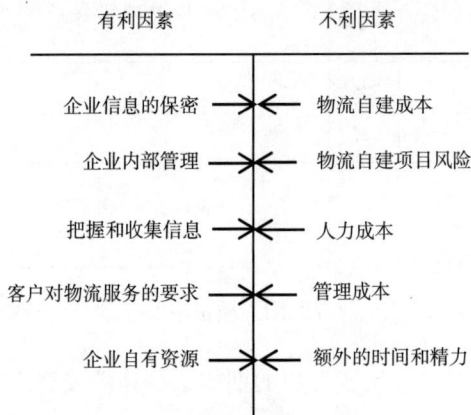

有利因素		不利因素
企业信息的保密	←→	物流自建成本
企业内部管理	←→	物流自建项目风险
把握和收集信息	←→	人力成本
客户对物流服务的要求	←→	管理成本
企业自有资源	←→	额外的时间和精力

图 6-2 企业物流决策的影响因素力场分析图

运用力场分析法非常直观地从问题的各个方面进行考虑，进行决策时可以将决策时的有利因素和不利因素量化，然后再做出相应的决策。这种方法在决策时，可以利用专家的经验，非常快捷地得出决策的结论，操作起来简单易行。

6.2.3 电子商务项目质量计划的结果

1. 质量管理计划

质量管理计划是对特定的项目，规定由谁、何时、使用哪些程序和相关资源的文件。它是针对具体项目的要求并按重点控制环节所编制的对各质量环节的质量控制方案。质量管理计划提供了对整个项目进行质量控制、质量保证及质量改进的基础。

质量管理计划应明确指出所开展的质量活动，并直接或间接地（通过相应程序或其他文件）指出如何实施所要求的活动。其内容包括以下 8 个方面。

（1）需达到的质量目标（质量基准），包括项目总质量目标和具体目标。

（2）质量管理流程，可以用流程图等形式展示过程的各项活动。

（3）在项目的各个不同阶段，职责、权限和资源的具体分配。

（4）项目实施中需采用的具体的书面程序和指导书。

（5）有关阶段适用的试验、检查、检验和评审大纲。

（6）达到质量目标的测量方法。

（7）随项目的进展而修改和完善质量计划的程序。

（8）为了达到项目质量目标必须采取的其他措施。

2．质量测量指标

质量测量指标是指一项工作定义，具体描述一件东西是什么以及如何通过质量控制过程对其进行度量。项目管理团队还必须交代清楚各项活动是要求按时开始，还是只要求按时完成；是要求测量每个单项活动，还是只要求测量某些可交付成果。如果是后者，是哪些可交付成果等。

3．质量核对表

质量核对表是一种结构性工具。它用来核实项目质量计划的执行和控制是否得到实施。该表以 WBS 为基础，由详细的条目组成，常采用询问式或命令式短语。许多组织都有标准的核对表，以保证经常性任务格式保持一致。

4．过程改进计划

过程改进计划是项目管理计划的从属内容。它将详细说明过程分析的具体步骤，以便确定浪费和非增值活动，进而提高客户价值。

5．更新的项目文档

项目文档是与实施项目有关的各种存档文件。进行项目质量规划时需要更新的项目文件包括项目干系人登记表、风险登记表及其他相关质量管理文件等。

6.3　电子商务项目质量保证

质量保证是质量体系中实施的全部有计划的、有系统的活动，提供满足项目相关标准的措施，贯穿整个项目实施的全过程。质量保证关注的是质量计划中规定的质量管理过程是否被正确执行。

电子商务项目的质量保证除了要对电子商务的开发计划、标准、过程、系统需求、系统设计、数据库、手册及测试信息等进行评审外，还要对系统产品的评审过程、项目的计划和跟踪过程、系统需求分析过程、系统设计过程、系统实现和单元测试过程、集成和系统测试过程、项目交付过程、子承包商的控制过程、配置管理过程等进行评审。

6.3.1　电子商务项目质量保证的依据和内容

实施项目质量保证的依据主要有项目质量管理计划、质量控制的度量结果和质量工作的操作说明。其中质量控制的度量结果可以用于比较和分析，质量工作的操作说明则是对于项目质量管理具体工作的描述，以及对于项目质量保证与控制方法的具体说明。

电子商务项目的质量保证主要包括以下 6 个方面的工作。

（1）清晰的质量要求说明。对于电子商务项目来说，质量保证的首要工作是提出该项目的质量要求，既要有清晰的项目最终产出物的质量要求，又要有清楚的项目中间产出物的质量要求。对于项目中间产出物的质量要求越详细、越具体，项目的质量保证也就会越周密、越可靠。

（2）科学可行的质量标准。项目质量保证工作还需要依赖科学可行的项目质量标准，即根据以前的经验和各种各样的国家、地区、行业质量标准设计出适合具体项目质量保证的项目工作和项目产出物的质量标准。

（3）组织和完善项目质量体系。这是项目质量保证中的组织工作，这一工作的目标是要建立和健全一个项目的质量保证体系的组织机构，并通过这一质量体系去开展项目质量保证的各项活动。

（4）配备合格和必要的资源。在项目质量保证中需要使用各种各样的资源，包括人力资源、物力资源和财力资源等。因此，项目质量保证的另一项工作内容就是要为项目质量保证配备合格和必要的资源。

（5）持续开展有计划的质量改进活动。项目质量保证的一项核心工作是持续开展一系列有计划的、为确保项目产出物质量而开展的审核、评价和质量改进工作。

（6）项目变更的全面控制。要实现规定的项目质量就必须开展对于项目变更的全面控制。这并不是说所有的项目变更都必须避免和消除，因为有些项目变更是为提高项目质量服务的，是为更好地满足项目业主/客户服务的，这种项目变更对于项目质量管理而言是可取的。

6.3.2　电子商务项目质量保证工作的方法和技术

当进行项目的质量保证时，采用的方法和技术主要是质量审计和质量改进。

质量审计也称为质量审核，是对特定质量管理活动的结构化审查。其目的是确定质量活动及其相关结果是否符合质量计划安排，以及这些计划安排是否有效地贯彻执行，并且是否适合达到项目目标。质量审计可以包括质量体系审计、项目产品质量审计、过程质量审计、监督审计、内部质量审计、外部质量审计等。质量审计可以是有计划的，也可以是随机的，可以由公司内的稽查员或特定领域的第三方执行。

质量改进是以"增加项目的有效性和效率，提高项目投资人的收益"为主要目的而采取的各种行动。项目质量改进的方法包括项目质量改进建议和质量改进行动两个方面。一般的项目质量改进建议至少包括：目前存在的项目质量问题及其后果；发生项目质量问题的原因分析；进行项目质量改进的建议目标；进行项目质量改进的方法和步骤；进行项目质量改进所需的资源；项目质量改进成果的确认方法等。项目质量改进行动的方法多数是根据项目质量改进建议而确定的具体工作方法。

6.4　电子商务项目质量控制

电子商务项目的质量控制是指监督电子商务项目的实施状况，确定电子商务项目的实施质量是否与相关的质量标准相符合，找出存在的偏差，分析产生偏差的原因，并根据质量管理计划提出的内容，寻找避免出现质量问题的方法，找出改进质量、组织验收和进行必要返工的解决方案。

6.4.1　电子商务项目质量控制模型

1．PDCA 循环

不同的项目，在质量控制的内容和方法上是不尽相同的。传统的工程项目质量控制中主要是围绕人员（Man）、机器设备（Machine）、物（Material）、方法（Method）和环境（Environment）这 5 个要素（即 4M1E）来进行的。电子商务软件质量控制中主要围绕产品、过程和资源这三大要素来进行。经过多年的软件工程和全面质量管理（TQM）的实践，戴明提出的 PDCA 过程已经成为业界普遍接受并证明是行之有效的质量管理方法。图 6-3 所示为全面质量控制模型示意图。

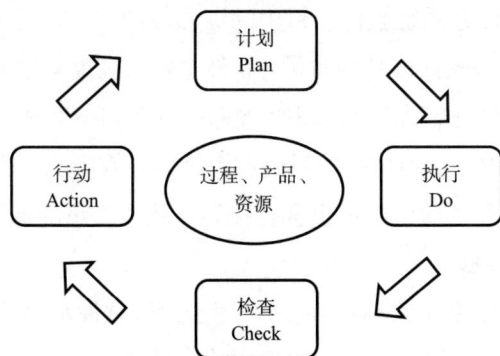

图 6-3　全面质量控制模型（PDCA）（循环）

电子商务项目质量控制 PDCA 循环原理具有 3 个特点。

（1）各级质量管理都有一个 PDCA 循环，形成一个大环套小环、一环扣一环、相互制约、互为补充的有机整体。在 PDCA 循环中，一般来说，上一级循环是下一级循环的依据，下一级循环是上一级循环的落实和具体化。

（2）每个 PDCA 循环都不是在原地周而复始地运转，而是像爬楼梯那样，每一循环都有新的目标和内容，这意味着通过质量管理，经过一次循环，解决了一批问题，质量水平有了新的提高。

（3）在 PDCA 循环中，A 是循环的一个关键。在一个循环中，经过计划、执行和检查环节后，必须对总结检查的结果进行处理，对成功的经验加以肯定，并予以标准化，或制定作业指导书，便于以后工作时遵循；对于失败的教训也要总结，以免重现。对于没有解决的问题，应提给下一个 PDCA 循环中去解决。

PDCA 过程必须紧紧结合电子商务项目质量控制的三大要素，不断进行调整和检查。

（1）产品。一个过程的输出产品不会比输入产品的质量更高，如果输入产品有缺陷，会在后续产品中放大，并影响到最终产品的质量。电子商务软件产品中的各个部件和模块必须达到预定的质量要求，否则各模块集成以后的缺陷会成倍地放大，并且难以定位，修复的成本也会大大增加。

（2）过程。电子商务系统软件项目的过程可以分成两类： 一类是技术过程，如需求分析、架构设计和编码实现等；另一类是管理过程，如技术评审、配置管理和软件测试等。技术过程进行质量设计并构造产品，同时会引入缺陷，因此技术过程直接决定了软件的质量特性。而管理过程对技术过程的成果进行检查和验证，发现问题并进行纠正，间接地决定了最终产品的质量。因此，技术过程和管理过程都对软件质量有着重要的影响，项目团队需要给予足够的重视。

（3）资源。电子商务系统软件项目中的资源包括人、时间、设备和资金等，资源的数量和质量都影响软件产品的质量。软件是智力高度集中的产品，因此人是其中决定性的因素，软件开发人员的知识、经验、能力和态度都会对产品质量产生直接影响。在大多数情况下，项目中的时间和资金都是有限的，构成了制约软件质量的关键因素。而设备和环境的不足也会直接导致软件质量的低下。

2. 能力成熟度模型

（1）能力成熟度模型（CMM）是一种用于评价软件承包能力并帮助其改善软件质量的方法，侧重于软件开发过程的管理及工程能力的提高与评估，是目前国际上最流行、最实用的一种软件生产过程标准，已经得到了众多国家以及国际软件产业界的认可，成为当今企业从事规模软件生产不可缺少的一项内容。CMM 的核心是把软件开发视为一个过程，并根据这一原则对软件开发和维护进行过程监控和研究，以使其更加科学化、标准化，使企业能够更好地实现商业目标。CMM 为软件企业的过程能力提供了一个阶梯式的改进框架，它基于过去所有软件工程过程改进的成果，吸取了以往软件工程的经验教训，提供了一个基于过程改进的框架；它指明了一个软件组织在软件开发方面需要管理哪些主要工作、这些工作之间的关系，以及以怎样的先后次序一步一步地做好这些工作而使软件组织走向成熟。

CMM 分为 5 个等级：一级为初始级，二级为可重复级，三级为已定义级，四级为已管理级，五级为优化级。

（2）CMM 的基本思想。CMM 的基本思想是，因为问题是由管理软件过程的方法引起的，所以新软件技术的运用不会自动提高生产率和利润率。CMM 有助于组织建立一个有规律的、成熟的软件过程。改进的过程将会生产出质量更好的软件，使更多的软件项目避免进度延迟和成本超支。

软件过程包括各种活动、技术和用来生产软件的工具。因此，它实际上包括了软件生产的技术方面和管理方面。CMM 策略力图改进软件过程的管理，而在技术上的改进是其必然的结果。

必须牢记，软件过程的改善不可能在一夜之间完成，CMM 是以增量方式逐步引入变化的。CMM 明确地定义了 5 个不同的"成熟度"等级，一个组织可按一系列小的改良性步骤向更高的成熟度等级前进（见表 6-2）。

表 6-2　CMM 的分级、特征与要求

等级名称	特征与要求	说　明
初始级	过程无序，进度、预算和质量不可预测，企业一般不具备稳定的软件开发环境、通常在遇到问题的时候，就放弃原定的计划而只专注于编程与测试	原始状态，不需要认证
可重复级	建立了管理软件项目的政策，以及为贯彻执行这些政策而定的措施。基于以往项目的经验来计划与管理新的项目。达到此级别的企业过程已制度化，有纪律，可重复	
已定义级	过程实现标准化。有关软件工程和管理工程的特定的、面对整个企业的软件开发与维护的过程将被制定出来。同时这些过程是集成到一个协调的整体	

等级名称	特征与要求	说　明
已管理级	企业对产品及过程建立起定量的质量目标，同时在过程中加入规定得很清楚的连续的度量。作为企业的度量方案，要对项目的重要过程活动进行生产率和质量的度量。软件产品因此而具有可预期的高质量。达到该级的企业已实现过程定量化	
优化级	整个企业将会把重点放在对过程进行不断的优化，采取主动的措施去找出过程的弱点与长处，以达到预防缺陷的目标。同时，分析各有关过程的有效性资料，作为对新技术的成本与效益的分析，并提出对过程进行修改的建议。达到该级的公司可自发地不断改进，防止同类缺陷二次出现	

6.4.2　电子商务项目质量控制工作的方法和技术

　　项目质量控制的方法有很多，最常用也最直接的方法是检查，包括为确定项目的各种结果是否符合客户需求所采取的诸如测量、检查和测试等活动，其中既可能检查单个活动的结果，也可能检查项目的最终产品的结果。

　　数据是质量控制的基础，"一切用数据说话"才能做出科学的判断。用数理统计方法，通过收集和整理质量数据，有助于分析和发现质量问题，以便及时采取对策，预防和纠正质量问题。常用的质量控制工具包括流程图、检查表、因果图、控制图、趋势分析图和帕累托图等。

1．流程图

　　流程图是通过相应的工作流程来规范质量管理工作，直观明了。另外，流程图显示流程上不同因素之间怎样互相作用和影响，从而能够帮助项目团队来预测哪些质量问题要发生，可能发生在什么地方，应该采取什么样的办法解决问题。

2．检查表

　　检查表通常由详细的条目组成，是用于检查和核对一系列必须采取的步骤是否已经实施的结构化工具，具体内容因行业而异。检查表是一种有条理的工具，可繁可简，语言表达形式可以是命令式口吻，如"开始调研"；也可以是询问式口吻，如"调研工作已经完成了吗"。

3．因果图

　　因果图又称鱼刺图、树枝图等，是一种逐步深入研究和讨论质量问题的图示方法。因果图是以结果作为特性，以原因作为因素，在它们之间用箭头来表示因果关系，如图 6-4 所示。

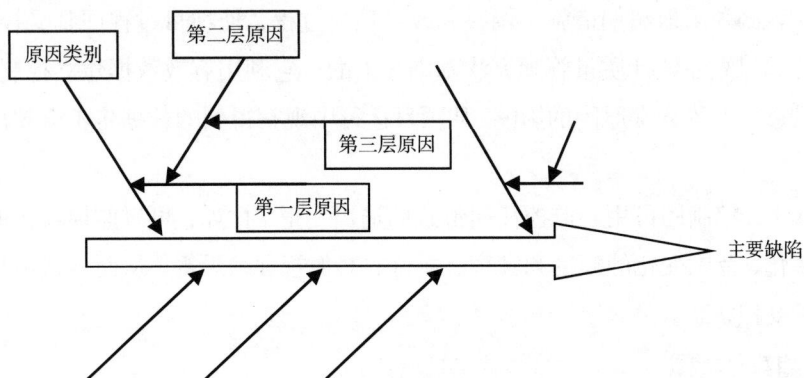

图 6-4　因果图

　　因果图是一种充分发动项目成员动脑筋、查原因、集思广益的好方法。当出现了某种质量问题，但未搞清楚原因时，可针对问题发动大家寻找可能的原因，使每个人都畅所欲言，把所有可能的影响因素都列出来，然后将这些因素分门别类，将各类别的因素填写在原因类别框中。

　　对于同一类别组的原因，还可以分出它们的层次，按照层次的先后逻辑，标注在相应位置上，这样，导致质量问题发生的原因就层次分明，在此基础上可以再结合后面介绍的帕累托图来分析其中的主要原因。

4．控制图

　　控制图如图 6-5 所示，是一种有控制界限的图，用来分析引起质量波动的原因是偶然的还是系统的，可以提供系统原因存在的信息，从而判断工作过程是否处于受控状态。

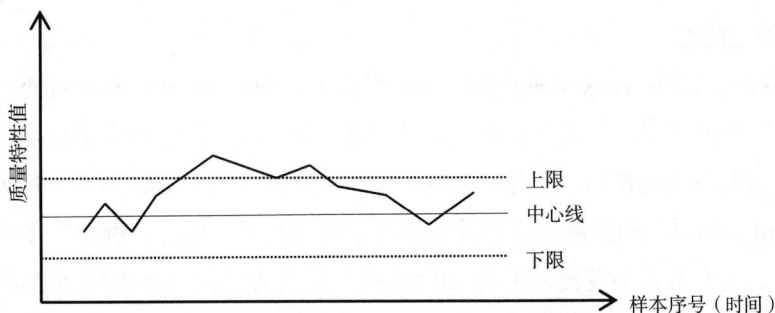

图 6-5　控制图

　　图 6-5 中上、下控制线表示变化的最终限度，当连续的 7 个设定间隔内变化均

指向同一方向时，就应分析和确认项目是否处于失控状态。确认项目过程处于失控状态时，就必须采取纠偏措施，调整和改进项目过程，使项目过程回到受控状态。控制图法是建立在统计质量管理方法基础之上的，它利用有效数据建立控制界限，如果项目过程不受异常原因的影响，从项目运行中观察得到的数据将不会超出这一界线。

实际上，控制图可用于监控任何形式的输出变量，比如，可以监控项目的进度和成本变化、范围变化的幅度和频率、项目的其他管理结果等，从而确认项目过程是否处于受控状态。

5．趋势分析图

趋势分析图是根据以往历史数据，利用数学技术来预测未来情况的分析方法，可用来跟踪一段时间内变量的变化。图 6-6 给出了一个趋势分析图的例子，从图中可以看出，随着时间的推移，事故发生率呈下降趋势。趋势分析图的主要优点是便于绘制，易于理解。

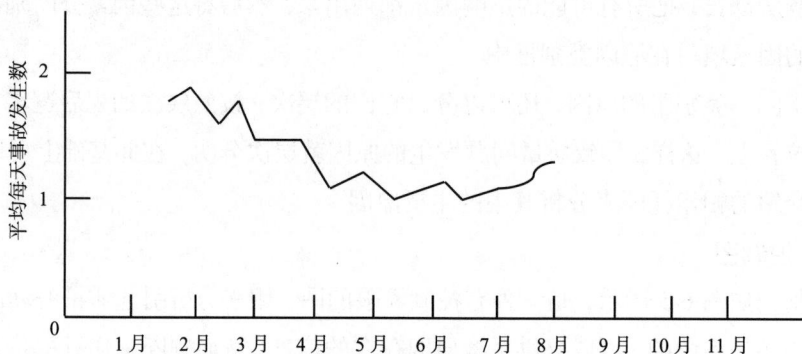

图 6-6　趋势分析图

6．帕累托图

帕累托是以发明者意大利经济学家帕累托（Pareto）的名字来命名的。帕累托发现，在许多国家中，少数人占有了大量财富，而多数人仅拥有少量财富。这些少数人对财富起着支配作用。于是，他提出了"关键的少数（Vital-Few）和次要的多数（Trivial-Many）"的关系。这个关系存在于社会的很多场合。例如，在一个股份制公司中，人们常常会发现，大约 20%的股票持有者往往占有大约 80%的股票总值。这种 80/20 关系还存在于以下场合：80%的营业额是由 20%的客户产生的；80%的破坏是由 20%的原因造成的；80%的延误是由 20%的分包商造成的。要注意的是，上述 80%和 20%都是约数，不是指精确的数值，它强调的是"关键的少数"和"次要的多数"的原则。

后来,著名质量管理专家朱兰把这一原理应用到质量管理中来,作为寻找影响质量的主要因素的一种方法。通过帕累托图找出影响质量的主要因素,才能有的放矢,取得良好的经济效果。帕累托图是分析和寻找影响质量的主要因素的一种工具,其形式参见图 6-7。图中左边的纵坐标表示频数(如件数、金额等),右边的纵坐标表示频率(以百分比表示);图中的折线表示累计频率;横坐标表示影响质量的各项因素,按影响程度的大小(出现频数多少)从左向右排列。通过对帕累托图的观察分析,可抓住影响质量的主要因素。运行质量的因素通常分为以下 3 类。

A 类为累计在 80% 以内的因素,即"关键的少数",是主要因素。

B 类为除 A 类外累计在 80%～90% 的因素,是次要因素。

C 类是除 A、B 类外累计在 90%～100% 的因素,是一般因素。

B 类和 C 类构成了"次要的多数"。

图 6-7 是帕累托图的一个示例。图中"甲、乙、丙、丁"4 个因素为关键的少数,即 A 类因素;因素"戊"为 B 类因素,"其他"中的因素为 C 类因素,这两个因素合起来构成次要的多的数。

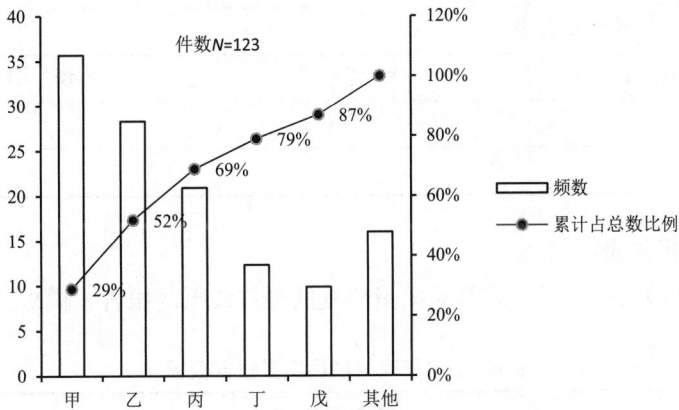

图 6-7　帕累托图

6.4.3　电子商务项目质量控制的输出

电子商务项目质量控制输出的结果主要有质量检查表、质量报告表和质量跟踪表。

1. 质量检查表

电子商务项目质量检查表适用于检查"工作过程"与"工作成果"是否符合既

定的规范，模板见表 6-3。

表 6-3 电子商务项目质量检查模板

质量保证检查表

项目名称	
检查日期	
质量保证员	
检查项状态标记	✓合格 ×不合格 TBD 待完成 NA 不适用

1. A 过程域及工作成果检查表

主要检查项	状　态	说　明

2. B 过程域及工作成果检查表

主要检查项	状　态	说　明

3. C 成果域及工作成果检查表

主要检查项	状　态	说　明

2. 质量报告表

电子商务项目质量报告表是对质量检查的最终成果的报告，模板见表 6-4。

表 6-4 电子商务项目质量报告模板

基本信息

项目名称		报告日期	
质量保证员		报告批次	第　份
工作描述			
参加人员			

续表

过程质量检查		
受检查的过程域		检查结果

产品质量检查		
受检查成果		检查结果

问题与对策，经验总结

3. 质量跟踪表

电子商务项目质量跟踪表是对质量问题处理的跟踪调查，以促进项目质量问题的彻底解决，模板见表 6-5。

表 6-5　电子商务项目质量问题跟踪表

项目名称			
质量保证员			
编　　号	问题描述	解决措施	实际解决情况

本章小结

项目质量是指项目的可交付成果能够满足客户需求的程度。项目质量管理是为了保证项目的可交付成果能够满足客户的需求，围绕项目的质量而进行的计划、协调和控制等活动。电子商务项目质量管理具有复杂性、动态性、难以纠正性、系统性的特点。项目质量管理包括 3 个主要工作过程：质量规划、实施质量保证和实施质量控制。

电子商务项目质量计划主要从项目范围、项目交付结果、交付接受的标准、质量保证计划、质量监督及控制措施、质量责任等方面进行计划，必要时还可以通过流程图来描述各质量控制环节。电子商务项目质量规划的依据有：范围基准、项目干系人登记表、成本基准、进度基准、风险登记表、项目制约因素、组织积累的相关资源。电子商务项目质量计划的工具和方法有：成本收益分析、质量标杆法、质量功能展开、软件能力成熟度模型、力场分析。电子商务项目质量计划的结果有：质量管理计划、质量测量指标、质量核对表、过程改进计划、更新的文档。

电子商务项目的质量控制是指监督电子商务项目的实施状况，确定电子商务项目的实施质量是否与相关的质量标准相符合，找出存在的偏差，分析产生偏差的原因，并根据质量管理计划提出的内容，寻找避免出现质量问题的方法，找出改进质量、组织验收和进行必要返工的解决方案。电子商务项目质量控制模型有 PDCA 循环。PDCA 循环作为全面质量管理体系运转的基本方法，由戴明提出，也被称为"戴明环"。分为计划阶段（Plan）、实施阶段（Do）、检查阶段（Check）和处理阶段（Action），这 4 个阶段循环往复。P（Plan）代表计划，即通过市场调研来确定质量管理的目标以及为实现此目标所需的各种方法和对策；D（Do）代表执行，即将制定的方法和对策付诸实施；C（Check）代表检查，即对实施的结果进行检查；A（Action）代表处理，即对检查出来的问题进行控制，并总结经验。

能力成熟度模型是一种用于评价软件承包能力并帮助其改善软件质量的方法，侧重于软件开发过程的管理及工程能力的提高与评估。它是目前国际上最流行、最实用的一种软件生产过程标准，已经得到了众多国家以及国际软件产业界的认可，成为当今企业从事规模软件生产不可缺少的一项内容。CMM 的核心是把软件开发视为一个过程，并根据这一原则对软件开发和维护进行过程监控和研究，以使其更加科学化、标准化、使企业能够更好地实现商业目标。CMM 分为 5 个等级：一级为初始级，二级为可重复级，三级为已定义级，四级为已管理级，五级为优化级。

电子商务项目质量控制常用的质量控制工具包括：流程图、检查表、因果图、控制图、趋势分析图和帕累托图等。电子商务项目质量控制输出的结果主要有：质量检查表、质量报告表和质量跟踪表。

案例分析

电子政务工程项目质量管理

CASI 系统集成公司在 2007 年 6 月通过招标得到了某市滨海区电子政务一期工程项目，该项目由小李负责，一期工程的任务包括政府网站以及政务网网络系统的建设，工期为 6 个月。

因滨海新区政务网的网络系统架构复杂，为了赶工期项目组省掉了一些环节和工作，虽然最后通过验收，但却给后续的售后服务带来很大的麻烦。为了解决项目网络出现的问题，售后服务部的技术人员要到现场逐个环节查遍网络，绘出网络的实际连接图才能找到问题的所在。售后服务部感到对系统进行支持有帮助的资料就只有政府网站的网页 HTML 文档及其内嵌代码。

思考：1. 请简要分析造成该项目售后存在问题的主要原因。

2. 针对该项目，请简要说明在项目建设时可能采取的质量控制方法或工具。

3. 请指出，为了保障小李顺利实施项目质量管理，公司管理层应提供哪些方面的支持。

习题

一、不定项选择题（每道题有 1 个或多个正确选项）

1. 质量管理成本包括（　　　）。

A. 预防费用　　　B. 实施费用　　　C. 鉴定费用　　　D. 故障费用

2. 项目质量审计发生在项目质量管理的哪个阶段？（　　　）

A. 质量控制　　　B. 质量成本　　　C. 质量改进　　　D. 质量保证

3. 谁对项目的可交付成果负主要责任？（　　　）

A. 质量经理　　　B. 项目经理　　　C. 个人　　　D. 高级管理层

4. 6 σ 质量管理方法中 4 个 σ 表示（　　　）。

A. 每天有 2/3 的事情做错，企业无法生存

B. 卓越的管理，强大的竞争力和忠诚的客户

C. 企业资源每天都有 1/3 的浪费

D. 较好的管理和运营能力，满意的客户

5. 电子商务项目的质量保证主要包括哪几个方面的工作？（　　　）

A. 清晰的质量要求说明

B. 科学可行的质量标准

C. 组织和完善项目质量体系

D. 配备合格和必要的资源

E. 持续开展有计划的质量改进活动

F. 项目变更的全面控制

二、名词解释

1. 戴明环
2. SW-CMM
3. 帕累托图
4. 6σ质量管理方法
5. 项目质量成本

三、简答题

1. 电子商务项目质量控制输出的结果主要有哪些？
2. 项目的质量管理包括哪几个方面？
3. 电子商务质量管理有何特点？
4. CMM 有哪几个等级？

第7章
| 电子商务项目人力资源管理

学习目标

- 了解电子商务项目人力资源管理工作的主要内容。
- 培养团队合作、相互信任精神及判断力和执行力。
- 了解项目团队人员组成的素质和职责。
- 了解项目发展的几个阶段。
- 掌握建设高效项目团队的方法。

知识要点

- 电子商务项目团队建设。
- 电子商务项目团伙的激励机制。
- 电子商务项目团队的绩效考核管理。

【导入案例】

杨某为某省电信分公司项目经理，在接到分公司副总的任命后，负责公司内部营账系统项目的管理工作。

为了更好地选拔项目成员，杨某制订了对项目成员的人员要求计划，从公司现有人员中选拔项目成员。杨某的选择标准依次为学历、资格证书、工作年限、技术方向。按照杨某的要求，一些公司的技术骨干由于学历原因，虽然入选了项目组，但没有被放在骨干的位置上。项目组成员到位后，杨某为量化项目团队成员工作，制定了一系列绩效考核制度，按照百分制原则按月发放绩效工资。

随着项目的开展，一些弊端开始浮上水面。分公司资深老员工吴某为原开发部门技术骨干，但由于其学历为中专，在进入项目组后未被放在核心岗位。在架构设计阶段，吴某对杨某所采用的系统架构提出不同意见，而杨某在坚信自己的经验之际，拒绝了吴某的意见。在项目设计和编码阶段，吴某由于技术熟练和编程能力较强，连续 3 个月在绩效分中获得了 200 分以上的高分，并一直保持全项目团队绩效分第一名。按照杨某原先所定的绩效工资制度，吴某应得到其岗位 200% 的绩效工资，然而在发放项目绩效工资时，杨某认为如果一次发放项目奖金可能会为项目后期带来人员流失风险，于是对所有团队成员扣发了 30% 的绩效工资，承诺项目验收完成后一次性发放扣发的绩效工资。吴某在连续 3 个月只领到 70% 的绩效工资后，愤而辞职离开公司，随后一些绩效分超过 100 分的员工也不断辞职离开了公司，最后项目不了了之，杨某被调往其他分公司任职。

（道客巴巴. http：//www.doc88.com/p-6304700050196.html）

7.1 电子商务项目人力资源管理概述

7.1.1 电子商务项目人力资源管理与企业人力资源管理的异同

1. 企业人力资源管理

企业的人力资源管理，就是指运用现代化的科学方法，对给定的人力资源进行合理的培训、组织和调配，使人尽其才并能保持最佳配比，同时对人的思想、心理和行为进行恰当的激励、控制和协调以实现组织目标的行为。

2. 电子商务项目人力资源管理

电子商务项目人力资源管理是指为了实现项目目标根据项目的组织计划进行合理的人员配置，记录分配相关人员角色和职责，通过保持和激励他们对项目的忠诚度和积极性使他们融合到项目中，根据项目控制他们的工作绩效从而提升项目成员的个人能力和项目组的整体能力。

电子商务项目人力资源管理既遵循人力资源管理的一般规律,同时也要考虑电子商务项目人力资源的特点。主要体现在以下两个方面:①由于电子商务项目知识密集型的特点,知识型的员工占比较高;②由于电子商务业务需要快速应对外部环境的变化,电子商务团队组织结构比较扁平,组织决策的员工参与度高。

根据上述特点,人力资源管理和电子商务项目人力资源管理的主要异同见表 7-1。

表 7-1　人力资源管理和电子商务项目人力资源管理的异同

比较内容		人力资源管理	电子商务项目人力资源管理
不同点	面向对象	面向企业层面的全体员工管理	面向项目层面的项目团队管理
	侧重点	侧重于从企业长久发展和持续经营角度对人力资源进行管理	侧重于有效发挥项目中人员的作用和有效配置
	具体内容	1. 人力资源规划 2. 招聘与配置 3. 培训与开发 4. 绩效管理 5. 薪酬福利管理 6. 劳动关系管理	1. 人力资源规划 2. 组建团队 3. 培训与团队建设 4. 激励与考核
相同点	1. 都是对人力资源进行有效的配置 2. 都有一个从计划、配置、管理、开发利用的过程 3. 都侧重对人力资源的建设和管理		

7.2　电子商务项目人力资源计划

7.2.1　电子商务的干系人分析

电子商务项目干系人是指能影响项目或受到项目活动影响的人或组织。项目干系人可能来自于组织内部,也可能来自于组织外部。

1. 干系人分析的注意事项

确认项目的干系人并对干系人进行分析是项目人员管理的重要部分,需要注意以下因素。

(1)干系人的识别标准。在某些项目中很难确定哪些人员活组织与项目存在干系,有多大的影响程度。例如,在电子商务策划项目中,未来将被雇用到公司进行商务运作的员工是否为该项目干系人？如果是，应该怎样辨别他们？要注意的是，如果未能识别出主要的干系人，那么这些人可能会在项目进行中带来怎样额外的风险和成本等问题。

（2）干系人的影响随时间变化。同一类项目干系人，在项目的生命周期进程中会在项目的不同阶段产生不同的影响，仅仅辨别确定项目干系人，忽略其对项目影响作用的不断变化，会给项目目标的实现带来巨大的影响。

（3）干系人的影响有积极和消极之分。积极的项目干系人往往是那些会从项目的成功中获益的利害相关人，显然他们会对项目提供各种可能的支持，也很容易变消极；而消极的项目干系人是指在项目的成功中利益受损的利害相关人，会通过各种渠道妨碍项目进行，以避免项目失败的风险。

（4）项目干系人因为各自利益不同，通常具有不同甚至冲突的目标。例如，客户对一个新的电子商务系统的要求是低成本，系统架构师则可能强调技术出众，编程分包商可能对利润的最大化更感兴趣。因此，项目经理必须对项目干系人不同的目标进行管理。

（5）干系人的参与并非越多越好。干系人对项目的影响是动态的，在项目的不同阶段有不同重要程度的作用。即便是在项目进展过程中的某一个阶段中起核心作用的干系人，过多强调其对项目的影响也会带来隐患。

2．干系人管理的参考细则

干系人管理的参考细则如下。

（1）理顺干系人的关系，找出所有干系人避免遗漏。以主要的活动为依据，考虑各干系人对活动的影响，分析围绕某项活动干系人之间的沟通频率，区分经常或偶尔沟通关系，以便对干系人进行不同程度的管理。

（2）了解干系人的需求并加以利用。例如，对于系统的硬件配置，客户和供应商的侧重点是不同的，项目经理应该利用干系人的需求推动他们对项目做出贡献。

（3）预测干系人可能对项目产生的影响并加以应对。随着时间的推移，干系人的影响可能会发生什么变化；或者预测当对他们提出一些要求时，他们可能有什么反应。例如，假定要求开放某个数据的权限，如果这个反应是积极的，有利于项目整体进展，就加以利用；如果预测反应是消极的，就事先采取相关的沟通措施，降低对项目的影响。

3．电子商务项目的常见干系人

在电子商务项目中，主要的干系人包括以下几个方面。

（1）项目经理：负责全面管理项目的人。

（2）客户/用户：使用项目产品的组织或个人，客户/用户会有若干层次。例如，一个电子商务平台，他的客户/用户包括决定实施的决策者、使用电子商务系统购买商品的操作者及系统维护人员等。

（3）职能部门：其雇员会直接参与并为项目工作的组织，比如电子商务系统、市场、物流等职能部门。

（4）项目组成员：执行项目工作的一组人，如为完成一个电子商务项目而组成的项目组。

（5）项目管理小组：直接参与项目管理的项目组成员，尤其是时间跨度大、成员数量多的项目，仅靠一个项目经理是不够的。

（6）出资人：以现金或贷款形式提供经济资源组织或个人。

（7）其他干系人：并不直接采购或使用项目产品，但是因为某种关系，可以对项目进程施加积极或消极影响的个人或组织，比如新闻媒介或相关的政府部门等。

除了这些主要的项目干系人，还有许多内部和外部的干系人，比如公司所有人、投资人、债权人、原材料的供应商、商品的制造商、成员家属等。由于不同电子商务项目的背景和运作过程有差异，干系人还可能包括政府的有关部门、社区公众、新闻媒体、市场中潜在的竞争对手等。

4．项目干系人分析的工具

不同干系人对于项目的具体影响，可以通过表 7-2 分析总结。干系人可以分为客户方、电子商务项目建设方和其他第三方。电子商务项目中，一般将使用平台进行交易的个人或企业定义为客户方，将平台服务的提供维护者定义为项目建设方，而诸如系统分包商、产品供应商、政府相关部门等即为其他第三方。

表 7-2　干系人对项目的影响分析表

干系人分类	角　　色	对项目的要求	应承担的责任	关注的项目指标	可能出现的风险
客户方					
项目建设方					
其他第三方					

每一类干系人都有不同的角色，角色对于项目系统提出的需求是不同的，反映了干系人的不同利益。同时，不同的角色对项目负担的责任也不同。对于负有重要管理责任的角色，如项目经理或客户方决策经理，是沟通中的关键干系人。与利益、责任相关，不同的角色关注项目的指标不同，有的角色从盈利衡量项目，有的角色从时间长短衡量项目，有的角色关注资金规模，有的角色看重质量。作为项目干系

人，在从事与项目利益相关的活动时，有可能会对项目的结果产生不可完全预知评估的影响，即存在风险，这也是干系人分析的重要方面。

7.2.2　项目经理与项目成员的素质和职责

1. 项目经理的素质和职责

电子商务项目经理在电子商务项目管理中起着非常重要的作用，他是一个项目全面管理的核心和焦点。项目经理的职责和工作性质决定了他必须具有一定的个人素质、良好的知识结构、丰富的工程经验、优秀的组织能力及良好的判断力。实践证明，任何一种能力的欠缺都会给项目带来影响，甚至导致项目的失败。

（1）能力要求。电子商务项目经理的能力要求包括个性因素、管理技能和技术技能。

1）个性因素。项目经理个性方面的素质通常体现在他与组织中其他人的交往过程中所表现出来的理解力和行为方式上。素质优秀的项目经理能够有效理解项目中其他人的需求和动机并具有良好的沟通能力。

2）管理技能。电子商务项目要求项目经理把项目作为一个整体来看待，认识到电子商务项目各部分之间的相互联系、制约及项目与上级组织之间的关系。只有对总体企业战略和电子商务项目有清楚的洞察力，电子商务项目经理才能制订出明确的目标和合理的计划。

3）技术技能。电子商务项目经理对电子商务行业和团队开发能力要有深入的了解；对商业知识和 IT 技术都要熟悉，并了解如何将这些知识和技术应用到电子商务系统中，使其发挥作用，推动电子商务项目的发展。在领导项目团队推进项目的过程中，除了要根据自身的技术技能做出判断外，更需要经常共同讨论，互相学习，来共同解决从未遇见过的问题。

（2）项目经理的岗位职责。项目经理的岗位职责包括：①能够独立完成与客户洽谈和制订营销计划；②能够为客户的网络提供推广、更新与维护方面的优化服务；③分析市场走向，制订网络营销整体项目策划方案，为客户提供最优的网络解决，独立解决在项目运行中出现的问题，分析出现问题的原因，并做好相关资料的整理。

（3）项目经理的任职资格。项目经理的任职资格如下：①3 年以上电子商务运营、网络营销等相关工作经验；②沟通能力强，能从容应对和解决电子商务方面运营出现的问题；③注重效率，能适应高强度、快节奏的工作环境，有激情，有强烈的团队协作意识；④具有丰富的 IT 行业工作经验或具备优良的电子商务策划工作经验；⑤具备较强的市场开拓和客户沟通能力，较强的沟通技巧和团队管理能力；

⑥能够承受较大的工作压力。

2. 项目成员的素质和职责

（1）电子商务项目成员的结构。电子商务项目成员的结构可以从数量、质量和比例 3 个方面进行分析。数量是指团队所包含的成员的数量；而成员的学历、知识背景、专业职称和技能等影响项目实施结果的素质可以归结为人员的质量；最后，还要考虑不同质量的人员在整个团队中分别所占的数量比例。

1）人员质量需求多样化。通常在一个信息系统项目团队中绝大多数成员只需具备系统设计开发技术背景知识即可满足项目需求。与之不同，在电子商务项目团队中除了技术人员，还需要具备市场营销、调研和服务等具有商务知识的专业人员，这才能保证项目顺利实施。

2）人员构成需要合理的能级结构。所谓"能级"，在物理学中，表示物质内部或系统内部的结构、联序和层次等；在现代管理学中，是指人们从事组织活动和管理活动的能力级。管理机构的不同环节和不同层次上的人员所需要的能力是有差别的，对组织目标的完成所起的作用也是不相同的，但都是不可缺少的。

由于成员的这种差别是必然存在的，这就要求项目管理小组根据这些差别设置不同的工作层次、工作职责、不同的权力和报酬，使不同的人能在与自己能力相称的不同岗位发挥自己的才能和作用。

只强调人员高能级，不重视各能级的比例结构，并不能组建高质量的团队。相反，如果团队中成员能级结构适当，则项目进展中的项目规划、项目战略的确定、系统总体设计、分析开发、实施和文档管理等各种复杂度不同的工作都有相应的人员负责，以保障项目顺利进行。由此可见，团队的高质量并不一定需要团队中成员的高质量，它要求的是团队中人员质量结构对应于项目任务的合理搭配。

稳定的能级结构应是正三角形。三角形的上部具有尖锐的锋芒，下部又有宽厚的基础，如图 7-1（a）所示的组织能级结构为最符合能级原理的结构，即拥有较少的高能级人员，较多的中等能级人员，以及更多的低能级人员；而图 7-1（b）~图 7-1（f）均有不同程度的缺陷。

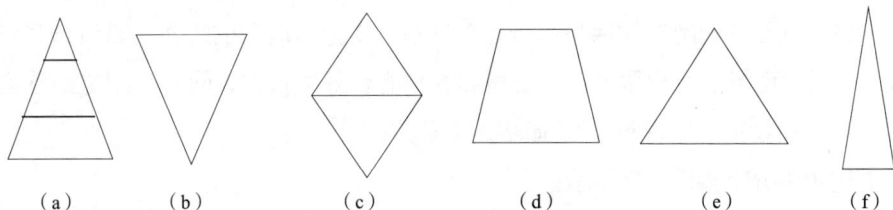

（a）　　　（b）　　　（c）　　　（d）　　　（e）　　　（f）

图 7-1　几种组织能级结构

3）人员构成需要合理的数量结构。现实项目进展中，由于计划决策存在不足，或出现未预测的风险变故，项目不能如期完成，在这种情况下，项目管理者最常用的弥补方法就是临时扩大团队数量，或让成员加班工作。

实际上，数量上的增加未必会带来效率的提高。对于新加入项目的成员，需要花费相当的时间对其进行培训，还要让他们进行必要的知识学习，了解项目目前的进展情况，同时更要建立新进人员与现有人员的沟通渠道，消除业务知识、文化甚至代码编写习惯、客户服务用语等方面存在的差异，这样才能保证系统的开发质量。

在项目的不同阶段，人员需求会发生变化。一般而言，随着项目所处阶段的不同，团队人员的数量并不是固定不变的。例如，在项目前期和收尾阶段，人员的数量显然要低于系统开发和市场拓展阶段。因此，在制订项目计划和确定资源配置时，要科学规划每个阶段人员的数量和质量结构，建立各阶段人员之间的知识技术衔接。

（2）电子商务项目成员的职责。项目成员之间应该高度信任、相互尊重。成员之间能够分享知识、经验和信息，互相关心，使团队有一种强烈的凝聚力。成员在团队中有一种归属感与自豪感，彼此能够分享他人及团队的成果。电子商务系统开发项目成员大体包括如下人员。①系统分析人员。负责项目前台与后台应用系统的需求分析和系统设计。②网站总体设计人员。根据网站定位、客户需求分析对网站进行设计。③网站内容编辑人员。在总体设计确定之后，对网站各个部分的内容进行设计和组织。④网站形象设计人员。对整体网站的形象系统进行设计，形成具有独立创意且完整的项目形象系统。⑤用户使用手册编写人员。负责项目使用手册的编写工作。⑥页面制作人员。如果所做项目属于电子商务网站，则其主要工作是利用后台软件制前台页面的动态生成。⑦美术设计人员。负责标志和按钮设计，图片的创意与设计，色彩的搭配及菜单、表等的设计工作，同时还要负责网络站点有关多媒体动画或者 Flash 应用功能的实现。⑧软件程序开发人员。负责与 Web 相关的基于网络数据库系统与应用软件开发的工作。⑨商城运营人员。负责制订网站的宣传计划并加以实施，利用网络建立公共关系，树立网站品牌形象，同时要对客户的访问进行分析并及时反馈客户意见，从而提高网站的客户满意度。如果网站有广告业务，那么也要负责网站的网络广告业务联系、实施与监测的工作。⑩商场客户服务人员。负责商场的客户服务，使公司和客户有较好的沟通，同时为制定经营策略提供支持，如收集市场资料、写调研报告等。

上述角色分工如图 7-2 所示。

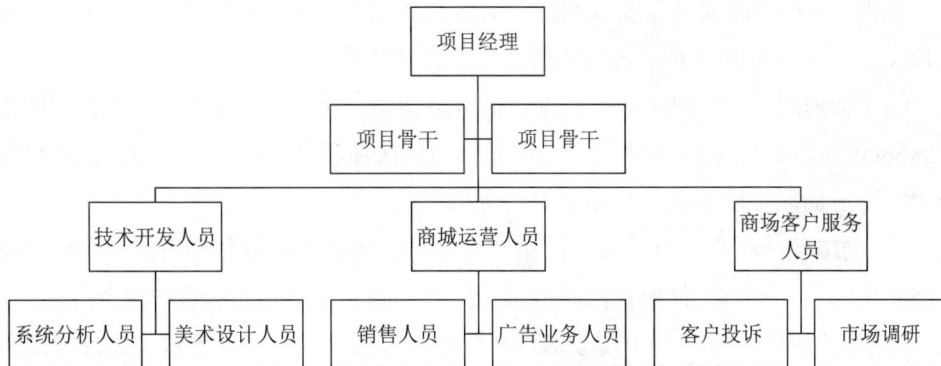

图 7-2　电子商务项目人员分配树形图

电子商务项目团队成员也可以按工作性质分为两大类,即技术团队和管理团队,分别负责系统网络平台建设和维护及产品营销和物流管理。

(3)技术团队。技术团队的职责包括平台功能分析与实现、网页设计与实现、数据库设计与维护、后台管理设计与实现及软件文档编制等。下面分别从承担以上几个方面职责的小组人员角度进行分析。

1)平台功能小组。分析人员需要在了解客户需求的基础上,对电子商务平台所实现的功能进行分析,确定基本的功能模块与架构。在进行客户需求分析时,不仅要了解电子商务平台经营者的需求,更要了解平台使用者即交易双方的需求。根据需求分析的结果,由系统分析人员进行系统架构和功能设计。

2)网页小组。电子商务交易需要通过网络平台,因而能否设计与实现对消费者有吸引力的网页,对电子商务项目的成功与否起到关键作用。因此,网页小组人员需要了解客户的审美需求和操作习惯,并具备一定的美学基础知识。

3)数据库小组。与其他信息系统一样,电子商务项目的运行离不开数据库的设计与实现。根据网络平台与网页功能需要,设计实现人员完成数据库设计与建设,在数据库运行阶段,由维护人员对数据的更新、安全和一致性等方面进行管理。

4)后台管理小组。为了方便平台经营者对信息进行管理,通常在电子商务系统中设置后台管理模块。模块的设计人员将经营者作为主要客户进行需求分析,帮助其实现对用户注册、交易等重要信息的管理。除了有对日常信息进行更新、查询和维护等功能外,有些系统还具有统计查询、预测和关联规则挖掘等功能,这也是衡量电子商务平台管理水平高低的重要指标。

5)文档编制小组。在信息系统开发过程中,需要对不同阶段产生的可行性分析、需求分析、功能设计、编码开发和测试等方面的文档进行管理,电子商务项目也不例外。文档编制人员需要按照统一的格式和标准，在项目生命周期各阶段编制相应文档，并遵循制度要求进行文档共享、更新和维护。

（4）管理团队。管理团队的职责包括网络营销、物流运作管理、企业识别体系（Corporate Identity，CI）及策划、消费者行为调研和项目管理等。下面分别从承担以上几个方面职责的小组人员角度进行分析。

1）网络营销小组。电子商务网站建立之后，想要获得盈利和发展，必须通过网络实现营销。具体工作包括网站推广、网络品牌、信息发布和客户服务等。

2）物流运作小组。电子商务信息系统平台可以帮助客户以低成本方便快捷地完成寻货、议价和付款等活动。然而，交易的真正实现离不开商品物流过程，物流运作小组的主要职责就是保障商品顺利完成从原材料入库、加工到成品出库至消费者的整个流程。

3）CI 及策划小组。在信息急速膨胀发达的互联网时代，建立 CI 将企业的宗旨和产品包含的文化内涵传达给公众，对电子商务项目尤为重要。CI 及策划小组的主要职责包括：企业的标识、名称、广告语、口号、商标和图案等形象设计；各项制度、行为规范、管理方式、教育训练、公益文化、公共关系和营销活动等企业行为设计；企业理念、企业文化、价值观念和经营思想等理念设计。

4）消费者行为调研小组。通过对销售信息的处理，结合行为学等知识，小组完成对消费者浏览、注册、查询和交易等各种数据的分析，实现销售预测和个性化客户服务等。

5）项目管理小组。他们的主要职责是确保所负责的项目成功，合理配置资源，同时与团队外的项目相关人员进行沟通交涉。

7.2.3　电子商务项目的组织结构

项目团队在企业中可分别采用职能型、项目型、矩阵型 3 种组织形式。根据不同的项目目标、原则和侧重点，并没有哪一种组织模式是最好的，企业需要根据自身人员的数量、质量、结构特点，以及项目的目标、进度等因素需求，选择具体项目适用的组织结构。

（1）职能型组织。企业完全按照职能分工来划分部门，成员来自各个职能部门，分别由所属的职能部门领导人管理。

如图 7-3 所示，一个电子商务系统项目团队的 3 个成员来自不同部门，他们的直属领导分别为系统部门经理、网络部门经理、市场部门经理，于是项目的管理和协调就依靠各个职能部门的经理层来完成。这种组织模式的主要优点包括：①人员使用具备较高灵活性，当员工发生离职、休假、升迁等意外情况时，处于项目协调层的部门经理可以从部门中选择恰当的人员顶替；②每个员工可以在所属部门中获得知识和技能的更新、分享，也可以在项目进行过程中获得技术支持；③成员事业稳定性和连续性较高，不必担心项目结束时项目组解散之后自身的下步发展去向。

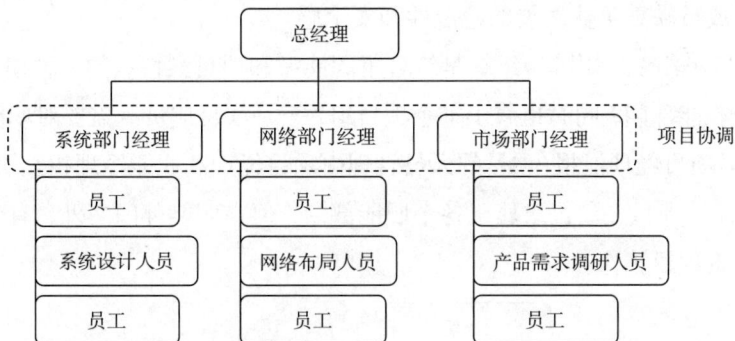

图 7-3　职能型组织结构示意图

当然，职能型组织也存在一定的不足，例如：①没有明确的项目经理，不能保证项目的全面控制管理；②成员的工作仍局限于所属的部门和专业，缺乏从项目整体的角度审视自身作用的能力；③由于每个人都将职能部门的工作放在优先的位置，客户的利益有时无法得到保障。

（2）项目型组织。按照不同的电子商务项目组成不同的团队，并由指定的项目经理来协调和管理项目的运作，称为项目型组织。如图 7-4 所示，根据电子商务项目名称的不同，组织负责不同工作的成员，形成 A 项目、B 项目等项目组。

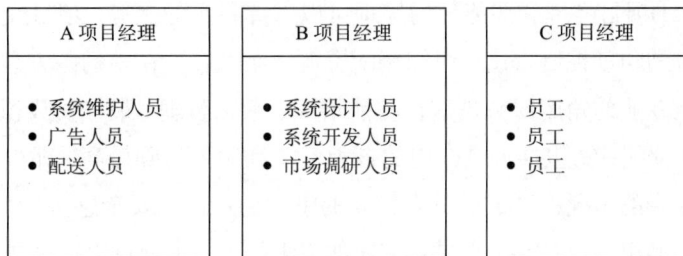

图 7-4　项目型组织结构示意图

这种组织模式的优点在于：①由项目经理负责所有项目相关人员、资源的协调管理，最大限度地提高项目的运作效率；②易于从项目角度对成员进行激励，团队精神得到充分发挥；③对比职能型组织，客户的利益更容易得到保障；④从项目角度审视，组织结构清晰简单，易于评估管理。

但项目型组织同样也存在一些缺点，包括：①不同项目同种职能人员、同种资源设备因为属于不同部门，彼此之间交流、共享及技术积累比较难展开；②专业性人员的利用率低，不适用于人才匮乏的小型企业；③项目成员之间因为所负责任的任务不同，经常出现忙闲不均的情况，不利于整体激励；④项目结束后，项目组织解散，项目成员缺乏事业发展的稳定性和安全感。

（3）矩阵型组织。矩阵型组织是综合了职能型和项目型特点的一种模式，成员技术与某个职能部门，同时也属于某个项目组，于是项目成员既需要对职能经理汇报，也需要对项目经理汇报，项目的人员管理由项目经理和职能经理相互协调完成，如图 7-5 所示。项目成员仍隶属于各个职能部门，但在职能部门之外，有专业化的项目经理负责项目工作。

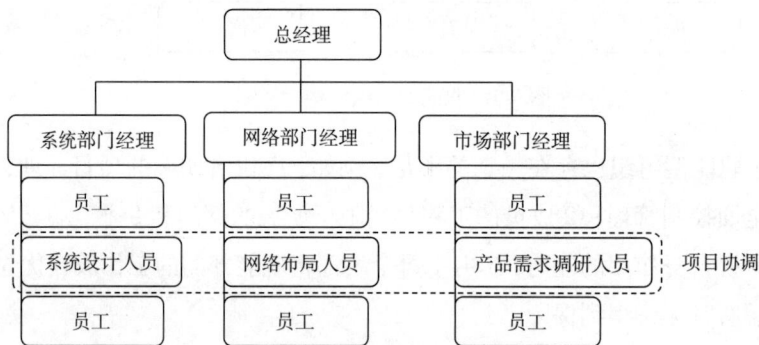

图 7-5　矩阵型组织结构示意图

矩阵型组织由于是前两种组织模式的结合，因为在一定程度上兼有两者的主要优点，包括：①项目经理和职能部门经理可以发挥各自的优势，项目经理的工作重心在于从项目的角度控制进度、组织调配资源、保障客户在内的各方利益，而职能经理则可以从专业的角度对成员进行技能培训、激励管理、最佳实践积累、知识共享、员工代替调配；②包括人员在内的各种资源利用率达到最高，即很少存在资源浪费、人员冗余的情况；③成员具有较高的事业稳定性和安全感。

然而矩阵型组织也存在一些缺陷，比如以下两点。①项目组成员具有两个甚至两个以上的领导，造成责任不清及成员偷懒的情况。每一个领导都不能队成员的行为进行完全的监督管理，尤其在工作失误时，会造成推卸责任的情况。同时，如果两个领导沟通不利，成员有机会编造另一位领导有重要任务的理由，拒绝上级安排的工作。②针对多个项目间需要共享的稀缺资源，如果缺乏有权威的领导指派协调，容易引起项目组之间的斗争，不利于企业的整体利益。

以上分别讨论了 3 种常见的组织结构的组成和各自具备的特点，在实际应用中，它们也存在各种的适用条件。①对于项目成员大多数来自同一个部门的情况，职能型组织更容易协调。比如，对于电子商务系统建设项目，则可以以系统部门作为项目主体；对于技术比较成熟的项目，风险较小，并且可充分利用已有的经验、知识、最佳实践，也适合职能型组织结构。②对于属于技术开拓前沿性的项目，风险较大，需要风险和控制管理；或者没有经验借鉴，需要应对可能出现的各种状况，以及需要各方面的人员协调，项目型组织更加适用；如果某些项目对进度、成本、资源、质量等指标有严格要求，即对项目管理提出很高的要求，也适合项目型组织发挥其优势。③如果矩阵型组织的优势得以发挥，必须要克服人员多重管理的问题，因此适合于管理规范、分工明确的公司。

实际上，在一个企业中由于存在不同特点的电子商务项目，上述 3 种组织可能会同时并存。

7.3　电子商务项目团队建设

项目团队建立之后不一定就能立即形成有效的管理能力，中间要有一个磨合的过程。

电子商务项目团队建设就是培养和提高项目团队成员个人能力，以及项目团队整体的工作能力，使项目管理团队成为一个特别有能力的整体，在项目管理过程中不断提高管理能力，改善管理业绩。电子商务项目因其知识密集型的特点，使得是否能发挥多个高素质人才的整体工作能力即团队建设显得尤为重要。

7.3.1　项目团队发展和成长的阶段

1. 群体和团队的区别

群体可以界定为：两个或两个以上相互作用、相互依赖的个体，为了实现特定的目标合在一起的集合体。群体可以是正式的，也可以是非正式的。正式群体是由组织建立，有着明确的工作分工和具体的工作任务。与正式群体相对应，非正式群体则是社会性的，这些群体自然而然地出现，反映了人们对于社会交往和接触的需要。例如，来自不同部门的经常在一起吃午饭的 3 个员工就是一个非正式群体。非正式群体往往在友谊和共同爱好的基础上形成。

工作团队是这样的群体，其成员通过他们正面的协同效应、个体和相互的责任及互补的技能为实现一个具体的、共同的目标而认真工作。工作团队即群体范畴中的正式群体。

工作群体与工作团队的比较见表 7-3。

表 7-3　工作群体与工作团队的比较

工作群体	工作团队
强势的、受到关注的领导者	共同分担领导角色
个体责任	个体和团队成员共同的责任
群体的目标比组织使命更宽泛	团队本身制定的具体目标
个体工作成果	集体工作成果
主持有效的会议	鼓励漫谈和活跃的解决问题的会议
通过它对其他方面（如公司的财务业绩）的影响间接测量其有效性	通过评估集体工作成果直接测量绩效
一起讨论、制定决策并授权	讨论、制定决策，开展实质性工作

一般有 4 种最常见的团队类型：问题解决团队、自我管理团队、跨职能团队和虚拟团队。

（1）问题解决团队。问题解决团队由来自同一部门或职能领域的员工组成，其目的是努力改进工作活动或解决具体的问题。在问题解决团队中，成员针对如何改进工作程序和工作方法互相交流看法或提出建议。但是，这些团队几乎无权根据这些建议单方面采取行动。

（2）自我管理团队。问题解决团队的做法行之有效，但在调动员工参与工作有关的决策和过程方面尚且不足。这导致了另一种团队类型的发展，它们不仅要解决问题，还要实施解决问题的方案，并对工作成果承担责任，这种团队就是自我管理团队。在这种正式群体中，员工在没有管理者监督的情况下进行操作，并对整个工作流程或部门安排负责。自我管理团队负责完成工作，并进行自我管理，具体包括：进行工作计划与日程安排，给各成员分派任务，共同监控工作进度，针对问题采取行动。

（3）跨职能团队。跨职能团队是由来自不同领域的人员组成的一个混合体。很多组织都在使用跨职能团队。

（4）虚拟团队。虚拟团队指的是那些利用计算机技术把实际上分散的成员联系起来以实现共同目标的工作团队。这种团队在信息化程度较高的电子商务项目团队中更为多见。在虚拟团队中，成员通过宽带、可视电话会议系统、传真、电子邮件甚至互联网上的在线会议进行沟通与联系。但是他们缺少了通常面对面进行的"说与听的互换式"讨论。正因为这种缺失，虚拟团队更倾向于任务取向，尤其是当团队成员素未谋面时。

2．团队的演化

项目团队的发展是一个动态的过程，一般会经历 5 个不同的阶段：形成阶段、震荡阶段、规范阶段、执行阶段及解体阶段。

（1）形成阶段。由于组织的工作分配，人们加入了一个团队，并界定团队的目标、结构和领导层等工作。这一阶段以极大的不确定性为特点。团队成员不了解他们自己的职责及其他项目团队成员的角色。在形成阶段，团队需要明确方向，要靠项目经理来指导和构建团队。这一阶段团队的士气一般比较高，情绪特点包括激励、希望、怀疑、焦急和犹豫。由于无法确定其他成员的反应，他们会犹豫不决。成员会怀疑他们的付出是否会得到承认，担心他们在项目中的角色是否会与他们的个人及职业兴趣相一致。

（2）震荡阶段。震荡阶段是一个内部冲突凸显的阶段。此时团队成员虽然接受了团队的存在，但是抵制团队对个体所施加的控制，甚至在由谁控制团队的问题上也可能出现冲突。这一阶段结束时，内部会出现比较清晰的领导层级。在这一阶段，成员在发展方向上也达成了共识，成员们开始运用技能着手执行分配到的任务，缓慢地推进工作。现实也许会与个人当初的设想不一致。例如，任务比预计的更繁重或更困难，成本或进度计划的限制可能比预计的更紧张，成员对项目越来越不满意，对项目经理的指导或命令可能也有些反感。团队成员这时会利用一些基本原则来考验项目经理的缺点及灵活性。在震荡阶段，士气很低落，成员们可能会抵制形成团队，因为他们要表达与团队联合相对立的个性。

震荡阶段的特点是人们有挫折、愤怒或者对立的情绪。在工作中，每个成员根据其他成员的情况，对自己的角色及职责产生更多的疑问。当开始遵循操作规程时，他们会怀疑这类规程的实用性和必要性。成员们希望知道他们的控制程度和权力大小。

（3）规范阶段。经受了震荡阶段的考验后，项目团队就进入了发展的正规阶段。在规范阶段中，密切的群内关系得以发展，同时群体也表现出了内聚力。这时成员有一种强烈的群体认同感和志同道合感。

这一阶段，团队成员之间、团队与项目经理之间的关系已经确立，绝大部分个人矛盾已得到解决。总的说来，随着个人期望与现实情形——要做的工作、可用的资源、限制条件和其他参与的人员等相统一，人们的不满意情绪也减少了。项目团队接受了这个工作环境，项目规程就得以改进和规范化。控制及决策权从项目经理移交给了项目团队，凝聚力开始形成，有了团队的感觉。在这一阶段，随着成员之间开始相互信任，团队的信任得以发展。团队成员大量地交流信息点和感情，合作意识增强，互相交换看法，并感觉到他们可以自由地、建设性地表达他们的情绪及评论意见。

（4）执行阶段。执行阶段是团队发展成长的第四阶段，也是最辉煌的阶段。此时群体的结构发挥着最大作用，并得到广泛认同。团队成员的主要精力从相互认识和了解进入完成当前的工作任务上。

项目团队积极工作，急于实现项目目标。这一阶段的工作绩效很高，团队有集体感和荣誉感，信心十足。项目团队成员能开放、坦诚、及时地进行沟通。在这一阶段，团队根据实际需要，以团队、个人或临时小组的方式进行工作，团队相互依赖性高。他们经常合作并在自己的工作任务外尽力相互帮助。团队能感觉到高度授权，如果出现问题，就由适当的团队成员组成临时小组，解决问题，并决定如何实施方案。随着工作的进展并得到表扬，团队获得满足感。个体成员会意识到为项目工作的结果是，他们正获得职业上的发展。

对长期工作群体来说，执行阶段是其发展历程的最后一个阶段；但对于临时群体，比如解体阶段项目团队、特别行动小组或其他类似团队来说，它们是为完成某种具体任务而建立的，因此还存在解体阶段。

（5）解体阶段。在这一阶段中，团队为解散做好准备。高工作业绩不再是团队关注的头等大事，取而代之的是，人们关注于如何做好善后工作。在此阶段团队成员的反应各不相同：一些人为团队所取得的成就而兴奋不已、心满意足；也有一些人则可能为即将失去在团队生活中所获得的和谐与友谊而闷闷不乐、郁郁寡欢。

7.3.2 高效项目团队的特征

团队工作是以任务工作为导向，很多时候工作本身并不一定会带来高效率，在项目约束的前提下，尤其是竞争日益激烈的网络市场，如何以较低的成本并先于竞争对手提供产品或服务是项目经理需要考虑的重要问题。高效率的项目团队往往具备以下特征。

（1）清晰的目标。高效团队非常明确他们要达到什么目标。成员为团队目标奉献自己的力量，他们清楚地知道团队希望自己干什么，以及成员之间怎样相互协作以最终实现目标。

（2）相关的技能。高效团队由一群能力很强的个体组成。他们具备实现理想目标所必需的技术能力，以及相互之间能够良好合作的个性品质。其中后者尤为重要，但却常常被人们忽视。不是所有技术精湛的个体都能与团队其他成员友好相处。

（3）相互的信任。成员之间相互信任是高效团队的显著特征，也就是说，每个成员对其他人的品行和能力都深信不疑。但我们从日常的人际关系中都能体会到，信任这种东西是相当脆弱的，维持群体内的相互信任需要引起管理层足够的重视。

（4）统一的承诺。统一的承诺意味着对团队目标的奉献精神，愿意为实现这一目标付出自己更多的精力。高效团队中的成员对团队表现出高度的忠诚感和奉献精神。只要能帮助团队获得成功，他们愿意做任何工作。

（5）良好的沟通。毋庸置疑，高效团队以良好的沟通为特点。群体成员之间以他们可以清晰理解的方式传递信息，包括各种言语和非言语信息。此外，良好的沟通还表现在管理者与团队成员之间健康的信息反馈上。这种反馈有助于管理者对团队成员的指导，以及消除彼此之间的误解。

（6）谈判的技能。对高效团队来说，谁做什么事通常十分灵活，总在不断地进行调整。灵活性就需要团队成员具备谈判技能。工作团队中的问题和关系随时发生变化，成员必须能够应对和处理这种情况。

（7）恰当的领导。有效的领导者能够激励团队跟随自己共渡难关。他们帮助团队指明前进的目标，他们向成员解释通过克服惰性可以实施变革，他们鼓舞每个成员的自信，他们帮助成员了解自己的潜力所在。越来越多的高效团队的领导者扮演着教练和后盾的角色，他们为团队提供指导和支持但并不控制团队。

（8）内部的支持和外部的支持。高效团队的最后一个必要条件是它的支持环境。从内部条件来看，团队应拥有一个合理的基础结构。这包括：适当的培训，一套清晰而合理的测量系统用以评估总体绩效水平。一个报酬分配方案可以认可和奖励团队的活动，是具有支持作用的人力资源系统的重要组成部分。恰当的基础结构应能支持团队成员，并强化那些取得高绩效水平的行为。从外部条件来看，管理层应该给团队提供完成工作所必需的各种资源。

7.3.3　高效项目团队的建设方式

如何建设一个有效的项目团队？以下几种方法在实践中得到了广泛的检验和认同。这些方式包括培训、建立成员主动协同工作关系、团队建设活动、考核与激励表彰制度、集中在一起工作等。

1. 培训

电子商务项目组成员在自己的专长方面是很有能力的，但是他们可能并不熟悉电子商务，这就需要培训。另外还需要培训的是协同工作与项目管理方面的知识，以及特殊的软件工具使用或相关方法。事实证明，经过专业培训的人员，要比其他人待人接物更有效率，反应更为敏捷。另外，如果团队成员不喜欢一起工作，那么学习如何进行团队合作的一课就显得必要了，当然这一课需要整个项目团队和关键的项目干系人参与，否则实现项目的目标就十分困难。培训包括了所有用以增进项目团队成员能力的活动。培训可以是正式的或者非正式的。培训方法包括教师培训、在线培训、基于计算机的培训或来自其他项目成员、指导人和教练的工作培训。

电子商务团队成员应该按照下面的几点接受培训。

（1）与电子商务相关的常规概念。

（2）电子商务对原有商务流程做了哪些调整。

（3）实施电子商务的公司案例。

（4）工作中各业务部门如何介入。

（5）电子商务的项目模板。

（6）定义任务，估计项目持续时间。

（7）为他们的任务更新资料。

（8）发掘电子商务工作的问题与机遇。

（9）协同工作的训练。

2．建立成员主动协同工作关系

任何一个团队在建设之初都会经历几个时期，一开始都会对未来有美好向往；在开始执行分配任务时会遇到超出预想的困难，希望被现实打破，成员间开始有争执，互相指责，并且开始互相怀疑；再经过一定时间的磨合，团队成员之间会相互熟悉和理解；最后形成相互之间的默契配合，项目中所有成员都主动积极协同工作，努力实现共同目标。那么如何能够尽快建立成员之间主动协同工作的关系呢？可以从以下几个方面进行。

（1）建立共同的执行目标。将团队目标与个人目标融为一体，使项目成员努力追求的目标与整个项目的目标一致。只有建立了共同的目标，项目团队才会产生强大的吸引力。

（2）不断提高自身价值并满足成长的需要。整个团队合作中，不仅需要有共同的奋斗目标，还需要从物质和精神两方面满足队员们的需要。例如，可以通过各种各样的活动来满足队员与他人沟通的需要；通过公平合理的绩效考核来满足队员不断改善生活条件的需要；通过使成员承担的工作内容更有挑战性，使其不断受到激励，来满足他们实现自我价值和成长的精神需要，从而增强团队对他们的吸引力。

（3）需要出现一个具有超凡魅力的团队带领者。美国的罗伯特·豪斯说过："有超凡魅力的领导者与下属的高绩效和高满意度之间有着显著的相关性。为有超凡魅力的领导者工作的员工，会因为受到激励而付出更多的工作努力，而且由于他们喜爱和敬佩自己的领导，也会表现出更高的满意度。而满意度越高，团队的凝聚力就越强。"可见，一个具有超凡魅力的团队带领者对整个团队的合作会起到举足轻重的作用。

（4）不断磨合，相互信任。在具备了上述 3 个条件后，整个项目团队想要更快地形成合作的氛围，还需要团队成员之间不断地进行沟通、磨合，逐步建立起团队成员间主动协同的工作关系。

3．团队建设活动

团队建设活动包括为提高团队运作水平而进行的管理和采用的专门的、重要的个别措施。例如，在制订计划过程中有非管理层的团队成员参加，或建立发现和处理冲突的基本准则；尽早明确项目团队的方向、目标和任务，同时为每个人明确其职责和角色；邀请团成员积极参与解决问题和做出决策；积极放权，使成员进行自我管理和自我激励；增加团队成员之间的非工作沟通和交流的机会，如工作之余的聚会、郊游等，提高团队成员之间的了解和交流。这些措施作为一种间接效应，可能会提高团队的运作水平。团队建设活动没有定式，主要是根据实际情况进行具体的分析和组织。

7.3.4　多元化团队的协调问题

项目团队中由于人员组成的多样性，团队通常是多元化的。了解和管理由相似人员组成的团队是困难的。如果成员的组成也不同，则团队的管理更是难上加难。但是，各种观点、技术和能力相互碰撞而带来的收益又常常会大大弥补你所付出的心血。项目经理该如应对这项挑战，协调多元化的工作团队？有 4 种关键的人际交往行为十分重要：理解、共质、宽容和沟通。

人们都需要公平公正的对待，人和人之间文化的、身体的及其他方面的差异会导致人们以不同的方式做事。项目经理不但需要自己理解和接纳这些差异，还要鼓励每个团队成员也这样做。

在管理多元化的工作团队时，宽容是另一个重要的人际交往行为。最重要的还在于与不同年龄、性别和文化背景的人打交道时要宽容。宽容的一部分内容表现在以开放的心态面对不同的价值观、态度和行为。

最后，在管理一个多元化的团队方面，开放的沟通十分重要。另外，在多元化团队中沟通需要是双向的，如果一个人想知道某种行为对其他人来说是否意味着冒犯，最好的办法就是询问。同样，如果一个人受到他人表现出的某种行为的冒犯，也应该说清楚自己的感受并要求对方停止这种举动。只要这些交互式的沟通以一种无伤害的、克制的、友好的方式表达出来，就会产生积极的结果，最终有助于在团队中形成一种支持和赞同多元化的气氛。

7.4 电子商务项目团队的激励机制

为了保证电子商务项目的顺利沟通和授权，实现各项任务目标，激励管理和考核管理是人力资源管理中重要的手段。本节将在介绍激励的理论的基础上，分析激励的方法和机制，讨论电子商务团队成长中若干阶段的激励特点，最后讨论对个人和团队考核的方法。

7.4.1 项目人力资源激励的关键理论

在电子商务项目中如何科学地设置目标，对团队成员进行有效激励，来自人力资源管理领域的研究成果给我们的很多启示。以下介绍 3 种具有代表性的激励理论。

1. 马斯洛的需求层次理论

亚伯拉罕·哈罗德·马斯洛（Abraham Harold Maslow），美国社会心理学家、人格理论家和比较心理学家，20 世纪 50 年代提出了著名的需求层次理论（Hierarchy of Needs）。该理论将人们的需求内容分为 5 个层次，核心思想可以总结为两个方面：第一，当低层次的需求基本得到满足以后，它的激励作用就会降低，高层次的需求会取代它成为推动行为的主要原因；第二，低层次的需求未能满足之前，高层次的需求不能对人起到相应的激励作用。具体内容如下。

（1）生理需求。生理需求是指人们满足生存需要的要求，主要是衣食住行的需求。只有这些需求满足，员工才可能生存。此时激励手段主要包括增加工资、提高福利待遇等。

（2）安全需求。安全需求是指人们要求保障自身生命安全及自由、摆脱失业和丧失财产威胁等方面的需要。如果对于员工来说安全需求最重要，那么管理人员在管理中有效的激励手段应该为健全规章制度、职业医疗保障并保护员工不致失业。

（3）社会需求。社会需求是指朋友同事间的友情、属于某一个群体成员间相互照顾，并应该避免变动及冒险的归属需要。当人们满足了生理及安全需求之后，社会需求就会突出。此时工作被人们视为寻找和建立温馨和谐的人际关系的机会，管理者应该在工作中提供社交往来机会，鼓励群体活动，并且遵从集体行为规范。

（4）尊重需求。尊重需求是指人们希望自己有稳定的社会地位，个人能力和成就得到社会承认的需求，包括人在不同境遇下面对困难的自信和自尊，更包括由于别人肯定他们的才能而得到的成就、名声、地位和晋升机会。对于需要满足尊重需求的员工，管理人员应给予更多的肯定和荣誉以实现激励。

（5）自我实现需求。自我实现需求是指人们实现个人理想、抱负，尽量发挥自己的才能，实现挑战性目标的需求，这是最高层次的需求。如果员工需要自我实现，管理人员应该尽量安排员工做其感兴趣的工作，这样才会使他们感到最大的快乐。

对于电子商务项目中的人员而言，不同职位、不同背景的员工会有不同需求。在人力资源激励中特别需要注意分析识别人员需求，根据成员所属的需求层次阶段，采用对应的激励手段，才能取得良好效果。比如，以项目经理所具备的能力及所从事的工作，说明了其社会需求、尊重需求往往已经被满足，自我实现是其最重要的需求。

2．赫茨伯格的双因素激励理论

双因素激励理论也称激励—保健因素理论，是美国的行为科学家弗雷德里克·赫茨伯格（Frederick Herzberg）在 1966 年提出的。该理论将激励因素分为两大类：激励因素，如成就、赏识、挑战性的工作、增加的工作责任、职业的满意和赏识，以及成长和发展的机会等；保健因素，包括公司政策与管理、监督、工作条件、人际关系、薪金、地位、工作安定等。这两种因素对员工产生不同的激励作用，应该区别对待。

赫茨伯格的调查显示，员工对组织感到不满意，抱怨的因素大多与工作环境或人际关系等保健因素有关，虽然这些因素的改善可以预防或消除员工的不满，但不能直接起到激励的作用。保健因素的满足对员工产生的效果类似于卫生保健对身体健康所起的作用。当这些因素恶化到人们认为可以接受的水平以下时，就会产生对工作的不满意。但是，当人们认为这些因素很好时，它只是消除了不满意，并不会导致积极的态度，这就形成了一种既不是满意又不是不满意的中性状态。也就是说保健因素是消除不满的基本条件，但在激励中只提供保健因素是不够的。

与此相反，使职工感到满意的因素主要与工作内容或工作成果有关，这些因素的改善可以使员工获得满足感，产生强大而持久的激励作用，称为激励因素。只有激励因素具备了，才能对人们产生更大的激励。从这个意义出发，赫茨伯格认为传统的激励假设，如提供良好的工作条件等，都不会产生更大的激励。它们能消除不满意，防止产生问题，但即使这些因素达到最佳程度，也不会产生积极的激励。按照赫茨伯格的意见，管理者应该认识到保健因素是必需的；只有激励因素才能发挥真正意义上的激励作用，使人们有更好的工作成绩。赫茨伯格在企业调查中还发现，激励因素和保健因素都有若干重叠现象，如赏识属于激励因素，基本上起积极作用；但当员工没有受到赏识时，又可能使他感到不满，属于保健因素的作用范畴。

可以用赫茨伯格的一句话对双因素理论进行概括——"保健因素是工作中不满意因素的主要制造者，而激励因素则通向满意感"。

3. 期望理论

以上两个理论是针对"需要"的研究，回答了以什么为基础或根据什么才能激发调动起员工工作积极性的问题，而弗鲁姆（V.H.Vroom）在 20 世纪 60 年代所提出的期望理论（Expectancy Theory）则强调：通过满足人们的需求实现组织目标需要一个过程，需要通过制定一定的目标影响人们的需要，从而激发人们的行动。

该理论认为，组织设定的目标对人的激励程度受两个因素影响。

（1）目标效价，即人们认为目标的实现能产生多大的价值。如果产生的价值越大，人们的积极性也就越高。

（2）期望，即人们对目标实现可能性的估计。人们对于可能性较大的目标通常会尽力实现，而如果人们认为某个目标几乎没有可能实现，是不会产生激励效果的。

进而期望理论认为，目标的激励作用是目标效价与期望的乘积，是两者共同作用的结果。如果一个目标的实现能够产生很大的价值，但是实现的可能性很低，就不能促进人们产生积极性。同样，即便一个目标很容易实现之后不会产生很好的价值，也不会激励人们努力实现。以期望理论为指导进行员工激励，就需要使员工明确，他们的需求是与组织的目标密切联系的，只要努力工作就能够实现自己的需求。

7.4.2　激励的渠道和方法

激励是多种因素综合作用的结果，在进行激励时，我们要针对不同因素的特点，采用不同的应对策略。

（1）科学使用，不要过分依赖外酬效价。外酬效价是在激励中经常被使用的，其指管理者在任务开始前，将工作完成后可以得到的物质条件的改善、精神奖励的满足在相应范围内公布，以达到激励的目的。

需要注意的是，承诺的各种外酬效价，必须确保其实现的可靠性。如果奖励不能兑现，将逐渐降低外酬效价的激励作用，直至被激励人完全丧失信任。

外酬效价要有的放矢地进行，如果工作对被激励人是无法实现的，或者被激励人本身没有意愿从事这项工作，则单纯强调外酬效价的激励效果是有限的。

（2）重视任务的重要性评价的激励作用。这种激励方式在实际工作中使用得并不多，而事实上，实施这种激励组织不需要花费太多成本，而这对于已经实现生理需求、安全需求，对工作没有不满的员工，是很好的激励手段，能够激发他们的责任感、成就感。因此，管理者要善于强调工作的重要性，创造各种场合让员工感受到自己所从事的工作对他人、团队、组织外部的重要影响，激励其顺利完成任务。

（3）选择激励对象，设定激励目标时，注意考察被激励人的自身能力和意愿。如果被激励人无法完成任务，自身能力很低，所设定的外酬效价和任务的重要性评价非但不能起到激励效果，反而会刺激被激励人，影响其工作积极性。同样，追求工作中的兴趣和成就感，已经是越来越多员工工作的主要目的。管理者在激励时应充分考虑到，将工作与员工兴趣结合，最大限度地发挥工作对他们的吸引力和挑战性，提高激励作用。

（4）各种因素综合作用，缺一不可。实现对员工的激励，需要激发员工自身工作热情，提高其完成工作的可能性，强调工作的重要程度，给予适当、可信的物质和精神激励，只有这样，才能保障激励的效果。

7.5 电子商务项目团队的绩效考核管理

要对电子商务项目团队或团队成员进行激励，首先要做的是对他们完成的工作进行考核，考核结果往往是激励的依据。电子商务项目团队的绩效考核包括成员个人和团队两个层面的考核。

7.5.1 电子商务项目成员的考核

个人考核主要从特征、行为、绩效 3 个方面衡量。

（1）特征。项目成员的特征包括成员的学历、专业职称、技能证书等各种与项目任务相关的能力证明，表明了个人在技术知识方面具备的素质水平。企业在制定基础薪酬时，项目成员的特征是主要因素之一。

（2）行为。项目成员的行为包括成员在项目进展过程中所表现出的勤奋、合作、奉献等品质，将个人的时间、知识、经验贡献给团队及其他成员，从而促成整体任务的完成。

（3）绩效。项目成员的绩效即对比目标要求，成员所担负的责任、任务的实际完成情况，可以通过数量的百分比和时间的长短等方面来衡量。相对于其他两个方面，绩效是使用最为普遍的考核内容，与企业的效益联系最为密切，也可以比较客观、公平地测量。

在个人考核中，通常通过打分的方式对以上3个方面综合考评，以制度的形式将考核的要素及相应的权重确定下来，才能得到对成员个人全面的评价，否则可能会误导项目成员。比如，仅强调绩效，尽管这是企业最为看重的考核方面，但可能会过多刺激成员的功利心，仅考虑个人短期利益，不愿与其他人员合作，而带来团队长期损失。同样，过多地强调项目成员的特征，可能会使团队内形成追求文凭、论资排辈的氛围，不利于成员发挥积极性来完成工作绩效，不能按照项目的需要和发展来学习更新知识。

在电子商务项目中，成员考核有些需要注意的特点，主要包括以下几点。

1）团队构成复杂，每个成员所承担的工作很难用同一个标准衡量。成员所负责的工作从系统分析、设计、编码、测试、维护，到市场策划、品牌推广、形象设计，再到产品供销、仓储运输，性质和内容各有不同。即便承担同一类型的任务，比如系统设计，也会因为所涉及的模块难度和重要性不同，而造成成员工作复杂度的差异。因此，需要针对每类别的工作，按照上述3个方面建立适应的考核指标。

2）考核要对"行为"中的沟通贡献加以强调，有时胜过个人技术能力和绩效。电子商务项目中，不可能由一个人完成项目从立项到收尾所有阶段的工作，团队合作在电子商务项目中尤为重要。每个子任务的开展，都需要在总任务的协调下，保证与其他子任务的有效沟通与一致性，这样才能使项目顺利进行。

3）考核要强调"行为"中的经验分享和知识学习。一般情况下，这两种因素并没有与员工所完成任务的绩效直接建立联系，因此在考核中时常被忽略。然而，实际上在电子商务项目中，团队知识的学习和共享是非常重要的，成员个人所进行的每一项工作以及解决的每一个问题，都可能被其他成员所借鉴，包括各种文档、表格和经验等，当这些经验作为知识得以保留、共享之后，也可以被其他的电子商务项目学习利用，从而带来效率的提高。

7.5.2　电子商务项目团队的考核

以上是关于个人考核的分析，在项目考核中，除了对个人进行考核之外，团队绩效如何，成员是否协调努力，是否实现了团队的目的、解决了单个任务，是更为重要的考核内容。因此，对项目团队绩效的考核，与个人考核不同，既要强调团队所承担任务的完成情况，同时也要考虑团队的建设，能否使团队整体效能高于成员单个效能的综合，即能否实现 1+1>2 的效果。以下介绍团队通常用的一种方法——平衡计分卡。

平衡计分卡（Balanced Scoreboard）由罗伯特·卡普兰（Robert Kaplan）与大卫·诺顿（David Norton）在 1992 年提出，围绕企业的愿景与战略，通过对财务、客户、企业内部业务、学习成长 4 个方面指标的衡量，综合评价团体绩效。财务方面的各项指标反映了企业目前的经营效率，而学习和成长则为衡量企业未来持续变革、发展的能力提供了预测评价依据；各项业务指标从企业内部评价企业的业务流程、运作成果，而对客户层面的评价，则反映了企业外部对企业的要求。

由此可以看出，平衡计分卡实现了对企业现在和将来、内部和外部的全面衡量，不同于传统以财务会计量度为主的绩效衡量模式，其在考察现在业绩的同时，也强调团队应以客户需求为导向，提高内部流程的运作效率，同时具备学习与成长能力。在平衡计分卡的使用中，上述 4 个方面各自有相应的一系列指标、量度、目标值，描述团队的产出，用系统、全面、完整的评价指标体系，把企业愿景、战略等抽象概念转化为企业内部、外部、现在、未来发展运作的精确目标，可以同时反映关于团队的各个方面的详细信息，并可以预防可能出现的一些方面的短期行为，对于电子商务项目团队获得的收益或损失能够全面准确地评价。

毕马威公司结合平衡计分卡在企业团队中的实际使用情况，曾经提出过"使用平衡计分卡的十条戒律"，其中指出，有效使用平衡计分卡，必须有明确的团队目标，获得包括管理层等相关人员的支持，考虑到不同团队组成人员、承担任务、团队文化等因素量身定做适宜的平衡计分卡，并对所有人员进行入门指导。同时还要全面考虑平衡计分卡带来的额外工作量和成本，以及实施的相应基础（比如信息的及时沟通），注意到它并不是在所有项目团队中都适用，等等。

本章小结

项目人力资源管理过程包括人力资源规划、项目团队组建、项目团队建设和项目团队管理。

人力资源计划涉及决定、记录和分配项目角色、职责及报告关系的过程。这个过程的成果是项目的组织结构图、角色和职责分配关系及项目成员管理计划。电子商务项目经理的管理能力要求包括个性因素、管理技能和技术技能。项目经理的角色与责任包括协调、沟通、建文档资料、质量控制和工作方法。电子商务项目成员的结构指数量结构、质量结构和比例结构。人员构成需要合理的能级结构，稳定的能级结构应是正三角形。项目组织结构比较常见的有职能型、项目型和矩阵型 3 种组织结构形式。并没有哪一种组织模式是固定最好的，企业需要根据自身人员的数量、质量和结构特点，以及项目的目标、进度等因素需求，选择具体项目适用的组织模式。

工作团队和群体是有区别的。工作团队是这样的群体，其成员通过他们正面的协同效应、个体和相互的责任及互补的技能为实现一个具体的、共同的目标而认真工作。工作团队即群体范畴中的正式群体。项目团队的发展是一个动态的过程，一般会经历 5 个不同的阶段：形成阶段、震荡阶段、规范阶段、执行阶段及解体阶段。高效项目团队的特征是清晰的目标、相关的技能、相互的信任、统一的承诺、良好的沟通、谈判的技能、恰当的领导、内部的支持和外部的支持项目团队建设，就是培养、改进和提高项目团队成员个人及项目团队整体的工作能力，使项目管理团队成为一个特别有能力的整体，在项目管理过程中不断提高管理能力，改善管理业绩。项目团队建设的技术和工具有培训、建立成员主动协同工作关系、团队建设活动、考核与奖励表彰制度及集中在一起工作等。

案例分析

案例 1 "绿流"的组织结构与成员职责

武汉绿流网络科技有限公司是以微店、微信订阅号为平台，以线上投废、上门回收、微信推送为手段，提供针对高校及附近社区市场的"互联网+绿色回收"和公益环保教育服务。

公司由 12 名员工及 1 名 CEO 组成，其中核心成员为 5 位创业团队队员。公司主要由 CEO 全权负责和掌控，下设财务部、旧物处理部、运维部、企划部、销售部（分管集中销售部、二手销售部）、仓储部、上门服务部、微信运营部。公司聘请武汉匠人列传科技发展有限公司创始人、湖北经济学院信统学院企业创业导师杜定坤为项目顾问。

公司 CEO 负责跟进高校资产部门旧物回收的招标信息，与高校资产部门沟通接洽、签订回收协议，做好与对公市场的工作对接、未来公司发展规划，定时组织会议。各部门做工作汇报，对工作中所出现的问题进行探讨、反思，并提出切实可行的解决方案。财务部做好收入、支出记录，要求上门人员每天汇报所支付的金额，并记录好销售部每天的销售金额。旧物处理部负责与下游接洽，对仓库中的旧物进行出售或出租处理，获得的收入按时交由财务部做记录。将回收的旧物进行分类、整理，保持仓库环境卫生，做好出库、入库记录。运维部做好微店的运维工作，包括店铺推广、美工、客服、营销等工作。接到预约订单后，派上门服务部人员上门回收客户预约回收的旧物，在对旧物进行价值评估的基础上，对客户进行回馈。上门人员回收后将回收的旧物交由仓储服务部处置并提交已完成订单。企划部负责公司的线上、线下宣传推广策划，微信订阅号的日常运营。不定期地向客户推送公司推广和环保教育的图文消息。

思考：1. 绿流公司采用的是哪种类型的组织结构？是否合理？

2. 为了加强团队的协调合作能力还可以添加哪些有效措施？

（湖北经济学院电商创业实验室.武汉绿流网络科技有限公司商业计划书）

案例 2　"入耳音频"的团队建设

武汉市爱入耳文化传媒有限公司主要客户定位在有专业音频需求的单位群体及自由音乐人，线上与各大听书平台及其他媒体公司展开合作，线下利用录音棚扎根于高校的地理优势，以打造校园新星的方式吸引更多在校大学生群体参与公司的有声原创作品的制作。

公司由项目负责人全权负责，下设市场营销部、人力资源部、技术部、财务部、企划部。由人力资源部负责招募管理主播、原创歌手和作家，技术部负责音频调音以及后期制作，企划部负责广告文案的策划和微信公众号的运营，每一个部门有对应的部门主管管理相应部门的工作和运营，并对部门成员进行绩效考核。

员工的薪酬以"底薪+提成+奖金"的方式构成，并且会根据任务量及声音质量给予一定比例的福利，以及公司出让 10% 股权，让员工以技术入股，将公司的长远发展和员工的个人贡献有机地结合在一起，形成了长远的共同奋斗、分享机制。同时，公司的绩效考核不直接与工资挂钩，而是与奖金挂钩，从出勤率、工作态度、任务量、创新能力等多个方面考察员工对公司的贡献度。

寒暑假公司会安排集体出游，加强团队的合作凝聚力，创建良好的员工关系和沟通环境。所有员工都可获得专业的音频后期培训及播音训练，依据员工兴趣选择参与培训，在获得专业知识的同时，更有利于公司的运营，让每一位员工不做"声音"的门外汉。并且公司会包装原创歌手，给他们专业的设备和专业的指导，使之走向更大的舞台，获得更多关注。公司的员工招募可以通过比赛形式引进员工，为公司注入新鲜活力。

思考：1. "入耳音频"的人力资源是否合理？有什么优点？

2. 公司该如何引导新员工更高效地融入工作？

（湖北经济学院电商创业实验室.武汉爱入耳文化传媒有限公司）

案例 3 数据分析软件开发项目

L 为某外资软件公司高级项目经理，负责某银行数据分析项目的管理。L 把项目成员分为需求分析及架构设计组、开发组和测试组，并任命 J 为分析架构组组长，K 为开发组组长，Z 为测试组组长。

L 属于 Y 型管理风格，项目成员可以在任何时候对项目提出自己的建议，建议被采纳后，项目将随之改变。L 希望这种模式能让开发出的软件更好，客户也能获得更好的使用体验。

随着项目的不断进行，开放的风格让整个目团队士气高昂，例会时项目成员都会就项目提出自己的见解和看法，在建议被采纳后，软件的需求、架构、设计和测试将采纳后的建议融入软件开发中，并进行相应的变更。Z 在接受众多意见后带领组员不断加班完成这些变更，后终于不堪重负而辞职。L 任命开发组内的骨干员工 W 为新的开发组长。一段时间后，W 也不堪重负而辞职。随着开发组两名骨干员工的辞职，开发组内剩余的员工工作压力越来越大，项目开始出现危机。

思考：L 在人力资源管理方面存在哪些问题？

（道客巴巴.www.doc88.com/p-7374375493400.html.2013-12-31）

习题

一、不定项选择题（每道题有 1 个或多个正确选项）

1. 不属于项目人力资源管理基本内容的是（　　　）。

A. 项目组织计划　　　　　　　　　B. 人员获取

C. 项目雇员考核　　　　　　　　　D. 人员的解散

2. 关于项目人力资源管理，正确的说法是（　　　）。

A. 人力资源管理的工作步骤中包括通过解聘减少员工

B. 人力资源管理不包括员工的绩效考评

C. 人力资源管理的主要特点是管理对象广泛

D. 人力资源管理的目的是减少人才流动

3. 人力资源管理最为基础的工作是（　　　）。

A. 工作分析　　　B. 人员获取　　　C. 项目雇员考核　　　D. 团队发展

4. 涉及多领域工作的复杂项目最好由哪种组织形式管理？（　　　）

A. 项目型　　　B. 职能型　　　C. 矩阵型　　　D. 直线型

5. 作为领导的项目经理的成功依赖其人际技能及（　　　）。

A. 领导、授权和谈判能力　　　　　B. 能做详细的技术工作的技能

C. 引导项目团队会议的能力　　　　D. 招聘和解聘的技能

二、名词解释

1. 项目干系人

2. 职能型组织

3. 项目人力资源管理

4. 虚拟团队

5. 跨职能团队

三、简答题

1. 简述电子商务项目成员的结构。

2. 简述高效项目团队的特征。

3. 如何对电子商务项目成员进行考核？

第 8 章

| 电子商务项目沟通管理

学习目标

- 了解电子商务项目沟通管理工作的主要内容。
- 认识到团队沟通的重要性和必要性。
- 掌握各种沟通技巧并用于团队管理中。
- 了解项目冲突的概念和类型。
- 了解项目冲突的解决办法和可能的结构。

知识要点

- 项目沟通的定义。
- 电子商务项目沟通过程与计划。
- 有效沟通的基本原理与评价。

【导入案例】

A 公司和 U 大学合作建设"银校通"项目，张工被任命为项目经理，主要负责项目管理和客户沟通等工作，但是张工在"数字化校园"的业务方面不是特别熟悉。

项目组成员还包括李工、小王、2 名程序员和 1 名测试人员。在 A 公司，李工属于元老级的人物，技术水平高是大家公认的，但李工在过去作为项目经理的一些项目中，经常由于没有处理好客户关系为公司带来一些问题。小王的工作虽然简单但是格外繁重，因而多次向张工提出需要增派人员。张工就此事多次与公司项目管理部门领导沟通，但每当向李工核实情况时，李工总是说小王的工作不算很多，不需要增派人员。

因为项目管理部门不同意增加项目组成人员，张工与李工进行了沟通，李工的理由是张工的工作不多，总是帮别人提意见，所以李工认为张工有时间帮助小王完成工作。张工对李工的这个误解进行解释，又试图利用换位思维的方法向李工说明真实情况，但李工依旧坚持自己的看法，认为张工给自己的工作太少。

（信管网. http://www.cnitpm.com/exam/ExamMAL.aspx?sid=97）

8.1 电子商务项目沟通管理概述

8.1.1 项目沟通的定义和模式

1. 项目沟通的定义

电子商务项目沟通管理包括保证及时与恰当地生成、搜集、传播、存储、检索和最终处置项目信息所需的过程，为项目成功所必需的因素、想法和信息之间提供关键联系。

沟通的概念在理解上有以下几点需要注意。

（1）沟通强调了意义的传递。如果信息或想法没有被传送到，则意味着沟通没有发生。比如说话者没有听众，或者写作者没有读者，这些就都不能构成沟通。

（2）沟通包含对意义的理解。要使沟通成功，意义不仅要得到传递，还需要被理解。如果写给某人的一封信使用的是其不懂的语言，就不能称为沟通。完美的沟通如果存在的话，应是经过传递之后，接受者所认知的想法恰好与发送者发出的信息完全一致。良好的沟通常常被错误地解释为沟通双方达成一致的意见而不是准确理解信息的意义。

2. 沟通模型

沟通的基本模型表明了两方（发送方和接收方）之间信息的发送和接收。信息源对信息进行编码后，把信息通过某种媒介（如文字、电话等）传给接收者。该沟通模型的关键组件如下。

（1）信息源。产生某种运动状态和方式（信息）的源事物，为沟通主体。

（2）编码。将思想或概念转化为人们可以理解的语言和行为。

（3）传播媒介。传达信息的方法或工具。

（4）解码。将信息再次转化为有意义的思想或概念。

（5）接收者。信息发送的目标，为沟通客体。

（6）干扰。影响、干扰信息传输和理解的任何因素（如距离因素）。

（7）反馈。检查沟通双方对传输信息的理解。

在考虑电子商务项目沟通时，需要考虑沟通模型的各项要素。使用这些要素与项目干系人进行沟通，通常会面临许多挑战。

8.1.2　项目客户关系管理

随着市场竞争的日趋激烈，项目干系人管理在项目中应用的意义和范围逐渐地加深和扩大。项目干系人管理的重点是项目客户管理，其核心是提高客户满意度。客户（或用户）是使用项目产品的组织或个人。客户会有若干层次，例如一个电子商务平台，它的客户包括决定实施决策者、使用电子商务系统购买商品的客户及系统维护人员等。在项目过程中，项目客户参与项目整个过程并为项目提供主要信息。

只有理解客户的需要，进而在此基础上定义客户关系管理的目标，才能实现良好的项目干系人管理。

项目客户关系管理是以客户的全面满意为目标，协调项目内部与客户之间的关系，并与客户保持良好有效的沟通。采用项目客户关系管理的意义在于：便于项目内部清楚识别客户需求；减少与客户之间的冲突；保证项目的交付物为客户所接受和满意；与客户保持长期的合作关系，减少客户成本。

对项目组织而言，项目客户关系管理重点是预测到客户的需求并及时满足客户的需求。

因此，针对不同阶段的客户情况采取不同的措施尤为重要。项目客户关系管理周期可分为4个阶段。

（1）潜在客户。客户产生需求，并将对项目组织发出需求建议书。此阶段项目组织应积极推销自己，主动与客户联系，并向客户提供相关资质证明，如从业经验、资源情况和人员情况等。

（2）意向客户。 客户准备向满意的承约方授予项目。此阶段项目组织应准确识别客户需求和期望，精心准备项目申请书并按要求提交。

（3）确定客户。该阶段客户已经和项目组织达成项目目标共识，全面参与项目过程管理。此阶段项目组织应积极管理好客户关系，及时与客户有效沟通，保证项目顺利实施。

（4）老客户。项目已完成，客户反馈使用信息。此阶段项目组织仍需要保持与客户的联系，取得反馈信息，并加深与客户之间的感情联系，建立长期合作关系。

项目客户关系管理始终贯穿于项目各阶段，客户关系管理实施的好坏，很大程度上决定了项目组织的未来发展和市场竞争力。如何适应客户不断变化的需求，如何完美实现项目团队和客户之间的无障碍沟通，如何提高项目客户的忠诚度，将是项目管理组织的永恒追求。

8.1.3　《PMBOK®指南》（第 6 版）定义的项目沟通管理

电子商务项目的成功运作取决于客户和开发商项目组的良好沟通。在沟通上容易犯的一个错误就是项目组中的人员各自为政，也就是项目团队采用弱矩阵型；客户日常有自己部门内的工作，而项目组成员日常工作也在自己的公司，这导致问题的解决经常被拖延。另外一个比较容易犯的错误是许多项目成员不能准时参加定期的例会，这也导致一些信息在例会中不能共享，一些决策在例会中不能决定。真正对项目有决定权的是行政领导，而行政领导却没有时间当好项目经理，归根到底就是没有真正贯彻项目沟通管理过程。

《PMBOK®指南》（第 6 版）定义的项目沟通管理过程包括以下 3 个过程。

（1）规划沟通管理。基于每个干系人或干系人群体的信息需求、可用的组织资产，以及具体项目的要求，为项目沟通活动制定恰当的方法和计划的过程。

（2）管理沟通。确保项目信息及时且恰当地收集、生成、发布、存储、检索、管理、监督和最终处置的过程。

（3）监督沟通。确保满足项目及其干系人的信息需求的过程。

8.2　电子商务项目沟通过程与计划

8.2.1　项目沟通过程

项目沟通需要沟通主体和沟通渠道。沟通主体（信息的发送者和接收者）通过一定的沟通渠道实现项目信息交换和思想交流。

项目沟通过程可以大体分为 4 个部分：发送过程、传递过程、接收过程和反馈。在信息和思想发送、传递、接收过程中，都有可能受到项目团队内、外各种各样的干扰，从而导致信息误码、理解偏差。

8.2.2 项目沟通计划的编制过程及方法

1．项目沟通计划编制

沟通计划编制过程确定项目干系人的信息和沟通需求：谁需要何种信息，何时需要，以及如何向他们传递。沟通计划编制作为项目沟通管理的第一个过程，其核心是了解项目干系人的需求，制订项目沟通管理计划。该过程主要回答项目沟通中谁（Who）、什么（What）、何时（When）和怎样（How）的问题。虽然所有项目都有项目信息沟通的需要，但信息的需求及其传播方式却彼此大相径庭。认清项目干系人的信息需求，确定满足这些需求的恰当手段，是确保项目沟通顺畅的重要因素。

表 8-1 提供了一个项目干系人信息需求分析的实例，从中可以看出每个干系人需要获得何种书面信息。让项目干系人评审和批准所有的项目干系人分析材料，能确保这些信息的正确性和有效性。

表 8-1 项目干系人信息需求分析举例

项目干系人	文件名称	文件格式	姓　　名	交付日期
客户方管理人员	委托开发合同文件	书面文档	张生	01/10/2008
客户方技术人员	项目总体方案	书面文档	邵晨	20/10/2008
客户方项目负责人	可行性研及报告	书面文档	姜珉	25/10/2008
客户方项目负责人	项目管理计划	书面文档	姜珉	01/11/2008
客户方管理人员	软件需求说明书	电子版，书面文档	许龙	15/11/2008
客户方技术人员	系统指南	电子版，书面文档	邵晨	01/01/2009
内部高层管理人员	项目进展报告	给予 PMIS 提交	徐迪龙	每月 5 日前
客户方项目负责人	验收测试报告	书面文档	姜珉	01/03/2009
客户方管理人员	用户培训教材	电子邮件	江华	10/03/2009
客户方管理人员	用户操作手册	电子邮件	江华	15/03/2009

2．建立项目沟通计划

一个完整的项目管理计划包括如下主要内容。

（1）确定文件保存方式。在沟通计划中首先明确各种信息保存方式、信息读写的权限，明确各类项目文档、辅助文件等的存放位置及相应的读写权限，建立相应的目录结构，收集和保存不同类型的信息，进行统一的版本管理。

（2）建立沟通列表。存放项目干系人的联系方式，如系统开发人员、物流部门人员、客户、高层领导、系统支持、顾问、行政部等，记录他们的座机、手机、邮箱、职能等，尽量做到简洁明了。

（3）建立汇报制度。明确说明项目组成员对项目经理、项目经理对上级及相关人员的工作汇报方式、准确时间和形式。

（4）统一项目文件格式。使用统一的文件格式是项目标准化管理的一部分，因而必须统一各种文件模板，并提供相应的编写指南。

（5）沟通计划的维护人。明确本计划在发生变化时，由谁进行修订，并对相关人员发送。

8.2.3　项目沟通的内容与作用

1. 项目沟通内容

在电子商务项目的管理中，沟通管理具有两重性：一是与 IT 相关的沟通管理，二是与企业商务活动相关的沟通管理。

（1）与技术相关的沟通。电子商务项目，如企业 ERP 的实施、企业商务网站建设、企业的 CRM 系统建设等，从技术角度来看，实际上都是 IT 项目，包括一系列计算机、网络设备和软件的开发及系统集成。一般在这样的一个项目团队中，会存在系统分析员、高级程序员、程序员、网络管理员和网页设计人员等角色。因此，这种沟通会带有强烈的技术色彩。

1）系统分析员在进行整个系统的设计时，要通过沟通了解企业的需求，吸取相关领域电子商务成功的经验，明确企业电子商务系统需要满足的基本要求，了解企业目前的信息化状况，了解目前企业电子商务实现技术等，这都是进行成功的系统设计以及确立系统结构的基础。

2）在电子商务项目的实施过程中，项目经理要与系统分析员及其他项目成员广泛沟通，了解每个成员的特长及技能，然后确定每个成员的工作和项目实施的进度。

3）在电子商务项目中大多都会与软件开发有关，软件开发不像机械加工，也不像建筑工程，这些工作都有很具体的标准和检验方法，而软件标准的柔性很大，一般存在于使用者的心里，即使用者用起来得心应手的软件才应是电子商务软件成功的标准，这种标准在项目的计划书中一般是无法表述出来的。因此，只有项目团队与使用者保持沟通互动，才能有效地解决这一问题。

4）项目成员之间的沟通也是极其重要的。 网络系统的构建及系统开发平台的建立与维护会涉及不同项目成员之间的沟通；各个成员的工作进度，特别是用关键路径法（CPM）确定的关键路径的成员工作进度，是项目经理确保项目按时限完成的保障。只有保持沟通，才能及时发现问题并做相应的处理；各个软件模块的互联调试更是项目成员互相交流以解决存在问题的不可缺少的环节。

（2）与企业商务活动相关的沟通。现在很多企业不敢涉足电子商务，可能是因为企业电子商务项目失败的案例太多了。ERP 系统在我国的许多企业都实施过了，可是真正实施成功的并不多。甚至有的大企业耗资数千万的 ERP 项目建成后竟然弃之不用，因为该系统不仅没有提高企业的工作效率，反而增加了工作量。显然，造成这种局面的根本原因就是沟通的失败。在电子商务项目的建设过程中，绝对不能忘记电子商务的本质是"商务"而不是"电子"。建设电子商务项目的根本目的是改善企业从事商务活动的条件，而不是开发技术先进的软件，也不是建立时髦的网站。

因此，在电子商务项目管理中，对于沟通的管理也应该立足于"商务"这一本质，切实做好以下 3 个方面的沟通工作。

1）在系统分析阶段，系统分析员应该与企业的各个层次的人员进行深入广泛的沟通，做到切实了解企业的运作流程和企业的发展战略。要在电子商务项目的系统结构中贯穿这些，通过沟通了解到关于企业商务方面的信息。否则，将会使一个电子商务项目转化为一个纯粹的 IT 项目，造成本末倒置。

2）电子商务项目团队成员在项目的进程中必须保持与企业各层次人员的随时沟通。因为随着时间的变化企业的战略可能调整，企业商务活动的模式也会发生变化。只有通过沟通，项目成员才能及时发现这些变化，及时调整项目计划。否则，到项目验收时才发现问题，将造成大量时间和金钱的浪费。

3）项目成员应积极主动地与企业商务人员进行沟通，了解他们开展商务活动业务的流程以及他们的 IT 技术水平，这样可以建设使用者更容易上手的电子商务系统，从而减少企业从传统商务转向电子商务的切换成本。

2．项目沟通的作用

对于电子商务项目来说，好的信息沟通对项目的发起和人际关系的改善都有促进作用。具体来说，沟通的作用如下。

（1）为项目决策和计划提供依据。项目班子要想做出正确决定，就必须准确可靠、迅速地搜集、处理、传递和使用情报，而有关决策的信息牵涉面很广且瞬息万变。事实证明，许多决策的失败都是由资料不全、缺乏沟通造成的。通过沟通还可以增进相互理解，有助于合理决策的达成。因此，沟通是合理决策的前提和基础。

（2）为组织和控制管理过程提供依据和手段。没有良好的沟通，就无法对项目团队进行科学的管理。只有通过沟通掌握各方面的情况，才能为科学管理提供依据，才能有效地组织和控制项目实施过程，提高组织效能。

（3）有利于稳定思想、统一行动。从一个人进入项目团队开始直至项目完成，有效沟通都是极其重要的。在招聘中，沟通可以使未来职工感觉到在本组织工作的好处，使他们对组织有所了解。在工作中，由于每个人的能力不同，所处的位置不同，对企业目标的理解不同，所掌握的信息也不同，因而项目成员对待决策的态度也不同。为了使他们理解并愿意执行决策，从而更好地完成企业目标，就需要相互交流意见、稳定思想、统一行动。同时，组织应使他们了解自己的工作同整个项目工作的关系，使他们自觉地协调个体活动，保证组织目标的实现。

（4）有利于建立和改善人际关系。信息沟通是人们进行情感交流、表达思想、寻求庇护和友谊等的重要手段。在一个团队内，人际关系如何，主要是由沟通的水平、态度和方式决定的。有效而畅通的信息沟通，可以减少个人和个人、个人与组织、组织与组织间的矛盾，改善他们之间的关系，特别有利于在领导和被领导者之间建立良好的人际关系。同时，有效沟通也是领导激励下属，实现领导职能的基本途径之一。

（5）有利于消除误解、减少矛盾，确保项目目标顺利实现。项目团队成员的背景、教育状况、工作经验和能力等各不相同，这就使得他们对同一事物的理解不同。如果不及时进行沟通或沟通方式不当，势必造成许多矛盾和冲突，阻碍组织目标的实现。及时和恰当的沟通则可以减少或在一定程度上消除这些不必要的矛盾和冲突。特别是在项目环境下，沟通显得尤其重要，项目经理可能要花费接近 90% 或更多的个人时间来进行沟通。总之，没有沟通就没有协调，就不可能达到组织的目标。

8.3　信息分发和绩效报告

8.3.1　信息分发的内容与渠道

1. 信息分发

信息分发就是根据沟通管理计划的要求或者对突发的沟通要求做出回应，将项目信息以适当的方式及时地发送给项目干系人。项目信息分发有许多方式，并且分发渠道也都各不相同。

信息的分发方式（即项目沟通方式）包括以下 6 类。

（1）正式沟通与非正式沟通。①正式沟通是通过项目团队明文规定的渠道进行信息传递和交流的方式，如项目团队规定的例会制度、汇报制度、报告制度等。优点是沟通效果较好，有较强的约束力；缺点是沟通速度慢。②非正式沟通是在正式沟通渠道之外进行的信息传递和交流。优点是沟通方便，沟通速度快，能获得在正式沟通中难以获得的某些信息；缺点是信息容易失真。

（2）上行沟通、下行沟通和平行沟通。①上行沟通是下级向上级反映信息和意见，即自下而上的沟通。上行沟通包括层层传递（根据项目团队的组织原则和组织程序逐级向上传递信息）和越级反映（减少组织结构中间层次的信息传递）。②下行沟通是项目团队上层对下层进行的自上而下的信息沟通，一般体现为命令与指示发布的过程，如计划方案、项目目标等信息的传递。③平行沟通是项目团队中各个平行的部门、人员之间进行的信息交流。

（3）单向沟通与双向沟通。①单项沟通是指信息发送者和信息接收者之间的位置不变（单向传递），一方只发送信息，另一方只接收信息，如报告、发布指令等。这种信息传递速度快，但准确性较差，不易被信息接收者很好地接收。②双向沟通是信息发送者和信息接收者之间的位置不断变化，信息发送者是以协商和讨论的姿态面对接收者，信息发出后还等待及时的反馈和回应，而且沟通过程常常是多次的信息沟通，如交谈、协商等。优点是沟通信息准确性高，接收者具有反馈意见的机会，有助于建立良好的沟通情绪；缺点是信息发送者面临着各种问题、质询甚至批评，并且信息传递速度也较慢。

（4）书面沟通和口头沟通。①书面沟通是用书面形式所进行的信息传递和交流，包括文件、备忘录等。优点是可以长期保存反复查阅。②口头沟通是运用口头表达进行信息交流活动，如谈话、讲演等。优点是比较灵活快速，具有互动性，消息传递较为准确。

（5）言语沟通和体语沟通。言语沟通是利用语言、文字、图画等形式进行沟通，体语沟通是利用动作、表情、姿态等非语言方式进行沟通。

（6）网络沟通。利用互联网技术进行沟通，包括 E-mail、IM、Wiki、BBS 等形式。最大优点是快捷方便、成本低廉，并且不受时间、地域的限制；缺点是在非证书登录条件下，信息保密性较低。表 8-2 为项目干系人信息分发格式示例。

表 8-2　项目干系人信息分发格式示例

项目干系人	文件名称	文件格式	姓　　名	交付日期
客户管理人员	项目进展报告	书面文档	王龙	每月 5 日
客户技术人员	项目进展报告	电子邮件	张华	每月 5 日
客户业务人员	项目进展报告	书面文档	方强	每月 5 日
内部高层管理人员	项目进展报告	企业内部网	叶浩	每月 5 日
内部业务和技术人员	项目进展报告	企业内部网	刘敏	每月 5 日
培训转包商	培训计划	书面文档	吴龙	27/07/2008
软件转包商	软件执行计划	电子邮件	李德	27/01/2009

2. 信息的分发渠道

信息的分发渠道（项目沟通渠道）包括正式沟通渠道和非正式沟通渠道。

正式沟通渠道包括链式沟通渠道、轮式沟通渠道、环式沟通渠道、Y 式沟通渠道、全通道式沟通渠道等。如图 8-1 所示。

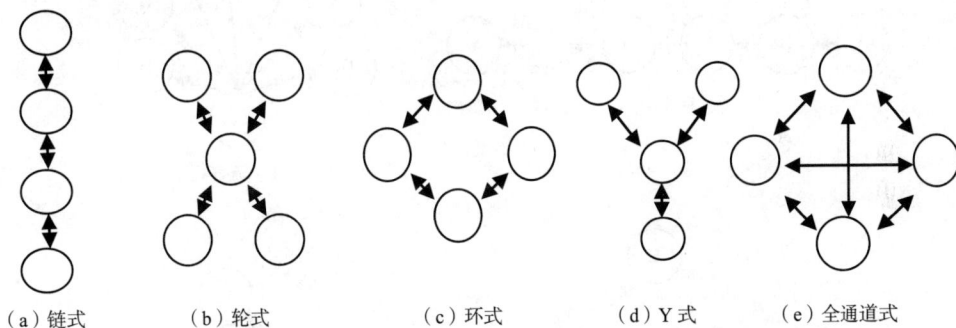

（a）链式　　（b）轮式　　　　（c）环式　　　（d）Y 式　　（e）全通道式

图 8-1　正式沟通渠道

（1）链式沟通渠道：一种自上而下或自下而上的沟通渠道。在链式沟通力上，各个信息节点所接收的信息可能存在差异。优点是信息传递速度快，适用于项目团队较为庞大的组织，实施分层授权控制的项目信息传递及沟通。

（2）轮式沟通渠道：项目领导者与项目成员分别发生联系，是加强控制、挣时间、抢速度的一种有效沟通模式。

（3）环式沟通渠道：不同项目成员之间依次进行联络沟通，通过交流取长补短、不断充实，最后集中在领导者身上。此沟通渠道适合信息收集阶段。

（4）Y 式沟通渠道：项目团队内部纵向沟通渠道，其中只有一个项目成员位于沟通活动中心，成为中间媒介与中间环节。

（5）全通道式沟通渠道：一种开放式信息沟通渠道，各个项目成员之间有一定的联系。上述 5 种正式沟通渠道的有效性见表 8-3。

表 8-3　各种正式沟通渠道的有效性

正式沟通渠道	链式沟通渠道	轮式沟通渠道	环式沟通渠道	Y 式沟通渠道	全通道式沟通渠道
速度	中等	快	慢	中等	快
准确性	高	高	低	高	中等
控制可能性	中等	高	低	中等	低
士气	中等	低	高	中等	高

非正式沟通渠道包括单线式、流言式、偶然式、集束式等沟通渠道。如图 8-2所示。

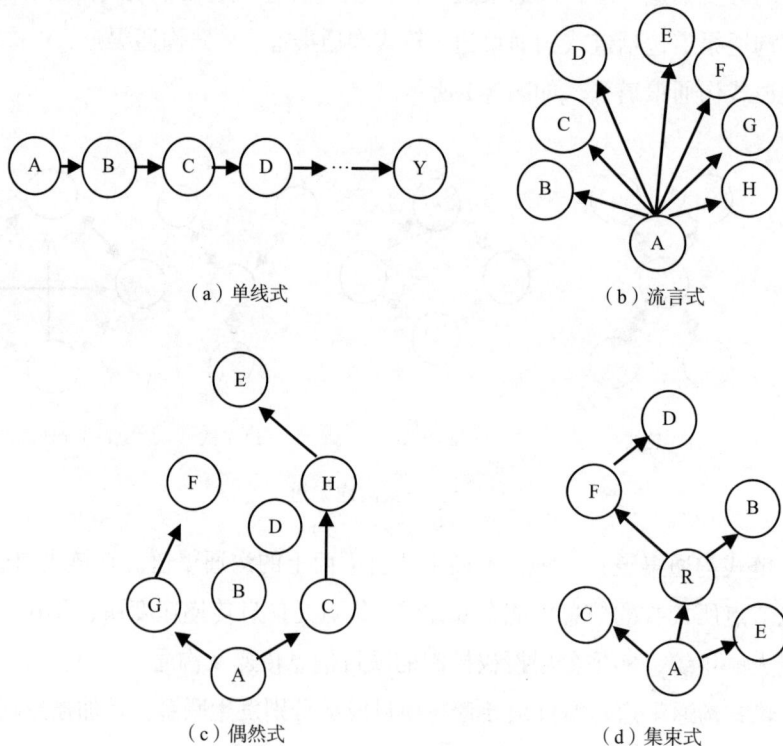

（a）单线式　　　　　　　　（b）流言式

（c）偶然式　　　　　　　　（d）集束式

图 8-2　非正式沟通渠道

（1）单线式沟通渠道：消息由项目成员 A 处通过一连串的人传递给最终的接收者 Y。

（2）流言式沟通渠道：单一项目成员 A，主动地把小道消息传递给其他人。

（3）偶然式沟通渠道：消息由项目成员 A 偶然地传递给其他人，其他人又继续偶然地传递下去。

（4）集束式沟通渠道：信息由 A 有选择地告诉项目干系人，并要求该干系人也有选择地将消息传递出去的模式。

8.3.2　信息分发的方法与效率

1．信息分发的方法

在信息分发前需要考虑采用何种沟通技巧、工具和方法来分发信息。良好的写作风格或表达技巧、优秀的会议管理技术、成熟的信息检索系统对信息分发有着重要的作用。一般情况下，团队成员通过信息检索系统共享信息，这样的系统包括手工案卷、电子文本数据库和项目管理软件等。

需要及时准确沟通的内容，可以通过不同的方式，在不同的项目干系人之间传递。总体而言，沟通方式有以下几个。

（1）项目会议。包括面对面（这是一种成本较高的沟通形式）、电话、可视电话、网络会议（需要配备相应的软硬件条件）等会议形式，可以在不同的情况下使用。比如，当需要集合众意讨论项目的某些决策时，或传达重要信息统一项目组成员的思想时，都需要召开会议，如制定项目考核奖励措施、进行项目启动、里程碑总结等。

（2）E-mail、传真等书面沟通形式，是比较经济的沟通方式，沟通的时间一般不长，沟通成本也比较低。这种沟通方式一般不受场地的限制，也不需要同时占用所有人的时间，因此被广泛采用。当然这种方式也有一些弊端，比如需要反复沟通，短时间难以有结果，不方便群体讨论决策，一般在解决较简单的问题或发布信息时采用。

（3）网络发布、共享电子数据库、虚拟办公等基于软件支持平台的沟通形式。这也是比较经济的沟通方式，将项目有关的重要信息数据通过网络或数据库共享，同时，也可以将重要的个人或组织经验知识通过支持平台实现共享、学习，建立知识管理系统。为了达到通过各种途径实现内容的有效沟通的目的，需要良好的沟通技巧。常见的技巧包括以下几方面。①沟通要有明确目的。沟通前项目人员要弄清楚做这个沟通的真正目的是什么，要对方理解什么。②沟通要善于聆听。沟通不仅仅是说，也包括听。要从听者的角度对信息再度加工，吸收听者的反馈，从而更利于信息的交流。③要尽早沟通。尽早沟通要求项目经理定期和项目成员建立沟通，不仅容易发现当前存在的问题，很多潜在问题也能暴露出来。④注意基础性技巧。比如编写沟通文档时，写作和表达坚持明确的主旨，并力求简明扼要，意思明晰。

⑤提高沟通的艺术性。解读对方的情绪从而了解事实真相，因人而异地采取说服策略，应用对集体有利的方法来解决团队的问题等。⑥有效利用多种沟通渠道与方式。要针对所沟通的内容和对象的特点和条件，多种沟通方式综合使用。⑦避免无休止的争论。沟通过程中不可避免地存在争论，无休止的争论不利于结论的形成，而且是浪费时间的重要原因。终结这种争论的最好办法是项目经理发挥自己的权威性，充分利用自己对项目的决策权及时做出结论。

2．新型网络环境下的项目沟通

随着互联网的迅猛发展，特别是各种 Web2.0 网络应用层出不穷，在电子商务项目中社交网络、博客以及微博、微信等基于互联网和移动互联网的新型应用系统逐渐成为不可或缺的沟通方式。

对比项目会议、电子邮件、知识管理系统等传统的项目沟通方式，各种迅速发展的新型网络系统，具有以下新特点。

（1）便捷。移动互联网技术的快速进步给客户带来了不同以往的沟通体验。通过微信、微博等各种应用，客户可以在任何时间、任何地点发布咨询信息，并可以得到来自网络中众多客户的关注和回应。同样，即便不认识发布相关信息的人，客户也可以随时随地在这些应用中获得自己感兴趣的内容。

（2）成本低。在互联网技术发展的前期，成本在很大程度上成为阻碍客户使用的一个重要因素。然而网络硬件及软件支持费用的显著降低，使得客户可以花费很少的成本获得高效的服务，特别是依托这些新型系统建立项目沟通网络，客户可以很方便地实现即时沟通，并不需要额外的费用。

（3）内容呈现形式灵活。新型的网络系统为客户提供了各种可以选择的内容呈现方式，包括文字、图像、影像、声音、链接等。

（4）非正式。在新型系统中客户的身份不仅仅是项目组成员，所沟通发布的内容也不仅仅与工作相关，实际上更多的是反映客户的生活、家庭、兴趣爱好等非正式的内容。

采用新型网络环境下的沟通方式会对电子商务项目沟通管理产生如下几个方面的影响。①提高沟通效率。新型网络应用系统作为信息系统项目的沟通平台，为项目组提供了随时随地沟通的可能，适合信息系统项目需要频繁并随时沟通的特点。对比传统方式，这些应用系统不需要占用专门的空间和时间召开会议，也不像电子邮件无法开展多人即时交流。②降低沟通成本。项目组不需要投入专门的硬件和软件构建沟通平台，移动设备的普及使得项目组成员可以很容易地成为这些应用系统的客户，而不需要额外的花费。③帮助项目组成员建立非正式联系。新型网络应用作为沟通方式，为项目组成员提供了建立非正式联系的可能。在这些网络应用中，成员可以了解其他组员的生活状态和体验爱好，可以建立除了工作关系之外的其他情感联系。这样的联系促进了成员之间的了解，进而促进了项目实现更有效的沟通，特别是涉及利益分配等有阻碍的沟通问题。④信息泄露等风险。选择新型网络应用作为沟通方式也有一定的风险。例如，所有的网络应用都是基于公开的网络，项目组会面临沟通信息被泄露的风险。再如，工作关系和生活关系在新型网络中是很难割裂的，项目组成员会有无法保护隐私的顾虑。由此可以发现，新型网络应用系统具有传统沟通方式无法比拟的优势，应成为信息系统项目进行沟通管理的重要方式，但并不是唯一方式。项目组应将其作为现有沟通方式的有益补充。

3．信息分发的效率

以下因素会影响信息分发的效率。

（1）项目复杂程度。沟通渠道所消耗的工作量多少取决了项目本身的复杂度和耦合度。

（2）团队规模。需要协作沟通的人员的数量影响着开发成本。人与人之间必须通过沟通来解决各自承担任务之间的接口问题。

（3）团队的组织方式和默契度。团队组织方式的好坏直接关系到项目实施效率的高低。默契度则可以提高团队的工作效率，因为一个经过长期磨合、相互信任形成一套默契的做事方法和风格的团队，可能省掉很多不必要的沟通；相反，初次合作的团队因为团队成员各自的背景和风格不同、成员间相互信任度不高等原因，沟通消耗的增加可能会使项目实施效率降低。

团队规模与实施效率见表 8-4。

表 8-4　团队规模与实施效率

团队规模	沟通渠道	沟通消耗	实施效率	团队规模	沟通渠道	沟通消耗	实施效率
1	0	0	10 000	8	28	14 000	8 250
6	15	7 500	8 750	12	66	22 500	8 128

8.3.3　绩效报告

绩效报告（Performance Reporting）是一个收集并发布项目绩效信息的动态过程，包括状态报告、进展报告和项目预测。项目干系人通过审查项目绩效报告，可以随时掌握项目的最新动态和进展，分析项目的发展趋势，及时发现项目进展过程中所存在的问题，从而有的放矢地制定和采取必要的纠偏措施。项目管理计划和工作绩效信息是该过程的输入的重要内容。绩效报告的主要输出包括状态报告、进展报告、项目预测和变更请求。

绩效报告的依据包括项目工作绩效信息、项目管理计划和其他项目记录（文件）。绩效评节、偏差分析、趋势分析和挣值分析是绩效报告过程的常用工具和技术。

1. 状况报告

状况报告（Status Reports）描述项目在某一特定时间点所处的项目阶段。状况报告是从达到范围、时间和成本 3 项目标上分析项目所处的状态。用量化数据回答已经花费多少资金、完成某项任务要多久、工作是否如期完成等项目状态问题。状况报告根据项目干系人的不同需要有不同的格式。

2. 进展报告

进展报告（Progress Reports）描述项目团队在某一特定时间段的工作完成情况。信息系统项目中，一般分为周进展报告和月进展报告。项目经理根据项目团队各成员提交的周报或月报提取工作绩效信息，完成统一的项目进展报告。

3. 项目预测

项目预测（Project Forecasting）是在历史资料和数据基础上预测项目的将来状况与进展，根据当前项目的进展情况，预计完成项目还要多长时间，还要花费多少成本。

表 8-5 为项目绩效报告样例。

表 8-5　项目绩效报告样例表

工作分解	预算	挣值	实际成本	成本偏差		进度偏差		绩效指数	
结构要素	PV（元）	EV（元）	AC（元）	EV−AC（元）	CV/EV（%）	EV−PV（元）	SV/PV（元）	CPI（EV/AC）	SPI（EV/PV）
项目前期准备	63 000	58 000	62 500	−4 500	−7.8	−5 000	−7.9	0.93	0.92
需求分析阶段	64 000	48 000	46 800	1 200	2.5	−16 000	−25	1.03	0.75
系统概要设计	23 000	20 000	23 500	−3 500	−17.5	−3 000	−13	0.85	0.87
系统详细设计	68 000	68 000	72 500	−4 500	−6.6	0	0	0.94	1
编码阶段	12 000	10 000	10 000	0	0	−2 000	−16.7	1	0.83
测试阶段	7 000	6 200	6 000	200	3.2	−800	−11.4	1.03	0.89

工作分解	预算	挣值	实际成本	成本偏差		进度偏差		绩效指数	
实施与维护	20 000	135 000	18 100	−4 600	−34.1	−65 000	−32.5	0.75	0.68
总计	257 000	223 700	239 400	−15 700	−7	−33 300	−13	0.93	0.87

8.4　有效的沟通与管理

8.4.1　项目沟通的原则

为保证项目组织中的沟通有效，必须贯彻以下沟通的基本原则。

（1）准确性原则。沟通的准确性原则是指发送信息本身的准确性和接收者所理解信息的准确性。任何项目组织中的沟通只有贯彻准确性原则才具有价值。因为项目组织沟通的目的就是要使发送者的想法和信息能够被接收者正确地理解和接受，以便团队成员能够更好地合作去实现项目目标。

（2）完整性原则。沟通中的完整性原则是指信息的完备性和沟通的完全性。项目的主管人员需要努力地为各成员提供他们所需的信息，以保证全团队成员之间沟通的完整性。信息的完整性部分取决于项目主管人员对下级工作的支持和态度。因为项目主管人员位于项目信息交流的中心，他们必须充分运用这个中心职位和权力，使项目团队成员能够获得完整而准确的信息，起到沟通中心的作用。

（3）及时性原则。在项目沟通的过程中，不论是项目主管人员向下沟通还是团队成员向上沟通，以及项目团队各职能机构或小组之间的横向沟通，在保证沟通准确性和完整性原则的基础上还必须保证沟通的及时性。这一原则可以使项目组织获得最新的政策、目标、计划、资源和人员配备等情况信息，使项目团队成员能及时掌握项目信息和各种反馈意见，以及思想、情感等信息，从而提高项目管理的水平。

（4）合理使用非正式沟通渠道的原则。非正式组织沟通渠道是指项目组织中各种非正式组织之间所存在的信息沟通渠道。例如，项目组织中的同乡会、同学会等非正式组织的沟通渠道就属于这一范畴。运用非正式组开展沟通的另一个原因是有一些信息不适于通过正式组织的沟通渠道来传递，所以项目管理者还应该合理地使用非正式组织沟通渠道去传递并接收信息，为实现项目组织的目标服务。当然，非正式组织沟通渠道使用不当也会出现对项目组织目标不利的一面。例如，当一个项目组织中小道消息盛行时就会对项目目标的实现带来危害，同时也反映了项目组织正式渠道的不畅通和非正式组织的信息沟通渠道使用不当。所以在加强使用正式沟通渠道的同时，应该合理地使用各种非正式沟通渠道把信息传递给项目团队成员，为实现项目目标服务。

8.4.2　项目沟通的技巧与工具的选择

1．项目沟通技巧

为了使项目沟通及时、准确、充分、有效，项目团队还需要时常关注以下项目沟通技巧。

（1）充分运用反馈。信息发送者要能够充分利用信息反馈回路及时了解信息接收者对信息的接收效果。接收者的信息反馈形式可以是言语的，也可以是非言语的。最好的办法是，让信息接收者用自己的话重复信息内容。如果信息发送者听到的复述正如本意，则可以判断接收者对信息的理解是正确的。

（2）精心选择语言。既然语言有可能成为沟通各方的理解障碍信息，那么项目团队在进行信息沟通时就需要选择合适的措辞，选择尽量简化的语言，妥善组织信息，以使得信息清楚明确、简单明了、通俗易懂，易于接收者的理解和消化，提高沟通效果。

（3）积极有效倾听。倾听是对信息和思想进行积极主动的搜寻，在倾听过程中，信息接收者和信息发送者双方都在进行思考。忽视倾听会使沟通的效果下降，甚至会使沟通失败。在电子商务项目中，许多团队成员是专业技术人员，在与业务人员的沟通方面缺乏一定的技巧，常常会发生各种各样的倾听问题，从而严重削弱沟通的有效性。

（4）抑制不良情绪。项目沟通是带有主观意识和感情色彩的，因此要想客观公正地传递信息，沟通各方都应该保持正常的理性思维。不良的情绪能够使信息的传递严重受阻或失真。当沟通一方的情绪出现问题时，应该暂停进一步的沟通，直至恢复平静，以保证沟通的有效性。

（5）注意非语言提示。在沟通过程中有时候非语言表述会比语言表述更为重要。人们在进行沟通时，通常会在意谈话时的表情和举止，时常会根据一些非语言提示来对接收到的信息做出理解判断。另外，在沟通过程中，积极使用非语言提示，并且使非语言信息和语言信息相匹配，可以起到强化语言信息的效果。

（6）主动自我表露。项目沟通是一个交互的动态过程，沟通各方应该主动地表露自我，同时也应该积极地鼓励其他各方表露自己。项目各方互相了解越多，沟通就越有效果。因此，在项目团队中应该时常注意消除项目成员之间的互相隔阂，增进项目成员之间的了解，从而增强沟通的有效性。

2．选择沟通工具

（1）常用的沟通工具。使用哪种沟通工具，对项目来说有时会成为影响项目成功与否的一个重要因素。如果信息输入后不能及时得到输出，沟通就会失败，相当于沟通封闭。一个优秀的项目经理会了解每一个团队成员需要什么信息，为项目干系人选好合适的沟通工具。

（2）使用项目模板进行沟通。在电子商务项目过程中，项目管理部门通常会对于各类开发文档进行归类并建立模板，如项目开发管理时的可行性研究报告、电子商务开发项目立项表和电子商务项目计划等。如果项目经理把经典范例制作成模板，那么对项目沟通可以起到借鉴作用。

项目经理在编制沟通管理计划时，应确定哪些项目文档是需要沟通的，并按照重要与否分出类别，如能给出模板或范例则更好。给出的模板或范例最好就放在内部网的论坛上或项目管理软件中。

（3）利用项目管理软件辅助沟通。电子商务项目过程是一个复杂的过程，对一个项目的初始、计划、执行、控制和收尾等工作完全靠人工管理是不可取的，通常优秀的项目经理会使用项目管理软件（PMIS）辅助项目实施。对于项目经理来说，PMIS 扮演着一个很重要的角色，它可以对项目生命周期中的每一个阶段进行全面的详述，并提供了成本和进度的预测以辅助项目经理进行工作策略的开发。它可以帮助项目经理和出资人调研降低成本和加快进度的可能性和机会。

常用的沟通工具见表 8-6。

表 8-6　常用的沟通工具

工具类型	适合情况
电视电话（会议）	项目干系人位于异地
会议	项目的重要信息发布
网络留言簿、论坛	项目全体干系人的互相联系
QQ、MSN、Messenger	项目干系人之间的联系
电子邮件	项目干系人之间文本、视音频文件的传送
演示	直接展示
面谈	项目干系人之间的重要信息交流

8.4.3　项目沟通的障碍

在项目沟通过程中，信息发送者和信息接收者以及沟通环境等各方面的问题和障碍将会导致项目沟通风险。由于种种外部因素或者内部因素的干扰，经常出现信息传递渠道和反馈机制不畅通，接收者收到的信息发生偏差、失真，从而影响了信息沟通的有效性，甚至会影响项目的顺利实施。

项目沟通过程中出现障碍的常见原因如下。

（1）沟通时机选择不当。要想使项目沟通充分有效，就必须注意对沟通时机的选择。在进行信息传递与沟通之前，必须根据信息的适用情况来选择最佳的沟通时机。同时，对于信息接收者的当前状态，在选择沟通时机时也要加以考虑。如果未能很好地计划安排好沟通的时间和机会，可能会使沟通无效或产生不利的沟通结果。

（2）信息不完备和不正确。在很多情况下，信息不完备和不正确是直接威胁项目沟通效果的重要障碍。在项目沟通之前必须明确沟通的内容和目的，努力提供全面、准确、完整的信息。

（3）各种噪声和人为干扰。噪声是沟通过程中的各种干扰因素。人为干扰指的是在沟通中，人们有意制造的噪声，包括难以辨认的字迹、环境噪声的干扰、接收者注意力转移、第三者的有意捣乱、编造和散布谣言等。这些对项目沟通造成干扰的噪声都是项目沟通的障碍，特别是在项目团队中散播的谣言会影响项目团队的情绪、行为，影响正确信息沟通的有效性，还会影响项目目标的顺利实现。

（4）知识结构差异。知识结构差异包括项目团队成员知识水平差距、知识结构局限与业务层面局限等差异带来的沟通障碍。当信息接收者与发送者的知识水平相差很大时，双方没有共同的知识区，信息接收者可能理解不了信息发送者的意思。特别是在电子商务项目中，常常会出现传统业务、工作流程的电子商务化工作，对于传统业务工作人员来说，很难理解电子商务的业务过程。又或是项目团队的技术人员对于业务不熟练或不理解，这些知识水平、知识结构的差距通常会造成较大的沟通偏差、沟通障碍。

（5）信息过滤。信息过滤是指信息发布者故意操作信息、扣留信息，没有将客观情况如实告知信息接收者，或者发布一些好消息，或者提供模棱两可的消息，使信息显得对接收者更为有利，这种行为严重影响了沟通的意义和有效性。在项目沟通过程中，之所以会产生信息过滤行为，是因为这种做法对于信息发送者或者项目成员来说是有利可图的，它可以化解冲突、减少异议、消除对立、改变初衷，有利于婉转地拒绝，更好地避免抵触和焦虑，使自身工作顺利进行。但对于整个项目来说，被过滤的信息很有可能造成偏差，日积月累可能导致整个项目目标无法完成。

（6）知觉选择性。在项目沟通过程中，信息接收者往往会根据自己的情绪、需要、偏好、动机、经验、背景有选择地获取信息，或者在对信息进行解码的过程中，将自己的兴趣和期望带入信息之中，这就是接收者在信息接收过程中的选择性知觉。比如在沟通中，信息接收者总会有意无意地产生知觉选择，符合自己需要、与自己的切身利益相关的内容很容易听进去，而对自己不利的、可能损害自身利益的内容则不容易听进去。

（7）语言障碍。在沟通中语言仅仅是知识交流的工具而不是思想本身。对于信息发送者来说，并不是每个人都能恰如其分地表达自己的思想，这取决于信息发送者掌握和运用语言的能力。对于信息接收者来说，其理解程度又取决于其知识结构、年龄、文化背景等因素。在电子商务项目中，项目团队成员有时可能具有不同的业务背景甚至不同的行业背景，各专业人员具有各自的行话、技术用语，这些因素都会对项目沟通构成一定的障碍。

（8）文化差异。文化差异是由于文化背景的不同而给沟通造成的影响，包括不同的语言文化、不同的文化习俗、不同的世界观、不同的人生观和价值观等因素。

除了上述基本原因外，还需考虑项目沟通主体、沟通环境、沟通方式等各种因素对项目沟通效果的影响。

1）信息发送者对项目沟通效果的影响。项目沟通的起点是信息发送者，信息发送的质量直接影响到项目沟通的效果。当信息发送者的沟通能力、沟通技巧存在问题时，就会破坏项目沟通的效果和质量。

2）信息接收者对项目沟通效果的影响。信息接收者位于项目信息沟通的另一端，其信息接收能力、理解能力、价值观、目标指向等因素都会影响项目沟通效果。信息接收者对批评和建议所持的态度、他们对于所收到编码的理解力及是否存在遗漏的信息接收者等，都会直接影响项目沟通效果。

3）沟通环境对项目沟通效果的影响。所有的项目沟通都是发生在具体的沟通环境之中，特定的组织文化环境、团队成员环境、物理环境的问题都会直接影响沟通效果。

4）信息资源对项目沟通效果的影响。在项目沟通中，主要是传递、交换信息。如果信息资源本身存在缺陷，则肯定会破坏项目沟通的最终结果。如果信息本身是无意义的，那么无论怎样的沟通都无法实现预期的沟通效果和目的。

5）沟通方式对项目沟通效果的影响。项目沟通的方式或渠道是影响沟通效果的另一个因素。项目沟通应该明确采用何种沟通方式或渠道，以便能够最有效地把信息传递给项目团队的每一个信息接收者。

6）反馈与回应对项目沟通效果的影响。项目沟通是一个动态过程，在信息沟通中会有各种各样的反馈和回应，这些都属于项目信息沟通的组成部分。项目沟通各方需要建立一套有效的沟通反馈和回应机制，以保证沟通做到有的放矢。

8.4.4 会议沟通与冲突管理

项目团队在进行沟通时，由于不同干系人对问题的认知、意见、需求、利益不同，不可避免会产生冲突。传统观念认为冲突是有害的，是必须避免的；事实上，冲突有不同的类别，有时可以提升组织绩效，发挥积极促进作用。本节将介绍冲突产生的原因、冲突对组织产生的破坏和建设性作用，以及冲突的处理策略。

1. 高效的会议沟通

在电子商务项目过程中，项目会议是必需的，它是项目沟通的一种重要形式。气氛活跃、主题集中、卓有成效的会议会使项目沟通更为方便，沟通效率大为提高。项目会议通常按会议目的可分为以下 3 类。

（1）情况评审会议。为了加快项目进展、找出问题、制定行动方案等而定期召开的会议，由项目经理主持，项目团队成员、客户或高层管理人员参加，如项目状态分析会议。

（2）解决问题会议。当项目团队成员发现已存在或潜在的问题时，为了寻找好的解决方法或讨论一些有争论的问题，而由相关人员组成的会议。

（3）技术设计评审会议。在设计阶段，为了确保客户同意或批准项目团队提出的设计方案而进行的会议。

项目经理经常在召开会议时不得不面对挑战：如何扫除典型的会议障碍，如何制定清晰的目标和有效的日程安排，如何实现时间管理并激励团队成员提供有价值的分享，如何建立共识形成必要的决议。通过观察一个项目团队的会议制度、会议的准备、进行过程和决议的执行结果可以基本判断该团队的管理水平。

为了使会议过程更加高效，首先要看到会议中存在的以下 8 种问题：拖沓，"陪绑"，议题繁多，会前、会后不沟通，会而不议，议而不决、决而不议，决而不行，行而不果。高效率的会议须遵守以下 10 项原则。

（1）会议要规划。会议要有其召开的合理时间和频率。例会可参考古代"有本早奏，无事退朝"的原则，而且根据不同阶段的管理水平和目标，可调整例会的频率和时间长度。除了固定的例会外，还应有一些重大事项的专题会议。如果平时例会开得好，问题得到切实解决落实，例外的会议比例会大幅下降。

（2）准备要充分。重大事项必须提前用足够的时间思考和准备，并在会前广泛征求意见，有些不便于在会上公开发表的意见或担忧也在会前提前沟通和解决掉，最好能基本达成共识，这样才可能在会议上快速做出决策，提高会议效率。

（3）主题要集中。一次会议最好只有一个主题，只有这样才能更好地集中相关人员，高效解决问题。综合性会议的主题最好也不要超过 3 个。议题越多参加人员越多，"陪绑"的人越多，效率越低下。

（4）人员要相关。一是要"少而精"，即仅让与会议议题直接关联的单位参加，协办的单位不用派人"陪绑"；二是要"有效"，具体的议题让主要负责人员直接汇报；三是要有"决策权"，与会人员一定要有决策权，主管领导有事委派人参加，也要赋予相应的权力，否则就会因做不了主而造成议而不决。

（5）流程要合理。会议的流程关系到会议是否真正民主、有效。一是尽量不要由领导主持会议，而应该是会议议题发起单位或办公室主持；二是领导应该最后讲话，否则一开始基调一定，很多人就不敢发表自己的看法；三是会议发表意见时贯穿例外管理的原则，重复观点尽量少谈，尽量谈有建设性的意见，且少发表主观意见、观点，而应以事实和数据支撑，出现跑题或刹住车时要及时拉回来；四是繁简得当，有些问题简要介绍即可，重大问题讨论要充分，让相关尤其是一线部门充分发表意见，不能仓促决策；五是重大决策最好刻意安排反面意见，以便讨论更充分，防止意见一边倒；六是该议的时候要议，该决的时候要决，该举手的时候要举手，该签字的时候要签字，尽可能在会上形成决议，而不要拖到会议结束了还没有结论。

（6）时间要紧凑。要事先规定会议时间，一般的会议不要超过一小时，较长的会议要分大阶段进行，每阶段发言人的时间要规划和控制好，主持人要把握好会议节奏。对较长的会议要安排中场休息，否则开会时间太长了，与会者注意力也不容易集中。

（7）决议要及时。会议的记录一定要规范、完整，从会议主题、与会人员 / 缺席人员、发言、讨论记录到会议决议、表决情况等都要进行详细记录，可采用专用记录格式、卡片，做到规范、准确、可查，避免事后不认账。会议结束后，应尽快下发会议决议。

会议决议不同于会议简单的流水账记录，需要做一定的整理、调整和提升，因为会议临时讲的可能不全面或有遗漏。会议决议正式签发之前最好安排个人交叉检查，决策人签发后最好给与会及决议相关人员签名确认。

（8）手段要先进。建议应用 PPT，要求简明扼要、重点突出、逻辑清晰、图表结合。另外，电话会议和视频会议可大幅节省交通、住宿等费用和时间成本，大大提高沟通的效率。会议决议发放、跟踪等也可通过 E-mail、OA、IM 等多种工具和手段来宣导、提醒和落实。

（9）执行要检查。会议决策情况的跟踪检查，尤其是关键节点的把握，最好能培养主动、及时汇报的职场习惯，最好能有配套的培训来进一步强化执行力。

（10）结果要奖惩。对不能及时、较好地完成任务的予以帮扶、培训和批评，仍不行的须调岗或淘汰；对主动、积极、按时、高质量完成任务的则予以表扬、奖励或晋升等，让大家清楚地知道什么样的行为会受到奖惩，从而改变行为习惯。

表 8-7 为一些优秀项目经理在会议的会前、会中、会后 3 个阶段为保证会议高效常做的事情。

表 8-7　高效会议的做法

会　　前	会　　中	会　　后
（1）确定会议是否真正必要；	（1）掌握会议节奏和时间；	（1）24 小时内发布会议总结文件；
（2）确定会议目的；	（2）评论会议目的和议程表；	（2）检查总结文件是否明确详细；
（3）确定谁需要参加会议；	（3）控制会议（辨别积极与消极信号、激发辩论、控制方向、达成决议）；	（3）将会议成果分发给所有被邀请参加会议的干系人；
（4）编制会议议程；		
（5）确定议程中的关键问题；		
（6）分发会议议程表；	（4）维持秩序，孤立扰乱者；	（4）总结此次会议的召开经验
（7）会议座位安排；	（5）发言清晰、简明、积极；	
（8）会议后勤检查；	（6）注意倾听和提问；	
（9）拟定发言提纲；	（7）会议结束时总结会议成果	
（10）指定记录员		

2．冲突产生的原因

在不同项目中，因为项目的特定环境，参与项目的人员不同，冲突产生的原因有很大差异，概括而言，原因包括以下 5 个方面。

（1）个性差异引发的冲突。团队中的成员因为个人知识背景、性格、喜好、信仰、价值观等方面的差异，在参与决策时可能存在冲突。

（2）信息沟通不畅引起的冲突。电子商务项目中技术团队、管理及物流团队因为价值观等方面的差异，在参与决策时可能存在冲突。他们一般从属于不同部门，如果没有很好的交叉业务交流，就可能经常出现信息沟通不畅的状况，从而引发冲突。

（3）个人与组织文化不一致引发冲突。团队新进入的人员容易产生这种冲突，源于与组织现有的文化、做事方式、看待问题和解决问题的方法等方面存在差异，从而引发冲突。

（4）利益冲突。在资源和利益有限的情况下，必然存在由于争夺利益资源而存在的冲突。

（5）管理的权术思想引发冲突。管理者不能科学、公平地进行管理决策，导致团队内部的不和谐，派系斗争就是很好的例子。

项目冲突分析见表 8-8。

表 8-8　项目冲突分析

冲突原因	部分外在表现	对　策
价值取向、个性特征差异	质疑对方技术	以项目利益为重，多做沟通
项目团队角色差异	不认同某些职位	使双方认识到团队角色的需要
不同的项目干系人的目标差异	软件功能不一致	对需求分析多做沟通
项目管理程序问题	项目优先权或资源配备争议	按项目活动分配

3．冲突的解决方法

项目团队中的冲突不能完全靠项目经理来处理和解决，团队成员间的冲突应该由相关项目团队成员来解决。冲突会带来有利的一面，因为问题暴露出来了并得到了重视与解决，同时冲突将迫使项目团队成员寻求新的方法以更好地解决问题。但是冲突如果处理不当会对项目团队产生十分不利的影响，会使团队成员不愿意倾听或尊重别人的意见，导致信任度降低。

降低冲突的主要方法有 5 种。

（1）单赢：用在冲突中获胜来解决冲突。

（2）撤出：撤出那些卷入冲突的成员，以避免发生冲突升级而形成对抗。

（3）缓和：在冲突双方中找出一致的方面，忽视差异的方面，缓和冲突，但不能彻底解决冲突。

（4）调和：在冲突双方中寻求一个折中的解决方案，使每个成员得到某种程度的满意，从而消除冲突，共同合作。

（5）双赢：冲突双方以积极的态度对待冲突并交换意见，尽力找出双赢方案。

4．冲突对组织的作用

冲突可以分为建设性和破坏性两类。那些存在创新性思维的、对决策现状有积极改进趋向的冲突，就是建设性冲突。例如，两个配送管理人员因为车辆运营路线与进度、成本的关系无法达成一致，就有可能使大家进一步思考成本最低的优化路线。而那些冷漠的、不合作的、消极的甚至起破坏作用的对待现状的态度和做法，称为破坏性冲突。例如，系统开发团队中两个技术人员存在利益冲突，一方将另一方即将完成的程序代码从机器中恶意删除。

建设性冲突可以为企业带来以下好处。

（1）有利于创新氛围的形成。不管是成员还是团队，都需要创新才能发展，一个新的观念、技术、产品、技能、方法的学习和引进，会不可避免与现有的模式存在冲突，但这种冲突很有可能会为个人或团体带来新的发展方向和机遇。

（2）增加成员的才干和能力。个人知识面对复杂状况，无法做到全面准确地判断决策，与其他成员观点的冲突及最终的解决，有利于个人充实提高自身解决问题的能力。

（3）积累有效解决和避免冲突的方法。对比破坏性冲突，建设性冲突更容易得到解决，因此也利于成员和团队积累相关的经验方法。

（4）对组织的问题提供多方面诊断信息。建设性冲突有利于组织内形成开放、民主创新的氛围文化，能够接受来自内部、外部各种意见和建议。

（5）促进健康的团队建设。建设性冲突可以带来良性竞争，有利于成员间的相互促进和提高。破坏性冲突对企业具有负面影响，体现在：①消除冲突影响需要耗费大量时间，可能会浪费企业的资源；②冲突会给团队带来极高的经济代价，比如上面提到的开发人员破坏性冲突的例子，如果代码删除导致系统延期完成，团队需要支付高额的赔偿费用；③冲突导致组织内耗，妨碍组织整体的发展，在组织内形成派系的对立；④冲突会带来个人情绪上和身心健康上的损害；⑤如果沟通环节中干系人直接存在破坏性冲突，将导致信息传递失真，引发更大的冲突和损失。

本章小结

沟通是为了特定的目标，把信息、思想和情感在个人或团体之间传递的过程。电子商务项目沟通管理是沟通在电子商务项目上的应用，它包括保证及时与恰当地生成、搜集、传播、存储、检索和最终处置项目信息所需的过程，为成功所必需的因素、想法和信息之间提供了一个关键联系。

沟通计划编制过程确定项目干系人的信息和沟通需求：谁需要何种信息，何时需要，以及如何向他们传递。沟通计划编制作为项目沟通管理的第一个过程，其核心是了解项目干系人的需求，制订项目沟通管理计划。该过程主要回答项目沟通中谁（Who）、什么（What）、何时（When）和怎样（How）的问题。

信息分发是指将需要的信息及时地传送给项目干系人，它包括实施沟通管理计划及"怎样（How）"的问题对突发的信息请求做出反应。信息分发的依据包括工作绩效信息、沟通管理计划和项目计绩效报告，是一个收集并发布项目绩效信息的动态过程，包括状态报告、进展报告和项目计划等。

随着市场竞争的日趋激烈，项目干系人管理在项目中应用的意义和范围逐渐地加深和扩大。项目干系人管理的重点是项目客户管理，其核心是提高其客户满意度。

案例分析

如何解决项目团队内部冲突

李强是某电子商务企业的项目经理，属下共 20 多人的团队。李强把团队晋升的指标进行了调整，80%是任务完成情况，20%由团队成员打分。团队成员打分的高低，取决于印象看法，一方面，间接增强了团队分享与帮助的气氛；另一方面，可以保证成员把 80%的精力放在个人的努力上，杜绝光讨好同事、不干实事的潜在风险。

为了让各自为战的情况得到改善，李强把团队成员分成了 3～5 人不等的小组，每个小组间展开竞赛，小组的整体业绩与本小组成员个人挂钩。李强会定期召集大家开一个激励军心的大会，主题就是领导岗位竞争上岗，首先要求的是销售能力，其次是管理能力，再次是学历水平。

每次召开会议，均指派一名同事为会议主席，负责会议的组织和进行。每次会议，每个人都要提出 1 条反对意见和 1 条赞同意见，而且不能与其他同事的相同，逼着每个人都挖空心思思考每个方案的不足与优势，这样，保证在最终决议时，与会成员对每一个方案的可行性都有了更深刻的认识。

思考：1. 评价李强是否是一个合格的项目经理。

2. 李强的团队是否满足高效的会议沟通？为什么？

（中国金融界网. http://www.zgjrjw.com/news/gal/2016/5/1711333655.html.2016-05-06）

习题

一、不定项选择题（每道题有 1 个或多个正确选项）

1. 在项目管理中沟通应该（　　　）。

A. 越多越好

B. 只能针对那些有利于项目成功的信息

C. 应该在所有的项目团队成员之间进行

D. 应该把所有信息发送给所有团队

2. 信息发送者对下列哪一项负责？（　　　）

A. 确保信息被正确接受和理解　　B. 促使信息接收者赞同信息的内容

C. 尽量减少沟通中的噪声　　　　D. 确保信息清晰和完整以便被正确理解

3. 以下所有信息都对项目的沟通需求有直接影响，除了（　　　）。

A. 项目持续时间长短　　　　B. 组织结构图

C. 参与项目工作的人数　　　D. 项目的跨学科、跨专业程度

4. 在项目沟通中，谁负责确保信息的清楚、完整和明确？（　　　）

A. 项目经理　　B. 信息发送者　　C. 信息接收者　　D. 沟通双方

5. 沟通管理计划通常不包括（　　　）。

A. 项目相关方的沟通需求　　　B. 项目主要里程碑和目标日期

C. 接收信息的人或组织　　　　D. 信息分发的时间框架和频率

二、名词解释

1. 信息分发

2. 正式沟通

3. 绩效报告

4. 状况报告

5. 项目预测

三、简答题

1. 信息的分发方式有哪些？

2. 一个完整的项目管理计划包括哪些主要内容？

3. 项目沟通的作用有哪些？

第9章
| 电子商务项目风险管理

【导入案例】

2018 年 1 月 22 日，亚马逊的免结账杂货店面向公众开放，进一步推进这个有望改变实体零售业的项目。这家位于西雅图的杂货店名为 Amazon Go，它依靠摄像头和传感器来追踪消费者从货架上拿走和放回的商品。收银台则变得多余——消费者可以在离店后使用系统中登记的信用卡结账。整个店有 1 800 平方英尺（约合 160 平方米），天花板上有 100 多个摄像头；店内未使用人脸识别技术，但是根据身体上的视觉线索捕捉到人和动作；商品的取与放，有重力感应器以及物体识别技术的参与。使用 Amazon Go APP 扫码进店以后，客户任何动作都会被监控。这套系统由大量的摄像头组成的，它们固定在天花板上，从多个角度"覆盖、再覆盖"（Cover，Recover）店里的每一个角落。这些是普通的 RGB 摄像头，被装在定制的盒子里，承担一些基础性的但繁重的计算机视觉工作，类似动作感应、基础的物品识别等，中间还分散着深度识别摄像机（利用 TOF 技术）。Amazon Go 已经测试过，如果某个摄像头失效，系统能够重新校准。除了摄像机，货架上还有重力感应器，整个系统录入了每个商品的重量，知道它被拿走了还是放下了。所以，一只手一次抓两个酸奶也会被捕捉到。理论上，小偷可以把商品替换成其他东西，比如一袋沙子，不过这是多人同在的场景，类似的偷盗实施起来比较困难。

亚马逊早在 2016 年 12 月就公布了 Amazon Go 项目，当时仅内部员工可使用，预计 2017 年初向公众开放，结果延期了一年。外界有传闻，其无法承受快速移动的人流，店内人数超过 20 人的时候就无法运转。不过，据外媒报道，现在最高容量已提升到 97 人。这项技术亚马逊已经研究了 5 年，付出的时间和金钱不是其他的零售商能承受的，所以现阶段还不会对外输出。而且，Amazon Go 适应的场景有限，一旦 SKU 数量过大可能难以支撑，特别是有三四万种商品的大型商超。

9.1 电子商务项目风险管理

9.1.1 项目风险的定义与基本原理

项目风险是一种不确定的事件，一旦发生，就会对项目目标产生某种正面或负面的影响。电子商务项目由于具有范围难以精确确定且范围经常发生变更、采用的技术复杂且更新较快、受人力资源影响很大等特点，导致电子商务项目建设过程中经常存在很多不确定的因素。电子商务项目风险管理最主要的目的就是以最小代价应对风险，使潜在机会或回报最大化，潜在风险损失最小化。风险管理的范畴可以从以下 3 个方面理解。

1. 风险管理面向项目进行的全过程

风险管理既不是在项目实施前对影响项目的不确定性因素的简单罗列与事先判断，以及建立在此基础上的项目风险管理制度，也不是在项目进行过程中，当实际的项目风险发生时的危机管理以及应变对策，更不是纯粹的项目风险发生后的补救方案设计与事后经验总结。风险管理强调的是对项目风险全过程的管理。通过有效的风险管理工具或风险处理方法，对项目运行过程中产生的风险进行分散、分摊或分割，同时在项目风险发生后，采取有效的应对措施并能够总结经验教训。

2. 风险管理是全员参与的过程

风险管理并不仅仅是项目管理者的事情，而是需要所有干系人参与的事项。风险管理是对不确定性因素的管理，特别是项目自身在其计划、组织、协调等过程中所产生的不确定性因素的管理，对于后者而言，人为的主观影响成分较大。因此，需要全员共同参与，了解项目进行中各阶段的风险，并在风险发生时采取应对措施。

3. 风险管理要对全要素进行集成管理

风险管理主要涉及项目进度、成本及质量方面的问题。可见，项目风险管理的过程是一个在可能的条件下追求项目进度最快、成本最低、质量最优的多目标决策过程，不能仅满足于对单一目标的追求。例如，项目工期的提前或滞后将直接影响成本的高低，项目质量的优劣与项目工程造价直接相关，同样，项目的工期与质量的波动又会受造价因素的影响。由此不难得出，项目风险管理是对进度、成本及质量的全要素的集成管理。

9.1.2　《PMBOK®指南》（第 6 版）定义的项目风险管理

项目风险管理包括项目风险管理规划、风险识别、分析、应对和监控的过程。项目风险管理的目标在于增加积极事件的概率和影响。PMI 的《PMBOK®指南》（第 6 版）中将"项目风险管理"分为"规划风险管理""识别风险""实施定性风险分析""实施定量风险分析""规划风险应对""实施风险应对"和"监督风险"7 个过程。

（1）规划风险管理：定义如何实施项目风险管理活动的过程。

（2）识别风险：识别单个风险，以及整体项目风险的来源，并记录风险特征的过程。

（3）实施定性风险分析：通过评估单个项目风险发生的概率和影响及其他特征，对风险进行优先级排序，从而为后续分析或行动提供基础的过程。

（4）实施定量风险分析：就已识别的单个项目风险和其他不确定性的来源对整

体项目目标的综合影响进行定量分析的过程。

（5）规划风险应对：为处理整体项目风险敞口，以及应对单个项目风险，而制定可选方案、选择应对策略并商定应对行动的过程。

（6）实施风险应对：执行商定的风险应对计划的过程。

（7）监控风险：在整个项目期间，监督商定的风险应对计划的实施、跟踪已识别的风险、识别和分析新风险，以及评估风险管理有效性的过程。

9.1.3 电子商务项目风险的来源

电子商务项目中的常见风险可分为需求风险、管理方面的风险和技术方面的风险3个类别。

1. 需求风险

电子商务项目在初期确定需求时往往都是模糊的、不确定的，有时甚至是混乱的。如果在项目早期忽视了这些模糊的需求，并且在电子商务项目进展过程中没有得到及时的解决，这些问题就会对项目的成功造成巨大的潜在威胁。如果不及早识别并控制与需求相关的风险因素，那么就很有可能产生无法交付的结果或者埋下危险的祸根。每一种情况都会使电子商务项目到后期无节制地拖延下去，导致项目团队成员以逃出项目为解脱。常见的与需求相关的风险因素有以下7个方面。

（1）客户对具体的项目交付物缺少清晰的认识。

（2）需求不够明确、准确。

（3）由于不确定的需要导致失去确定的目标。

（4）客户对产品需求缺少认同。

（5）项目团队在收集和分析需求时，客户参与不够。

（6）由于市场变化导致不断变化的需求。

（7）缺少有效的需求变更控制管理措施，对需求的变更缺少相关的分析评估，等等。

2. 管理方面的风险

要使电子商务项目成功，必须依靠科学的管理，而不是像过去那样依靠个人英雄。如管理没有条理、流程不规范、工作没有标准、分析设计不能有效衔接、测试盲目地进行、质量不能保证，那么这个电子商务项目就难免会走向失败。因此，在对电子商务项目进行风险管理时，有必要注意识别其管理方面的风险因素。常见的与管理有关的风险有以下9个。

（1）高级管理层是否重视电子商务项目管理。

（2）项目团队有无电子商务项目的管理标准和软件过程规范。

（3）项目团队是否有软件工程意识。

（4）计划和任务定义不够充分。

（5）有无管理机制保证项目团队按照工程标准来工作。

（6）开发人员是否可以根据既定的项目标准进行开发。

（7）团队的配合与员工之间的冲突。

（8）对于需求变更有无控制机制，对于变化的需求是否进行评估和分析。

（9）是否有项目管理工具辅助管理等。

3．技术方面的风险

电子商务项目所涉及的技术往往十分复杂，影响因素也非常多。同时由于计算机技术飞速发展、日新月异，在项目中往往需要适当采用一些新技术，以更好地实现项目的目标，满足客户的需要。毫无疑问，高技术含量的电子商务项目是具有挑战性和令人兴奋的，但是这同时也蕴藏着不少的风险。计算机技术的复杂性和新技术不断涌现，使得电子商务项目团队缺乏经验丰富的工程师，可能因为技术原因影响项目的成功。因此，在电子商务项目初期就能够识别出其技术风险，以便下一步采取合适的预防措施是十分重要的。电子商务项目中可能涉及的技术风险非常多，比如以下 7 个方面。

（1）团队成员是否充分具备开发电子商务项目需要的技能。

（2）团队对方法、工具和技术是否充分理解。

（3）实现客户的需求是否需要未曾实现过的系统或数据库接口。

（4）是否具有应用领域的经验或背景知识。

（5）客户是否需要特定的界面。

（6）是否能保证网上支付的安全性。

（7）网上留存的信息或计算机中的信息是否有技术保证不被不法分子利用。

除了上述主要风险外，还有其他一些风险，如项目团队风险、物理风险和信息传达风险。常见风险因素和风险描述见表 9-1。

表 9-1　风险因素分析表

风险指标	风险因素	风险概述
项目团队	由于某些原因引发项目团队工作不力而导致项目无法如期实施	团队成员结构不合理，无法形成优势互补；团队成员沟通不足，协调不好，项目团队缺乏经验

风险指标	风险因素	风险概述
物理风险	电子商务信息系统硬件选择不合适，营运系统的中断或损坏	硬件设备设计和造型考虑不周影响系统的可靠性和可扩展性；选配购置的硬件质量低下导致系统不稳定及失败，短路、电子故障、软件故障、病毒损坏电子商务的交易系统
信息传达风险	开发方和使用力的信息沟通不通畅	项目开发方资金不能及时回收，使用方不满意项目质量
技术风险	项目开发人员由于缺乏经验、计划不周等原因使交易系统在某些功能上有缺失；项目中需要采用新的未经证实的技术和方法	如有效的身份认证、信息的机密性保护和完整性约束，项目中需要采用最新的未经证实的技术和方法，这一技术的可靠性不能保证
项目规模风险	没有考虑可重用构件的使用，导致规模估算过大	项目规模估计过大，可能会影响项目开发计划的制订
商业风险	项目的开发期过长	根据项目开发计划，预计项目开发期过长
客户相关风险	客户不能及时提供项目所需的资料，导致项目开发延期	客户没有在计划的时间内提交所需要的开发资料
管理风险	项目开发计划制订不合理，任务分配不恰当	项目开发计划制订不合理，职能分工不明确
人员风险	开发人员在技术上是否配套，项目管理者的管理失误	开发人员现有技术不能满足项目开发要求，缺少相应的技术专家。项目开发人员素质低下，重要人员离职
安全与信誉风险	项目中的相互信任，远程作业方式是先付款还是货到付款	项目中涉及的远程付款，缺少第三方支持
市场环境	与电子商务项目有关的市场环境变化，导致预算不足，成本上升	劳动力等价格上涨，相关规章或标准变化，项目相关接口方情况发生变化
需求不明确	项目需求方需求变化导致项目设计改变	需求方对项目需求的变化可能导致项目周期延长，成本增加

9.2 电子商务项目风险管理计划

9.2.1 电子商务项目风险管理计划的制订

电子商务项目风险管理计划在风险管理活动中起控制作用,是针对整个项目生命周期而制订的。风险管理计划详细地说明风险识别、风险估计、风险分析和风险控制过程的所有方面,并且说明了如何把风险分析和管理步骤应用于整个电子商务项目之中。它一般应该包括以下 10 个方面的内容。

(1)方法论。确定对电子商务项目中的风险进行管理所使用的策略、方法、工具和依据等,这些内容可以随着电子商务项目生命周期的不同阶段及其风险分析的结果做适当的调整。

(2)角色与职责划分。确定电子商务项目中进行风险管理活动的角色定位、任务分工、相关责任人及各自的具体职责。

(3)风险承受程度及限度标准。不同的电子商务项目团队对于风险所持的态度也不相同,这将影响其对风险认知的准确性,也将影响其应对风险的方式。应当为每个电子商务项目制定适合的风险承受标准,对风险的态度也应当明确地表述出来。

(4)时间与频率。确定在电子商务项目的整个生命周期中实施风险管理活动的各个阶段,以及风险管理过程的评价、控制、变更、次数与频率等,并把电子商务项目风险管理活动纳入电子商务项目进度计划中去。

(5)预算。对电子商务项目进行一系列的风险管理活动,必然要发生一些成本,占用一些资源,因此,也必然会占用电子商务项目的一部分预算。

(6)风险类别或风险分解结构。风险类别清单可以保证对电子商务项目进行风险识别的系统性和一致性,并能保证识别的效率和质量,还可以为其他的风险管理活动提供了一个系统和统一的框架。其中,最常用的框架就是风险分解结构。关于电子商务项目的风险分解结构在第 9.2.2 节详细讲述。

(7)基准。明确由何人在何时以何种方式采取行动应对风险,明确的定义可以确保电子商务项目团队与所有干系人都能够准确、有效地应对风险,防止出现对风险管理活动的理解出现不必要的歧义。

(8)汇报格式。确定电子商务项目风险管理各个过程中应该汇报或者沟通的内容、范围、渠道及方式、格式,确定如何对风险管理活动的结果进行记录、分析与沟通。

(9)跟踪。确定如何以文档的方式记录电子商务项目进行过程中的风险与风险管理活动,风险管理文档可以有效地用于对项目进行管理、监控、审计和总结经验教训等。例如，风险识别资料的记录、风险分析过程和结果的记录、风险应对策略、决策的依据和结果的记录、风险应对计划和措施，还包括风险发生的记录、处理的记录等一系列过程记录。

（10）风险概率与影响等级的定义。为了按照统一的标准管理电子商务项目的风险，需要先定义风险概率与影响的定性等级。

9.2.2 电子商务项目风险分解结构

电子商务项目的风险分解结构是一个结构化的核对清单，它将已知的电子商务项目风险按通用的种类和具体的风险属性组织起来。电子商务项目风险分解结构列出了一个电子商务项目中所有可能发生的风险类别及其子类别。风险分解结构可以帮助人们理解和识别电子商务项目在各个不同领域内的风险。例如，需求分析阶段的风险可能有对客户需求理解错误、客户没有积极参与、需求和业务关系获取和分析不充分等；在实现阶段的风险可能有编码不规范、接口实现不完全符合设计规范等；在测试阶段的风险可能有测试用例不完全、测试工具不足等。不同的电子商务项目，其风险分解结构一般也不相同。图 9-1 所示是某电子商务系统开发项目风险分解结构的事例。

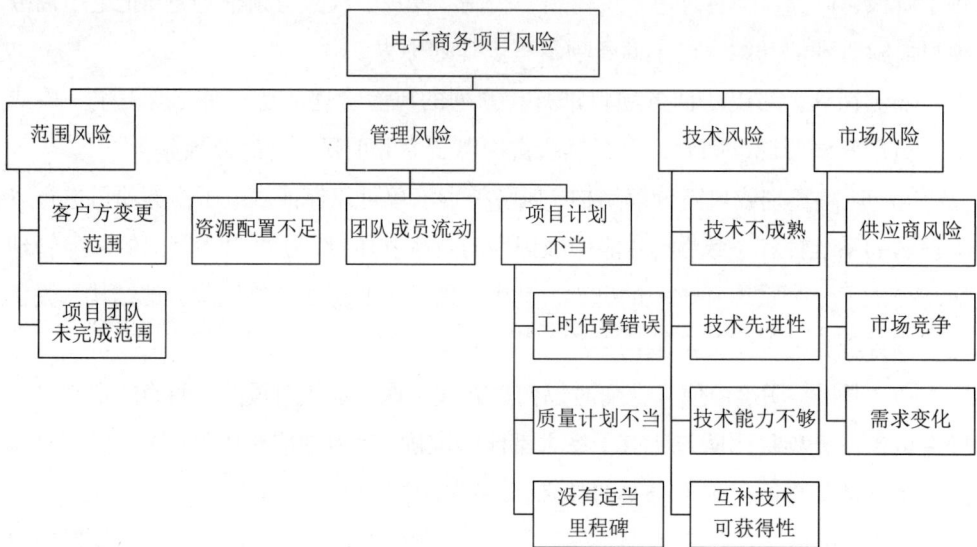

图 9-1　电子商务项目风险分解结构示例

电子商务项目团队应该借鉴以前类似项目的风险分解结构。在把以前的风险分解结构应用到本项目中之前，在风险管理计划过程中，应先对它进行审查，并根据需要进行调整或扩展，以适应当前电子商务项目的实际情况。

在后续的风险识别等风险管理过程中，还应该根据电子商务项目的实际情况对该风险分解结构进行进一步的审核、修订和补充、扩展和调整。

9.3　电子商务项目风险识别与评估

9.3.1　风险识别的方法

目前，国内外常用的风险识别方法较多，其代表性的风险识别方法有：财务报表法、头脑风暴法、德尔菲法、SWOT 分析法、访谈法、因果分析图法、流程图法、风险识别检查表法等。以下简要介绍几种常用的工具和方法。

1. 财务报表法

财务报表法就是根据电子商务公司的财务资料来识别和分析公司每项财产和经营活动可能遭遇到的风险。它是公司使用最普遍、最有效的风险识别与分析方法。公司的各种业务流程、经营的好坏最终体现在公司资金流上，风险发生的损失以及公司实行风险管理的各种费用都会作为负面结果在财务报表上表现出来。因此，公司的资产负债表、损益表、财务状况变动表和各种详细附录就可以成为识别和分析各种风险的工具。

2. 头脑风暴法

头脑风暴法（Brain Storming）又称脑力激荡法、集体思考法、智力激励法或 BS 法。头脑风暴法可分为直接头脑风暴法（通常简称为头脑风暴法）和质疑头脑风暴法（也称反头脑风暴法）。前者是专家群体决策尽可能激发创造性，产生尽可能多的设想的方法；后者则是对前者提出的设想、方案逐一质疑，分析其现实可行性的方法。

头脑风暴法是最常用的电子商务风险识别手段之一，其目标是获得一份全面的风险列表，以备在将来的定性和定量风险分析过程中进一步加以明确。尽管各种学科的专家也可以实施头脑风暴法，不过一般是由项目队伍承担这项任务。在一位协调员的领导下，这些专家产生项目风险方面的思想。他们在一个广泛的范围内进行风险来源的识别，并且在会议上公布这些风险来源，让大家一起参与检查，然后根据风险的类型进行风险的分类，这样风险的定义就进一步清晰化了。

这种方法可根据风险识别的特点，做出相应的修改。头脑风暴法的特色是：它是借助专家集体的创造性互动思维，来索取未来信息的一种直观预测和识别方法。该方法有两个基本原则：只专心提出风险可能性而不加以评价和不局限思考的空间；

风险源越多越好。

此法强调集体思考方式，着重互相激发思考，鼓励参加者于指定时间内，构想出大量的意念，并从中引发新颖的构思。在这个基础上，找出各种问题的症结所在，提出针对具体项目风险识别的全面的、有效的意见。

3. 德尔菲法

德尔菲法是由美国著名的咨询机构兰德公司于 20 世纪 50 年代初发明的。德尔菲法的本质是，依靠专家各自独立的丰富经验、直观判断的综合能力，对同一事物（如项目风险）进行辨识（如项目风险识别）的科学方法。德尔菲法依据系统的程序，采用匿名发表意见的方式，即专家之间不得互相讨论，不发生横向联系，只能与调查人员发生联系。多轮次调查专家对问卷所提问题的看法，经过反复征询、归纳、修改，最后汇总成专家基本一致的看法，作为预测的结果。这种方法具有广泛的代表性，较为可靠。它具有 3 个特点。

（1）参加各专家间，总保持匿名操作。

（2）对专家的各种反映，及时进行统计处理。

（3）对统计汇总意见，反复向专家进行意见反馈测试。

德尔菲法有助于减少数据方面的偏见，并避免了个人因素对结果产生的不适当的影响。德尔菲法与常见的召集专家开会、通过集体讨论、得出一致预测意见的专家会议法既有联系又有区别。德尔菲法能发挥专家会议法的优点，即能充分发挥各位专家的作用，集思广益，准确性高；能把各位专家意见的分歧点表达出来，取各家之长，避各家之短。同时，德尔菲法又能避免专家会议法的缺点：权威人士的意见影响他人的意见；有些专家碍于情面，不愿意发表与其他人不同的意见；出于自尊心而不愿意修改自己原来不全面的意见。德尔菲法的主要缺点是过程比较复杂，花费时间较长。头脑风暴法和德尔菲法具有一定的相似之处，风险识别方法比较见表 9-2。

表 9-2　风险识别方法比较

方　　法	观点数量	观点质量	社会压力	财务成本	决策速度	任务导向	潜在的人际冲突	成就感	对决策的承诺	群体凝聚力
头脑风暴法	中等	中等	低	低	中等	高	低	高	不适用	高
德尔菲法	高	高	低	低	低	高	低	中等	低	低

4. SWOT 分析法

SWOT 分析法又称态势分析法，由旧金山大学的管理学教授于 20 世纪 80 年代初提出。SWOT 4 个英文字母分别代表优势（Strength）、劣势（Weakness）、机会（Opportunity）、威胁（Threat）。从整体上看，SWOT 可以分为两部分：第一部分为 SW，主要用来分析内部条件；第二部分为 OT，主要用来分析外部条件。利用这种方法可以从中找出对自己有利的、值得发扬的因素，以及对自己不利的、要避开的东西，发现存在的风险，找出解决办法，并明确以后的发展方向。

通过 SWOT 分析，可以将问题按轻重缓急分类，明确哪些是目前急需解决的问题，哪些是可以稍微延后的事情，哪些属于战略目标上的障碍，哪些属于战术上的问题，并将这些研究对象列举出来，依照矩阵形式排列，然后用系统分析的思想，把各种因素相互匹配起来加以分析，从中得出一系列相应的结论，而结论通常带有一定的决策性，有利于领导者和管理者做出较正确的决策和规划。

SWOT 分析法常常被用于制定项目风险识别和分析竞争对手情况。在战略分析中，它是最常用的方法之一。进行 SWOT 分析时，主要有以下几个方面的内容：分析环境因素、构造 SWOT 矩阵、制订行动计划。当然，SWOT 分析法不是仅仅列出 4 项清单，最重要的是保证从 SWOT 的每一方面对项目进行检查，从而扩大考虑风险的范围，最终得出以下结论：在公司现有的内、外部环境下，如何最佳地运用自己的资源；如何建立公司的未来资源。

5. 访谈法

与不同的项目涉及人员进行有关风险的面谈，有助于识别那些在常规计划中未被识别的风险。项目前期面谈记录也是可以获得的。可以通过访谈资深项目经理或相关领域的专家进行风险识别。负责风险识别的人员选择合适的人选，事先向他们做有关项目的简要指点，并提供必要的信息，如 WBS 和假设清单。这些访谈对象，依据他们的经验、项目的信息，以及他们所发现的其他有用渠道，对项目风险进行识别。

6. 因果分析图法

因果分析图也称鱼刺图，它反映了潜在问题或结果与各种因素之间的联系方式，用于确定风险的起因。导致项目出现某种问题（如质量管理）的原因多种多样，因果图允许项目团队借助于图解清楚而详细地识别、探察以及发现所有涉及这些问题或状态的可能原因，以便为解决这些问题或改变这些状态制定出相应的措施和办法。因果图的使用步骤如下。

（1）描述需要分析的问题或出现的结果，并把它写在一张大白纸的右边，用框图框起来。确保每个人都同意对问题的描述，为了便于分析原因，描述应包含尽可能多的信息，如"4个W"（Who，Where，When，What）以分析出原因（Why），最终得出如何做的措施（How）。

（2）从左向右面一条带箭头的主干线，指向右边的框图，然后在主干线的上下两侧画出像鱼骨一样的分支线，将它们连到鱼骨图的脊骨上，箭头指向主干线。如图9-2所示。

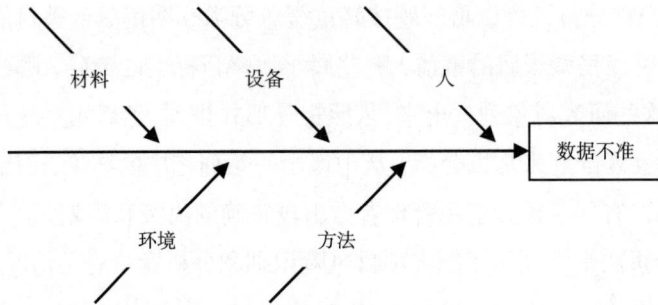

图9-2 因果图画法——先画出分支

（3）绘制出生产和服务过程的主要范畴或主要步骤。为了分析的系统性和方便程度，通常从人（任务执行者的原因）、机（生产过程中的设备）、料（使用的材料、零件方面的原因或软件系统）、法（不同工作方法方面的原因）、环（空间，温度等环境因素）5个方面来分析，最好是一个原因只属于一个范畴。同时需要建立一个清单，将清单归类。

（4）这时对"主骨"上的每个因素反复进行提问："为什么会出现这种情况？"

7．流程图法

流程图能帮助项目团队预测在何处可能发生何种质量问题，在哪个环节发生，因此有助于制定处理问题的办法。图9-3反映了项目开发系统内部设计流程之间是如何相互联系的。

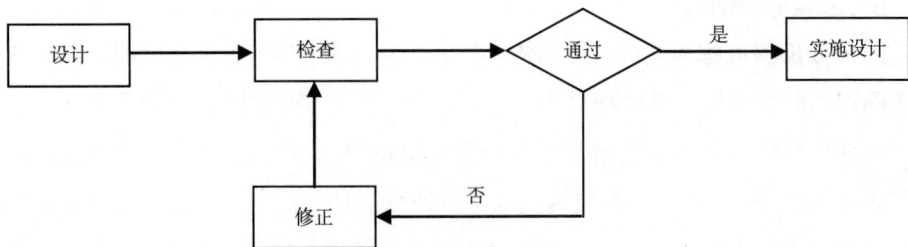

图9-3 程序流程图示例

8. 风险识别检查表法

通过列出与所有可能的每一个风险因素有关的问题，使得风险管理者能够集中识别常见的、已知的和可预测的风险。通过判定分析或假设分析，给出这些问题的确定答案，估算风险的影响。

检查表通常由详细的条目组成，是一种主要用于核实一系列要求的步骤是否已经实施的结构化工具，或者使项目团队有系统的记录和汇编过去的或正在观察的数据和资料，以便清楚地发现和显示其中的趋势和规律（见表 9-3）。

表 9-3 项目风险检查表

项目进行的阶段	可能存在的问题	是	否
启动	问题是否定义清楚了？		
	是否进行了可行性研究？		
	目标是否明确？		
计划	计划是否完整？		
	数据是否准确？		
	沟通是否充足？		
	是否有不合理的限定期限？		
执行	员工的技术技能是否足够？		
	时区与任务分配是否有关联？		
	进度变更怎样？		
	需求变更怎样？		
	管理效能如何？		
结束	质量是否达到标准？		
	成本超支的可能性是多少？		
	进度拖延的可能性是多少？		

9.3.2 风险概率与影响的定性等级

为了保证以后对电子商务项目风险的定性分析过程中的质量和可信度，有必要为风险发生的概率和发生后对电子商务项目产生的影响的不同程度制定一个统一的标准。例如，根据风险事件发生的可能性，可以把风险定性地分为几个等级，并用"很低""低""中等""高""很高"等词汇来描述风险发生的可能性的高低。另外，也可以用数值表示发生的概率等级，比如 0.1、0.3、0.5、0.7、0.9 等。电子商务项目风险发生概率的定性等级见表 9-4。

表 9-4　电子商务项目风险发生概率的定性等级

等　　级	发生的可能性
0.9	很高
0.7	高
0.5	中等
0.3	低
0.1	很低

根据风险发生后对于电子商务项目目标的不同影响程度,也可以把它定性地分为几个等级。

9.3.3　风险评估方法

电子商务项目风险评估方法包括主观估计法、故障树分析法、概率分析法、贝叶斯推断法、层次分析法、蒙特卡洛模拟法和模糊数学法等。项目组可以根据项目风险的具体情况进行合理的选择。根据项目中风险的分析结果与公认的安全指标的比对结果,为风险制定相应的应对措施,进而达到有效地消除或者控制风险的目的。各种方法的适用范围见表 9-5。

表 9-5　各种方法的适用范围

分析方法	适　用　性
主观估计法	适用于资料严重不足或者根本没有可用资料,不能进行多次试验的项目
故障树分析法	适用于新的、复杂的、系统性的风险项目
概率分析法	适用于风险事件概率分布确定并且风险引起的后果可以量化的项目
贝叶斯推断法	适用于众多风险因素引起的风险事件、各种风险因素产生的概率和在每个风险因素条件下风险发生的概率可以确定的项目
层次分析法	适用于存在不确定性和主观信息情况的风险分析过程的项目
蒙特卡洛模拟法	适用于多风险因素的复杂风险事件评估
模糊数学法	适用于风险具有不确定性,而且不确定性常是模糊的项目

1. 主观估计法

主观估计法就是用主观概率对风险进行估计。主观概率是指根据对某事件是否发生的个人观点,取一个 0～1 的数值来描述事件发生的可能性和发生后所带来的后果。因此,主观估计法常表现为某人对风险事件发生的概率和带来的后果做出迅速的判断,这种判断比客观全面的显性信息判断所需的信息量要少。虽然主观估计是由专家或风险决策人员利用较少的统计信息做出的估计，但它是根据个人或集体的合理判断，加上经验和科学分析所得，因此在电子商务项目风险评估的应用中有一定成效。

主观估计法主要适用于资料严重不足或根本无可用资料的情况，对于那些不能进行多次试验的事件，主观估计法常常是一种可行的方法。使用这种方法的关键是要有经验丰富的项目风险分析人员。该方法具体操作步骤如下。

（1）选择对风险进行主观估计的相关人士。

（2）确定被选相关人士的权重系数。

（3）各相关被选人士分别对风险进行评估。

（4）综合各被选人士的评估结果，确定风险水平。

因为主观估计决策速度快，无须太多的信息资料，但容易出现偏差，即估计的风险偏差较大，所以一般需要多人多次对风险进行估计，如采用德尔菲法。

2. 故障树分析法

故障树分析法（Fault Tree Analysis，FTA）是于 20 世纪 60 年代初由美国贝尔实验室在预测民兵导弹发射随机失效概率时提出的。其后，波音公司研制出了 FTA 的计算机程序，进一步推动 FTA 的发展。20 世纪 60 年代中期，随着概率风险估计在核电站安全分析中的应用，故障树分析法成为主要的定性分析方法。使用该方法的分析步骤如下。

（1）选取顶事件。

（2）建立故障树。

（3）求故障树的最小交割集。

（4）求系统故障概率。

因为故障树的完善与否将直接影响分析结果的准确性，所以正确建立故障树是 FTA 的关键一步。

故障树分析法的优点如下。

（1）表达直观，逻辑性强，不仅可以分析部件故障，而且还可用于多重故障及人为因素、环境因素、控制因素及软件因素等引起的故障分析。

（2）既能用于定量分析，又能用于定性分析，同时能找出系统的薄弱环节。对于新的、复杂的系统的风险分析结果可信度高，比较适合于大的电子商务项目的分析。

该方法的缺点如下。

（1）由于故障树的建造及计算过程复杂，限制了底事件的数量，因此复杂系统的 FTA 难以做到对事件详细研究。

（2）假定所有底事件之间相互独立。

（3）所有事件仅考虑正常和失效两种状态。

3. 概率分析法

概率分析法又称风险分析法，是通过研究各种不确定性因素发生不同变动幅度的概率分布及其对项目经济效益指标的影响，对项目可行性和风险性及方案优劣做出判断的一种不确定性分析法。概率分析常用于对大中型重要电子商务项目的评估和决策之中。通过概率分析，计算项目目标值（如净现值）的期望值及目标值大于或等于零的累积概率来测定项目风险大小，为投资者决策提供参考依据。概率分析的步骤如下。

（1）列出各种需要分析的不确定因素，如预期销售价格、销售量、投资和经营成本等。需要注意的是，所选取的几个不确定因素应是互相独立的。

（2）设想各个不确定因素可能发生的情况，即其数值发生变化的几种情况。

（3）分别确定各种可能发生情况产生的可能性，即概率。不确定因素的各种可能发生情况出现的概率之和必须等于1。

（4）计算目标值的期望值。可根据方案的具体情况选择适当的方法。假若采用净现值为目标值，则一种方法是，将各年净现金流量所包含的各不确定因素在可能情况下的数值与其概率分别相乘后再相加，得到各年净现金流量的期望值，然后求得净现值的期望值。另一种方法是直接计算净现值的期望值。

（5）求出目标值大于或等于零的累计概率。对于单个方案的概率分析应求出净现值大于或等于零的概率，由该概率值的大小可以估计方案承受风险的程度，该概率值越接近1，说明技术方案的风险越小；反之，方案的风险越大。可以列表求得净现值大于或等于零的概率。

进行概率分析具体的方法主要有期望值法、效用函数法、模拟分析法和德尔菲法等。①期望值法在项目评估中应用最为普遍，是通过计算项目净现值的期望值和净现值大于或等于零时的累计概率，来比较方案优劣、确定项目可行性和风险程度的方法。②效用函数法中的所谓效用，是指对总目标的效能价值或贡献大小的一种测度。在风险决策的情况下，可用效用来量化决策者对待风险的态度。通过效用这一指标，可将某些难以量化、有质的差别的事物（事件）进行量化，将要考虑的因素折合为效用值，得出各方案的综合效用值，再进行决策。效用函数反映决策者对待风险的态度。不同的决策者在不同的情况下，其效用函数是不同的。③模拟分析法就是利用计算机模拟技术，对项目的不确定因素进行模拟，通过抽取服从项目不确定因素分布的随机数，计算分析项目经济效果评价指标，从而得出项目经济效果评价指标的概率分布，以提供项目不确定因素对项目经济指标影响的全面情况。关于德尔菲法已在第 9.3.1 节中介绍过，在此不再赘述。

4．贝叶斯推断法

"贝叶斯"一词源于 18 世纪英国的一个牧师托马斯·贝叶斯（Tomas Bayes），由于他的发现，使带有主观经验性的知识信息，被用于统计推断和决策中。当未来决策因素不完全确定时，必须利用所有能够获得的信息，包括样本信息和先于样本的所有信息（来自经验、直觉、判断的主观信息），来减少未来事物的不确定性，这就是贝叶斯推断原理。贝叶斯定理的实质就是根据先验概率和与先验概率相关的条件概率，推算出所产生后果的某种原因的后验概率。

众多风险因素引起风险事件的产生，各种风险因素发生的概率和在每个风险因素条件下风险事件发生的概率均可以确定，由此可确定各种风险因素的影响程度。该方法的具体操作步骤如下。

（1）确定被评估的风险事件和引起风险事件发生的所有风险因素，并且使各风险因素互不相关。

（2）确定先验概率和条件概率。

（3）根据有关公式计算，计算结果即为各种风险因素对风险事件的影响程度。

（4）根据计算结果对所有风险因素进行分析和评估。

贝叶斯推断原理用于风险评估时，可在众多的风险因素中抓住主要因素，提高风险分析的效率，但运用这种方法时，先验概率和条件概率确定难度较大。

5．层次分析法

层次分析法（Analytic Hierarchy Process，AHP），在 20 世纪 70 年代中期由美国运筹学家托马斯·塞蒂正式提出。它是一种定性和定量相结合的、系统化、层次化的分析方法。由于它在处理复杂的风险决策问题上的实用性和有效性，层次分析法很快在世界范围得到重视。层次分析法的基本思路与人对一个复杂的决策问题的思维、判断过程大体上是一样的，其基本步骤如下。

（1）建立层次结构模型。建立层次结构模型是指在深入分析实际问题的基础上，将有关的各个因素按照不同属性自上而下地分解成若干层次，同一层的诸因素从属于上一层的因素或对上层因素有影响，同时又支配下一层的因素或受到下层因素的作用。最上层为目标层，通常只有一个因素；最下层通常为方案或对象层，中间可以有一个或几个层次，通常为准则或指标层。当准则过多（如多于 9 个）时，应进一步分解出子准则层。将问题包含的因素分为最高层（解决问题的目的）、中间层（实现总目标而采取的各种措施、必须考虑的准则等，也可称策略层、约束层、准则层等）、最低层（用于解决问题的各种措施、方案等）。把各种所要考虑的因素放在适当的层次内，用层次结构图清晰地表达这些因素的关系。

（2）构造成对比较阵。从层次结构模型的第 2 层开始，对于从属于（或影响）上一层每个因素的同一层诸因素，用成对比较法和 1—9 比较尺度构造成对比较阵，直到最下层。

（3）计算权向量并做一致性检验。对于每一个成对比较矩阵计算最大特征根及对应特征向量，利用一致性指标、随机一致性指标和一致性比率做一致性检验。若检验通过，特征向量（归一化后）即为权向量；若不通过，需重新构造成对比较矩阵。

（4）计算组合权向量并做组合一致性检验。计算最下层对目标的组合权向量，并根据公式做组合一致性检验。若检验通过，则可按照组合权向量表示的结果进行决策；若检验不通过，需要重新考虑模型或重新构造那些一致性比率较大的成对比较阵。

层次分析法有很多优点，其中最重要的就是简单明了。层次分析法适用于存在不确定性和主观信息的情况，允许以合乎逻辑的方式运用经验、洞察力和直觉，使得风险评估者能够认真地考虑和衡量指标的相对重要性。

6．蒙特卡洛模拟法

蒙特卡洛模拟法由约翰·冯·诺依曼（John Von Neumann）创立并推广到科学研究中。由于该方法与轮盘掷色子等赌博原理类同，所以采用欧洲著名的赌城摩纳哥首都 Monte Carlo 命名。蒙特卡洛模拟法又称随机抽样技巧或统计试验方法，它是估计经济风险和工程风险常用的一种方法。蒙特卡洛模拟法的基本思想是，将待求的风险变量当做某一特征随机变量。通过某一给定分布规律的大量随机数值，解算出该数字特征的统计量，作为所求风险变量的近似解。具体方法是通过随机变量函数发生器产生一定随机数的概率模拟，理论上试验次数越多，分布越接近真实值，但实际中达到 50～300 次后，分布函数便不再有显著变化了，趋于稳定。

7．模糊数学法

在电子商务项目风险评估过程中，有很多影响因素的性质和活动无法用数字来定量地描述，它们的结果也是含糊不清的，无法用单一的准则来判断。为了解决这一问题，美国学者扎德（L.A.Zadeth）于 1965 年首次提出模糊集合的概念，对模糊

行为和活动建立模型。模糊数学从二值逻辑的基础上转移到连续逻辑上，把绝对的
"是"与"非"变为更加灵活的东西。在相当的限度上去相对地划分"是"与"非"，
这并非是数学放弃它的严格性去造就模糊性，相反是以严格的数学方法去处理模糊
现象。

因为风险具有不确定性，而不确定性常常是模糊的，所以模糊数学法普遍适用
各种风险的评估和分析。该方法的具体操作步骤如下。

（1）确定模糊集合和模糊关系。

（2）确定集合中各元素对应于模糊关系的隶属度。

（3）运用模糊运算确定被评估对象的程度大小。

模糊理论给不清晰的问题提供了一种充分的概念化结构，并以数学的语言去分
析和解决它们，使模糊问题可以量化，以使风险评估更加科学化和准确化，但确定
模糊集合中各元素对应于模糊关系的隶属度仍然以专家的经验给定。

9.4 电子商务项目风险应对与监控

9.4.1 电子商务项目风险应对概述

将科学意义上的风险管理引入电子商务项目风险管理的实践，在我国起步较晚。
当前，国内在电子商务项目风险管理实践领域主要存在两种问题。

（1）项目管理者或组织，从系统和过程控制的角度应对项目风险的意识还不
足，即风险管理者在项目开始时，能对项目中可能出现的风险做出预测并提出相应
的解决措施，但在项目进程中却忽视了项目风险存在的可能性。

（2）项目风险管理虽然有初步的系统意识，但往往仅停留在理论上，对项目实
际中面临的风险无法正确应对。

从项目实践的角度来看，第二种倾向的危害性更大，也更直接。因此，在电子
商务项目风险管理中，让项目管理者尽快掌握一定的风险应对策略，对解决或降低
这一危害性以及对整个项目风险管理都具有相当大的现实意义。

所谓风险应对，简单地说就是对项目风险提出处置意见和办法。具体来说，是
指在确定了决策的主体经营活动中存在的风险并分析出风险概率及其风险影响程
度的基础上，根据风险性质和决策主体对风险的承受能力而制订的回避、承受、降
低或者分担风险等相应的防范计划。

项目风险应对过程的活动是执行风险行动计划，以求将风险降至可接受程度，
主要包括以下内容。

（1）对触发事件的通知做出反应。得到授权的个人必须对触发事件做出反应，其中适当的反应包括回顾当前现实以及更新行动时间框架，并分派风险行动计划。

（2）执行风险行动计划。应对风险应该按照书面的风险行动计划进行。

（3）对照计划报告进展。在项目进行过程中，需确定和交流对照原计划所取得的进展，定期报告风险状态，加强小组内部交流，定期回顾风险状态。

（4）校正偏离计划的情况。当结果不能令人满意时，就必须换用其他途径，此时应将校正的相关内容记录下来。

9.4.2 风险应对计划的编制

在确定项目的风险应对策略后，就可以进行风险应对计划的编制。风险应对计划主要包括对已识别的风险及其描述、风险发生的概率、风险应对的责任人、风险应对策略及行动计划、应急计划等方面的内容。风险应对计划是针对风险识别和量化的结果，为了提升实现项目目标的机会、降低风险对项目目标的威胁，而制定风险应对策略和技术手段的过程。风险应对计划的编制必须与风险的严重性、应对成本、项目环境下的现实性等相适应，得到所有项目参与方的认同，并且由专人负责。项目风险应对计划过程从输入、输出的角度来看，可分为 3 个方面（见图 9-4），我们在进行风险应对计划编制时就可从这 3 个方面来着手编写。

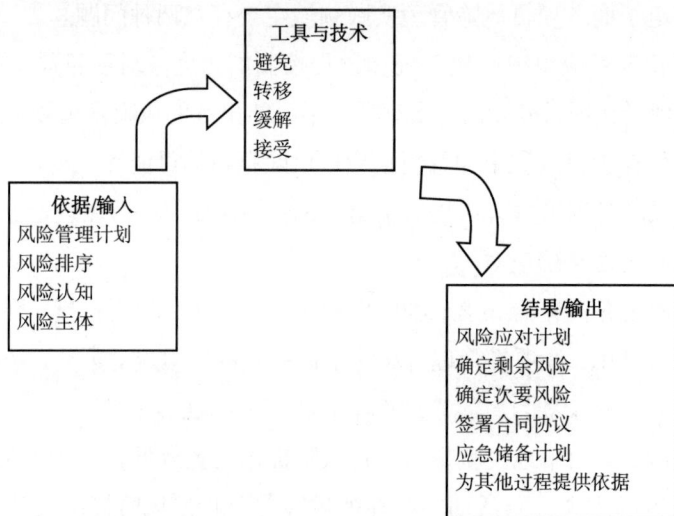

图 9-4　项目风险应对计划过程

1. 风险应对计划的依据

制订风险应对计划的依据包括风险管理体系文件和风险分析后更新的风险

清单。

（1）风险管理体系文件的重要内容包括岗位职责、风险分析定义、风险管理需要的时间和预算，还包括高、中、低风险的极限。这些风险评级的标准帮助管理者确定哪些是需要采用应对措施的风险，以及如何根据风险级别分配资源。

（2）风险分析后更新的风险清单。风险清单最初在风险识别的过程中形成，在风险定性和定量分析中得到更新。风险清单给风险应对计划提供的重要依据包括风险的等级和排序、近期需要采取应对措施的风险清单、需要补充分析和应对的风险清单、风险分析的结果、风险产生的根本原因、按分类分组的风险，以及优先级较低风险的观察清单。风险应对计划在制定风险应对策略时，需要重新参考和已识别的风险、风险的来源、可能的应对措施清单、风险所有人、征兆和预警信号。

2. 风险应对计划的工具与方法

风险应对计划的工具与方法就是风险应对策略，这些策略包括减轻、预防、转移、回避、接受和后备措施6种。具体采取哪一种或者哪几种，需要由项目团队根据当前电子商务项目及其所面临风险的实际情况来决定。

（1）减轻风险。减轻风险策略，是通过缓和或预知等手段来减轻风险，降低风险发生的可能性或减少风险发生后的后果影响程度和范围。减轻风险策略的有效性与风险是已知风险、可预测风险还是不可预测风险关系很大。

对于已知风险，项目管理者可以在很大程度上加以控制，可以动用项目现有资源降低风险的严重后果和风险发生的频率。

对于可预测风险或不可预测风险，这是项目管理者很少或根本不能够控制的风险，诸如某些外部环境因素、市场因素、新技术还不成熟等导致的风险，项目团队是很难去控制的，因此有必要采取迂回策略。对于这类风险，仅仅靠动用项目资源一般收效不大，还必须进行深入细致的调查研究，降低其不确定性。

在对电子商务项目实施风险减轻策略时，应尽可能地把每一项具体的风险都减轻到可以接受的程度。项目中各个风险的程度降低了，项目整体风险在一定程度上也就降低了，项目的成功率就会大大增加。

（2）预防风险。预防风险通常采用工程法，工程法以工程技术为手段，消除物质性风险威胁。采用工程法可以采取多种措施，如提前防止风险因素出现，减少已存在的风险因素，将风险因素同人、财、物在时间和空间上隔离。

工程法的特点是，每一种措施都与具体的工程技术设施相联系，但是不能过分地依赖工程法。采用工程措施需要很大的投入，因此决策时必须进行成本效益分析。

同时，因为任何工程设施都需要有人参加，而人的素质起决定性作用，加之任何工程设施都不会百分之百可靠，因此工程法要同其他措施结合起来使用。

预防风险还可以采用教育法和程序法。教育法是指对有关人员进行风险和风险管理教育。教育的目的是让有关人员充分了解项目所面临的种种风险，了解和掌握控制这些风险的方法，使他们深深地认识到，个人的任何疏忽或错误行为，都可能给项目造成巨大的损失。

程序法是指以制度化的方式从事项目活动，减少不必要的损失。项目管理班子制定的各种管理计划、方针和监督检查制度一般都能反映项目活动的客观规律。

（3）转移风险。转移风险是指将风险转移给参与该项目的其他人或其他组织，因此又叫合伙分担风险，其目的不是降低风险发生的概率和减轻不利后果，而是运用合同或协议，在风险发生时将损失的一部分转移给有能力承受或控制风险的个人或组织。

实行这种策略时要注意两点，一是要让承担风险者得到相应的回报；二是对于各具体风险，谁最有能力管理就采用这种策略转移给谁，所付出的代价大小取决于风险大小。当项目的资源有限，不能实行减轻和预防策略，或风险发生频率不高，但潜在的损失或后果很大时，可采用此策略。

转移风险可以分为财务性风险转移和非财务性风险转移。①财务性风险转移可以分为保险类风险转移和非保险类风险转移两种。财务性保险类风险转移是转移项目风险最常用的一种方法，是指项目团队向保险公司交纳一定金额的保险费，通过签订保险合同来防范风险，以投保的形式将风险转移给保险公司。根据保险合同，项目风险一旦发生，保险公司将承担投保人由于风险所造成的损失，从而将风险转移给保险公司。财务性非保险类风险转移是指通过不同的形式和方法将风险转移给商业上的合作伙伴。比如担保就是一种常用的财务型非保险类风险转移方式。所谓担保，指为他人的债务、违约或失误负间接责任的一种承诺。在项目管理上是指银行、保险公司或其他非银行金融机构为项目风险负间接责任的一种承诺。例如，电子商务外包项目中，承包方可以请银行、保险公司或其他非银行金融机构向发包方承诺为承包方在投标、履行合同、归还预付款、债务、违约或失误等方面负间接责任。在得到这种担保之后，电子商务项目的发包方就把由于承包方在行为方面的不确定性带来的风险转移给了出具保证书或保函的银行、保险公司或其他非银行金融机构。当然，为了取得这种承诺，电子商务项目的承包方也要付出一定代价，但是这种代价最终还是由发包方来承担的。②非财务性风险转移是指按照风险和收益对等的原则，将与电子商务项目风险有关的活动通过合同等方式转移到抗风险能力比较强的第三方。

这与回避风险策略有一定的关系，两者都是试图减轻项目风险及其可能的损失，但回避风险是不需要任何人承担风险后果的，而风险转移是将项目风险转移到第三方。

在电子商务项目中普遍存在的软件外包就是一种非常好的非财务性风险转移策略。外包就是向本项目组织外分包产品和服务，常常是针对某些种类风险的有效对策。比如，某电子商务项目中要使用某种特殊的技术，与其自行开发，不如通过与有此种技术经验的厂商签订合同，以委托（分包给）对方开发的方式转移自己在这方面的技术风险。

在电子商务项目管理中，需要注意的是，外包行为往往将一种风险置换为另一种风险。比如上例中的外包转移了一项技术风险，但会因这个风险转移给第三方又会造成自己在成本等方面出现新的风险。因此，风险转移只是一种平衡，不是消除风险的办法。

（4）回避风险。回避风险是指通过风险分析，发现电子商务项目风险的潜在威胁发生的可能性太大，不利后果也很严重，又没有其他更好的策略可用时，主动放弃项目或改变项目目标与行动方案，从而规避风险的一种策略。回避风险包括主动预防风险和完全放弃两种。

人们不可能排除所有的风险，但可以通过分析找出发生风险的根源，通过消除这些起因来避免相应风险的发生，这是通过主动预防来回避风险。例如，为了避免需求不明确，可以通过开发原型系统并向客户演示，直到客户满意，并记录下来形成需求基线。这样在提交前客户验收时，就不会出现与客户在需求上有分歧的风险，从而有效地避免了这个风险。

回避风险的另一种策略是完全放弃。例如，前几年互联网泡沫破灭的时候，许多公司关闭了网站，这就是一种完全放弃的风险应对策略。完全放弃是最彻底的回避风险的办法，但是，放弃的同时也失去了发展的机遇。

在采取回避策略之前，必须要对风险有充分的认识，对风险出现的可能性和后果的严重性有准确的把握。采取回避策略，最好在电子商务项目尚未开始实施时。而放弃或改变正在进行的项目，一般都要付出高昂的代价。

（5）接受风险。有时，对于一些可以接受的风险，也可以采取接受风险的应对策略，即电子商务项目团队有意识地选择由自己来承担风险后果。当项目团队觉得自己可以承担风险发生后所产生的损失时，就可用这种策略。

有的风险是没有办法防范的，如地震、洪灾等，当风险发生的时候，只能采取接受风险造成的后果这一事实。例如，为了避免不可抗力造成的后果，在一些重要的电子商务项目中，可以建立异地备份中心。当风险真的发生时，可以接受事实，启用备份中心。由于在风险识别和分析阶段已对一些风险有了充分的准备，所以当风险事件发生时马上执行应急计划，这是主动接受。

虽然接受风险是电子商务项目团队有意识地选择由自己来承担风险，但不一定是主动的，也可以是被动的。例如，由于各方面的原因，项目延期了，因交付延误，必须向客户支付违约金，或不得不接受客户新增加的需求或变更需求等。这些都造成项目成本增加，利润下降甚至亏本。而为了市场的需要，不得不接受这个现实，这是被动接受。

被动接受风险是指在风险事件造成的损失数额不大，不对电子商务项目的整体目标造成较大影响时，项目团队将风险的损失当做电子商务项目的一种成本来对待。当然成本增加了，项目的收益自然就要受影响，不过这种情况下并不发生应对风险的成本。

接受风险是最为省事的风险应对方法，几乎没有应对措施和方案，在有些情况下也很经济。因此，当采取其他风险应对方案的成本超过风险发生后所造成的损失时，也可以采取接受风险的方法。

（6）风险预留。一些规模比较大的电子商务项目，项目的复杂性较高，项目周期也会比较长、不可控因素也多。对于这样的电子商务项目，其风险是一定存在的。

所以，为了保证电子商务项目整体目标的实现，有必要制定一些风险发生后的应急措施来预留风险。所谓风险预留，就是指根据电子商务项目风险分析的结果，事先确定相应的预留措施并完善项目风险管理计划，一旦发现风险，就启动预留或后备应急措施。

电子商务项目的风险预留主要有风险成本预留、风险进度预留和技术后备措施等。

1）风险成本预留。预留的风险成本是在电子商务项目经费预算中事先准备的一笔资金，用于弥补由于在电子商务项目进行过程中出现的差错、疏漏及其他不确定性事件对项目成本预算准确性的影响。

虽然预留的风险成本在电子商务项目初期就已经预算出来，但是究竟何时用在何处，以及需要花费多少，在编制项目预算时并不能具体确定。因此，风险成本预留在编制项目预算时要单独列出，不应分散到各个具体成本项目中，否则可能增加项目管理者对预留成本的控制难度。

同时，项目团队在进行风险成本预留时要根据项目风险分析的结果来进行，千万不可盲目地在各个具体成本项目中预留成本。盲目地预留，会无端地在项目进行过程中增加许多浪费，减少项目收益，同时也可能由于项目预算过高而在市场竞争中错失机会。

预留的成本又可以分为实施应急费和经济应急费两类。实施应急成本用于补偿估价和实施过程中的不确定性，经济应急成本用于应付通货膨胀、价格或汇率等的波动；实施应急费又可分为估价质量应急费和调整应急费，而经济应急费则可进一步分为价格保护应急费和涨价应急费。

2）风险进度预留。电子商务项目由于生产的是不可见的高科技产品，其所采用的技术比较复杂，因此项目的进度有时比较难以准确地度量和控制。当电子商务项目进行过程中出现一些不确定的事件后，其进度也常常会受到直接或者间接的影响。相关的调查和研究表明，电子商务项目大多数都没有按期完成。

为了能够保证电子商务项目能够按照预定的期限完成，项目管理者有时需要在制订进度计划时预留一些机动时间或设置一些可以自由控制的时间差。当项目进行过程中出现了一些不利事件引起进度拖延时，项目管理者可以用这些机动时间或者时间差去补偿进度的延迟，从而总体上保证电子商务项目的整体进度。

根据网络计划的原理，这些预留的机动时间或者时间差只有放在项目的关键路径上才对整个电子商务项目有效。此外，还可以通过压缩关键路径上工序的活动时间或者改变工序之间的逻辑关系来预留项目的进度，比如快速跟进法和赶工法等。但是，这样的方法一般需要增加其他资源的投入，有时甚至可能带来新的风险。

3）技术后备措施。技术后备措施专门用于应付项目的技术风险，它是预留的一段时间或预提的一笔资金。只有当技术风险发生并需要采取补救行动时，才动用这笔资金或这段时间。

技术后备措施分两种情况，预提的技术应急费和预留的技术后备时间。技术应急费：由于采取补救行动的可能性不大，所以技术应急费应当以预计的补救行动成本与它发生的概率之积来计算和提取。技术应急时间是指为了应对技术风险造成的进度拖延，应该事先预留一段备用时间。当技术风险发生并且必须采取补救措施时，用这段时间实施补救行动。

电子商务项目的管理者在设计和制定风险应对措施时，要针对具体电子商务项目的实际情况、项目发展的不同阶段和项目所面临的不同风险的特点，采用上述风险应对方式。

3．风险应对计划的结果

（1）风险应对计划。指针对项目可能存在的风险事件所制订的详细风险应对措施的规划，包括风险识别、风险特征描述、风险成因、影响项目的区块、对项目目标可能产生的影响、风险主体和责任分配、风险定性和定量分析的结果、针对每一项风险所制定的应对措施等；实施后，预期的风险残留水平（风险概率及其影响程度），事实选定的应对策略所需要的具体行动，风险应对措施的预算和时间，应急计划和反馈计划等。

（2）确定剩余风险。剩余风险是指采取了规避、转移或缓和措施后仍保留的风险，包括被接受的小风险。

（3）确定次要风险。由于实施风险应对措施而直接导致的风险称为次要风险，它们应与主要风险一样来识别并计划应对措施。

（4）签署合同协议。为了避免或减轻威胁，可以针对具体风险或项目签订保险、服务或其他必要的合同协议，确定各方的责任。

（5）需要的应急储备量。为了把超越项目目标的风险降低到组织单位能够接受的水平，确定需要多少缓冲和应急储备。

（6）为其他过程提供的依据。选定的或提出的各种替代策略、应急计划、预期的合同协议、需额外投入的时间、费用或资源及其他有关的结论都必须反馈到相关领域，成为其过程计划、变更和实施的依据。

9.4.3　电子商务项目风险监控

对电子商务项目的风险进行监控的工具和方法，主要包括以下6种。

1．阶段性评审与过程审查

电子商务项目所生产的软件是不可直接度量的产品，为了对其工作效果进行合理的检验，并有效地监控电子商务项目过程中的风险，就需要借助一系列的阶段性评审与过程审查。

通过大量的评审活动来评估、确认前一个阶段的工作及其交付物，提出补充修正措施和调整下一阶段工作的内容和方法。

阶段性评审可以让风险尽早被发现，从而尽早地预防和应对，风险发现得越早，越容易防范，应对的代价越小；风险发现得越晚，就越难以应对，而且应对的代价就越高。阶段性评审与过程审查可以有效地检验工作方法和工作成果，并通过一步步地确认和修正中间过程的结果来保证项目过程的工作质量和最终交付物,大幅度地降低电子商务项目的风险。

2. 风险再评估

在电子商务项目风险监控的过程中,经常需要对新风险进行识别和评估,或者对已经评估的风险进行重新评估和审核,检查其优先次序、发生概率、影响范围和程度等是否发生变化等,重新评估的内容和详细程度可根据电子商务项目的具体情况确定。

3. 风险应对审计

风险应对审计主要指对风险管理过程的有效性、用已经拟定的风险应对措施处置已识别风险的有效性、风险承担人的有效性等进行审计。

4. 技术绩效测量

技术绩效测量是从技术角度对电子商务项目的中间成果与项目计划中预期的技术成果进行比较和测量,如果没有实现计划预计的功能和性能,那么电子商务项目有可能存在范围风险。

5. 挣值分析

挣值分析的结果反映了电子商务项目在当前检查点上的进度和成本等指标与项目计划的差距。如果存在偏差,则可以对原因和影响进行分析,这有助于尽早地发现相关的风险。

6. 风险预留分析

在电子商务项目的实施过程中,可能会因为某些风险而动用预留的资金或时间。风险预留分析就是在某些阶段性的项目时间点,把总的风险预留与剩余的风险预留资金或时间进行比较,再把总的风险量与剩余的风险量进行比较,根据它们的比例关系可以知道风险的大小和确定风险预留是否充足。

本章小结

本章系统介绍了电子商务项目风险管理的流程和常用的工具方法。电子商务项目风险是指在项目开发过程中遇到的预算和进度等方面的问题,以及这些问题对项目的影响。电子商务项目风险会影响项目计划的实现,如果项目风险变成现实,就有可能影响项目的进度,增加项目的成本,甚至使电子商务项目不能实现。

电子商务项目常见的风险有需求风险、管理方面的风险和技术方面的风险等。项目在初期确定需求时往往都是模糊的、不确定的,有时甚至是混乱的,这些问题会对项目的成功造成巨大的潜在威胁。在电子商务项目中,许多风险都是由项目的客户因素造成的。在对电子商务项目进行风险管理时,有必要注意识别其管理方面的风险因素。软件技术的复杂性和新技术不断涌现,使得电子商务项目团队缺乏经验丰富的工程师,可能因为技术原因影响项目的成功。

电子商务项目风险管理计划在风险管理活动中起控制作用,是针对整个项目生命周期而制订的如何组织和进行风险识别、定性评估、定量分析、风险应对、风险监控的计划。

完整的项目风险管理应该包括风险识别、风险评估、风险应对和风险监控4个环节。4个环节有着相互关联的意义和内涵。项目风险管理的目标在于增加积极事件的概率和影响,降低消极事件的概率和影响。

风险识别是找出影响项目质量、进度、投资等目标顺利实现的主要风险源,是风险管理的第一步,常用的风险识别方法有财务报表法、头脑风暴法、德尔菲法、SWOT分析法、访谈法、因果分析图法、流程图法、风险识别检查表法等。进行风险识别时,风险管理者不仅要识别所发现或推测的因素是否存在不确定性,而且要确认这种不确定性是客观存在的。风险评估的目的是确定各种已识别风险的级别,进行排序和比较,有利于按照等级保护的策略,实施突出重点的风险控制措施,来阻止风险演变成为事件(比如项目延迟、安全事故等)。风险评估模型不是固定的,不同公司、不同项目组可根据自身条件制定适合本公司的评估方法。对电子商务项目而言,项目风险可按项目大小与范围、数据处理能力、技术能力与经验、管理模式、项目运作环境等进行分类,进行风险评估的常用方法有故障树法和蒙特卡洛模拟法等。风险控制是指风险管理者采取各种措施和方法,消灭或减少风险事件发生的各种可能性,或者减少风险事件发生时造成的损失。只有做好风险控制工作,才可以说成功地管理了风险。通常的风险控制措施和方法有减轻风险、预防风险、转移风险、自留风险、预防风险和风险后备等。最后,通过制定规划,实施保护措施,对每一个阶段的风险都要进行监控。

案例分析

"许鲜"生鲜电商的商业与运作模式分析

"许鲜"是一家水果电商,说起来是电商,但听上去它的生意却简单而无趣——只做卖水果这一件事。既没有如京东的亚洲一号那样壮观的仓储基地,也不具备重金打造的冷链物流体系,甚至连在很多O2O领域早已成为标配的"上门服务"这件事"许鲜"都不去做，反倒是"高冷"地要求客户每天必须在凌晨一点之前下单，中午之后客户才被允许跑去门店自提水果，并且 48 小时不提视作自动放弃。他们从不搞疯狂补贴，也不打广告，在资本已经重金进入的生鲜电商市场里显得尤为特立独行。

在生鲜电商这块难啃的骨头面前，前有获得 1 亿美元天使轮融资的华为荣耀前总裁刘江峰，后有京东 7 000 万美元领投天天果园，还有被精心打造的亚马逊生鲜馆、顺风优选。不过，"许鲜"却用短短 9 个月时间从大学校园起步，从零迅速扩张了 66 家线下门店，单月水果销售额突破千万，在菲律宾香蕉等细分品类，"许鲜"目前已成为北京地区最大的销售商；不仅如此，这个不玩补贴、不打广告的"异类"把水果零售价格做到了低于市场均价 30%，同时还保证自己 1%~2% 的净利润。尽管不愿意被贴上互联网思维的标签，"许鲜"事实上已经取得了在互联网企业身上才能看到的指数级增长。

"许鲜"就是面对这样一群高校大学生火起来的。"便宜，新鲜"成为它在学生心目中的标签。在北京很多高校的校园内，你可以很容易地找到它的线下门店，门店只能提货，不进行零售。与逼仄的夫妻小店不同，这些门店的装修大多以棕色为主，几十平方米的空间内，立着几排靠墙的柜子，陈列着 80 多种品类的水果，它们有的被塞进在一个小型的塑料盒子中，有的被封装在袋子里，客户拿到手里的，全是独立的包装。水果的供应链包括存和运，在存方面，传统的供应商不知道客户在哪里，就会产生库存，库存涉及冷链（冷库）和普通库存，普通库存存在一定的损耗，冷链虽然损耗较低，但是存储成本很高。在运输的环节，所有产地的水果在物流环节会有上车，下车，出仓，进仓的过程，人为的损耗很大。同样，由于涉及人为因素，每一层的人力成本都会将水果价格提升 5%。在这个过程中，每砍掉一层，损耗会降低 10%~15%，加上之前 5% 的人力成本，毛利就会增加 15%~20%。损耗、毛利、库存这些生意人熟知的概念被徐晗时常挂在嘴边。传统的小摊上，让客户挑，挑来挑去也会产生损耗。水果的摆放条件、码放的要求、高度、重量、压力等，也是不可忽视的环节，这些环节并不高效。以火龙果为例，一个火龙果从果园到客户手里要经历多少道流程。如果你去北京最大的水果批发市场——新发地，你或许能够感受一二。下午 3 点，新发地的库房附近，每个商家的脸上都透露着疲惫，他们通常在凌晨 2 点起床，他们会一直发货到第二天上午六七点。白天的时间还要处理各种散货。在水果行业从业十余年的苑经理介绍说："现在的火龙果都是从越南进货，我们从北京拿货，放在仓库里，再成箱批发给零售商、水果超市等。

整个过程中，物流，冷链，每个环节都至关重要。每类水果的存储温度是不一样的，你看这些澳芒，他们放在阴凉的室内就行，但是火龙果、蓝莓、香蕉就不一样，要封装好放进冷库里。不然就会坏掉。"

除了冷链和物流，还有一个难点在于，生鲜电商领域没有一个严格的价格体系，农产品是一个网状结构，价格透明度和信息对称程度会比较高，没有层层代理的机制，也没有绝对的渠道控制，一级批发市场可以直接卖给零售，二级批发市场也可以直接卖给消费者。价格体系不存在，价格在正常情况下是有梯度的，但是到了尾市，商户可以不计成本地往外销售。

"许鲜"的做法是，把物流、冷链这些重的事情变轻，他们会找到联想佳沃、甘肃天水这样的水果供应商，给他们带来销量，只专心做好卖水果这一件事情。提前下单，是"许鲜网"设置的订货流程。你需要在网上选好自己要买的水果，凌晨1点之前付款下单，第二天11点之后，再去指定的门店提水果。没有送货上门的配送，也无法在线下的门店临时购买，如果超过2天没有提货，订单还会被自动取消。

习惯了到家服务的客户可能会对这样"不友好"的流程颇不适应，但正是由于像团购一样提前完成了支付的环节，反而能够让客户产生一定的重视。

掌握客户需求之后再进行配货，也会降低"许鲜"的库存压力和损耗率。可"巧妇难为无米之炊"，看上去很美好的模式，怎样才能让对价格敏感的学生群体快速产生兴趣呢？9个月，从0到1000万元是怎么实现的？从0开始，在短时间内实现快速增长并不是一件容易的事儿，很多O2O项目为了在价格敏感的消费者端占领市场份额，不惜花大价钱补贴客户。

相反，在早期推广中，许鲜并没有投入太多的资源在其中，用徐晗自己的话说就是："我们是用一个苹果就砸出一个注册客户。"最早，为了招徕客户，"许鲜"在北大等一些校园内采用扫二维码下载客户端送苹果的方式，靠着一个个苹果的推动，"许鲜"积累了最早的一批客户，门店也开到了5家。

那些日子里，徐晗每天凌晨1点睡觉，3点半起来去进货，整个团队超负荷运转仍然无法满足激增的订单需求。学生来到店里提货，发现要买的水果还没有到，"北大未名论坛的十大新闻热点，我们一周连着上了两次，全都是负面评论，很多客户来我们店里就是想过来看看我们到底有多烂。"

小西索性就和同事一起建了微信粉丝群，把骂他们的客户拉到群里一个一个收集意见反馈，并且时不时地跟群里的同学进行互动。在互动过程中，客户的建议常常会被采纳，这个参与的过程也让"许鲜"一步步了解了客户更细微的需求。

慢慢地骂声开始变弱了，直到有一天小西发现，群里之前一个骂他们最凶的客户开始主动向别人推荐"许鲜"了。

目前，"许鲜"已经建了 60 多个群，每个群有 100 个客户，针对"社区"的活跃客户，小西和他的同事会定期组织一些采摘活动，新水果的试吃也会交给这些客户，反馈良好的品类才会进一步在网站上上线。和光膀子、操土话的供应商交朋友。

好的商业模式，获取大的流量，这对于一家互联网公司来说都不是难题，难的是如何沉到最底层。传统的水果供应流程是从果园到果品公司，再到一级批发市场、二级批发市场、三级批发市场。"许鲜"最早是和三级批发市场合作，不断把量带上去之后，才开始有资格跟二级批发市场、果园、果品公司等合作。早期，"许鲜"的体量还不够大的时候，采购人员去新发地水果批发市场找香蕉批发商，想用更便宜的价格拿货。那时候，批发商嘴巴都不张，只是轻蔑地哼了一下，看都不看一眼。后来，等"许鲜"客户体量做大了之后，有一次香蕉发货出现延迟，这位批发商亲自上门道歉，保证不会再有类似的问题，并希望"许鲜"不要中断既有的合作。对于供应商态度变化的原因，徐晗总结道，除了能够带来大量的销量之外，"许鲜"同时能够做到不拖欠供应商的货款。"许鲜"的一位供应商高师傅介绍，"最早'许鲜'是每天一结，慢慢地变成一周一结，从没有拖欠。"在这一点上，徐晗精打细算的一面又发挥了作用。"传统的零售因为有库存，生意差一点的便利店，一次现金流的滚动是负 15 天到负 20 天，一些大型传统商超甚至达到负 30 天，'许鲜'能够做到正向 15 天的现金流，不拖款，不压账。"订单量大、不拖欠款项为"许鲜"赢得了供应商的信任。

在水果电商行业内，从做线下水果生意起家的"天天果园"让徐晗敬重，但他更崇拜的是 15 年如一日把低价、新鲜做到极致的永辉超市。当年沃尔玛、家乐福们在中国纷纷提出农超对接，但最终却是本土的永辉超市赢下了低价、新鲜、放心的声名，让无数市民愿意起大早赶公交排队去永辉超市买生鲜，这家看似传统的连锁商超，却有着让徐晗叹服的后端和 IT 体系，这种粗中有细的深厚商业积淀，正是让徐晗心有戚戚的榜样。驯服技术，而不是膜拜，"许鲜"创始人徐晗毫不掩饰他对于互联网圈习以为常的比吆喝、比补贴、比概念等风气的厌恶，他相信把补贴拿掉以后，还能留得住的才是真正的价值。决定进入水果市场之后，徐晗迅速组建一个互联网技术背景的团队，此外，和专注于技术的"极客"所不同的是，徐晗家族中几乎都是浙商，用他的话来说，浙商有一个特点，就是要把钱算清楚了。

受家族成员多年的商业经验和视野影响，徐晗在产品定位上清晰而直接——只做卖水果的平台。让客户提前下单、上门自提使需求更细化明确：凌晨 1 点下单，11 点后提货保证水果当日采摘足够新鲜：不被库存、物流羁绊，最大限度降低损耗控制成本；提前装份，提前付款，减少调减和客户下单不取造成的损耗。另一方面，创业初期在人手有限的情况下，数据产品经理出身的徐晗不仅攻技术，而且还负责采购，几乎把运营、采购、技术、产品、系统所有的活儿都干了一遍。如今随着规模扩大，招聘和管理技术团队，对服务器升级，用分析数据创造价值，成为徐晗更关心的话题，徐晗相信这是支撑许鲜未来成倍增长的关键因素。

思考：试运用项目管理的相关理论，如风险识别技术、风险评估技术和风险规范方法，分析"许鲜网"创业面临的风险种类与风险等级，在此基础上，写一份风险规避报告。

（资料来源：学习啦. http://www.xuexila.com/success/chenggonganli/507308.html.2016-03）

习题

一、不定项选择题（每道题有 1 个或多个正确选项）

1. 减少项目风险最佳的方法是（　　　）。

A. 实施较好的计划　　　　　　　B. 选择高学历的项目经理

C. 引进项目管理成本控制系统　　D. 请技术专家担任项目经理

2. 项目风险管理的第一步是（　　　）。

A. 风险监控　　B. 风险评估　　C. 风险分析　　D. 风险识别

3. 下列方法中，不属于项目风险识别方法的是（　　　）。

A. 德尔菲法　　　　　　　　　　B. 蒙特卡洛模拟法

C. 鱼刺图法　　　　　　　　　　D. 访谈法

4. 下列属于风险应对策略的是（　　　）。

A. 回避风险　　B. 接受风险　　C. 转移风险　　D. 以上都是

5. 挣值分析主要用于进行（　　　）。

A. 风险识别　　B. 风险评估　　C. 风险应对　　D. 风险监控

二、名词解释

1. 项目风险管理

2. 头脑风暴

3. 因果分析图

4. 主观估计法

5. 蒙特卡洛模拟

三、简答题

1. 项目风险管理包括哪些主要工作过程?

2. 如何识别电子商务项目风险?

3. 项目风险评估方法有哪些?

第10章
| 电子商务项目收尾管理

【导入案例】

某项目的验收工作

假设某项目的主要工作已经基本完成，经核对项目的"未完成任务清单"后，终于可以提交客户方代表老刘验收了。在验收过程中，老刘提出了一些小问题。项目经理张斌带领团队很快妥善解决了这些问题。但是随着时间的推移，客户的问题似乎不断。时间已经超过了系统试用期，但是客户仍然提出一些小问题，而有些问题都是客户方曾经提出过，并实际上已经解决了的问题。时间一天一天地过去，张斌不知道什么时候项目才能验收，才能结项，才能得到最后一批款项。

10.1　电子商务项目收尾管理概述

10.1.1　项目收尾管理的意义

项目完工的情况可以分为两种：一是项目目标已经成功实现，项目正常进入生命周期的最后一个阶段——"结束阶段"的情况，这种状况下的项目结束为"项目正常结束"，简称"项目终结"；二是项目任务无法完成，项目目标无法实现，提前终止项目实施的情况，这种状况下的项目结束为"项目非正常结束"，简称"项目中止"。对于项目终结，我们要对项目的人、财、物进行清理，最终编制项目实施报告。项目收尾阶段的工作对于项目各参与方都是十分重要的，对于项目顺利、完整地实施更是意义重大。

10.1.2　项目收尾管理的内容

电子商务项目收尾包括合同收尾和管理收尾两部分。

合同收尾：依据合同，和客户一项一项地核对，检查是否完成了合同所有的要求，是否可以结束项目，也就是通常所说的验收。

管理收尾：把已完成项目的项目可执行代码和项目文档等各类项目资料归档；对外宣称项目已经结束；项目转入维护期，并把相关的产品说明转到维护组；项目组进行经验教训总结。

电子商务项目管理收尾对电子商务项目的最终成功具有重大的意义。项目在尾声表现出的人力资源、财务状况及项目的某些经验教训都是可以进行总结并再次利用的资源，总结得越多，资源就越丰富，能够形成适合电子商务企业自身的成熟的项目管理模式，降低电子商务项目管理的风险和管理成本，真正实现电子商务项目管理的竞争力。

电子商务项目合同收尾由于受到客户需求不明确、不断变更、合同标的通常较大以及项目周期较长等原因的影响，在合同最终移交的过程中，必须协调各方面的关系，特别是许多不确定因素最终都要在合同收尾解决，因此往往是项目负责人最头痛的事情。

电子商务项目的收尾过程见表 10-1。

表 10-1　电子商务项目的收尾过程

过　　程	主要内容	输出内容	关键因素
管理收尾	人力资源管理、信息管理、财务审计管理	项目实施报告、项目档案资料、项目总结、项目审核报告	沟通、总结、交流
合同收尾	合同移交、验收	合同文件、正式验收和收尾	协调、理解

10.2　电子商务项目文档与验收

项目文档是项目竣工验收和质量保证的重要依据之一，也是项目交接、维护和后评价的原始凭证，在项目验收工作中起着十分重要的作用。因此，项目文档验收是项目竣工验收的前提条件，只有项目文档验收合格，才能开始项目竣工验收。

10.2.1　项目文档验收的内容

（1）项目概念阶段应验收、移交、归档的文档（包括但不限于）。

- 项目初步可行性研究报告及相关附件。
- 项目详细可行性研究报告及相关附件。
- 项目方案及论证报告。
- 项目评价与决策报告。

（2）项目规划阶段应验收、移交、归档的文档（包括但不限于）。

- 项目描述资料（范围划分报告、详细设计报告等）。
- 项目计划资料（完整的项目进度计划、质量计划、成本计划和资源计划）。

（3）项目实施阶段应验收、移交、归档的文档（包括但不限于）。

- 全部采购合同的招标书和投标书（含未中标的标书）。
- 全部合格供应商资料。
- 全部合同变更文件、现场签证和设计变更等。
- 项目质量记录、会议记录、备忘录、各类通知等。
- 项目进展报告。

- 进度、质量、成本、安全、范围等变更控制申请及签证。
- 进场环境报告。
- 质量事故、安全事故调查资料和处理报告。
- 各种第三方试验、检验证、报告等。

（4）项目收尾阶段应验收、移交、归档的资料（包括但不限于）。

- 项目竣工图。
- 项目竣工报告。
- 项目质量验收报告。
- 项目后评价资料。

10.2.2　项目文档验收的程序与结果

1. 项目文档验收的程序

项目文档验收的程序如下。

（1）项目文档交验方按合同条款有关文档验收的范围及清单进行自检和预验收。

（2）项目文档验收的牵头组织方按合同资料清单或档案法规的要求分项一一进行验收、清点、立卷和归档。

（3）对验收不合格或有缺陷的项目，通知相关单位采取措施进行修改或补充。

（4）交接双方对项目资料验收报告进行确认和签证。

2. 项目文档验收的结果

项目文档验收的结果包括：项目文档档案；项目文档验收报告。

10.3　电子商务项目成本决算与审计

10.3.1　成本决算

决算是以实物量和货币为单位，综合反映项目实际投入和投资效益，核定交付使用财产和固定资产价值的文件。

成本决算是指项目从筹建开始到项目结束交付使用为止的全部费用的确定。要编好项目决算，首先要编好结算，结算是决算的主要资料来源。

决算的依据。项目决算的依据主要是合同、合同的变更。

决算的内容。项目决算的内容包括项目生命周期各个阶段支付的全部费用。

决算的结果。决算的结果形成项目决算书，经项目各参与方共同签字后作为项目验收的核心文件。决算书由两部分组成，即文字说明和决算报表。①文字说明主要包括项目成果概况、设计概算、实施计划和执行情况、各项技术经济指标的完成情况、项目的成本和投资效益分析、项目实施过程中的主要经验、存在的问题和解决意见等。②决算报表包括项目成果概况表、财务决算表、交付使用财产总表和交付使用财产明细表。对于小型项目决算表可按上述内容简化为小型项目决算总表和交付使用财产明细表。

10.3.2　成本审计

成本审计可贯穿在项目的全过程中。具体如下。

1．项目计划时期的成本审计

项目计划时期的成本审计主要是对成本估算和成本计划进行审计。审计的内容主要有：成本估算采用了哪种方法；成本计划采用了什么方法，是粗线条还是细线条，能否满足控制成本的要求；不可预见成本的数量是否合理等。然后形成审计报告。

2．项目实施过程中的成本审计

（1）成本报告的审计。它包括：审核成本报告的内容是否全面，报告格式是否规范；核查报告与实际发生成本的吻合情况；结合进度报告和质量报告判断成本报告的真实性。然后形成审计报告。

（2）实施成本的审计。主要工作有：审查成本的超出和实际支出偏低的情况，查明发生成本与计划成本的偏差幅度及其原因；审查发生的成本是否合理，有无因管理不善造成成本上升和乱摊成本的问题；审查成本控制方法、程序是否有效，是否有严密的规章制度；审查有无擅自改变项目范围；若存在成本失控问题，应查明原因，提出整改建议。然后形成审计报告。

3．项目结束时的成本审计

项目结束时的成本审计主要是指进行项目成本审计。其做法是对照项目预算审核实际成本的发生情况，看是超支还是节约。如果超支，要查明是项目成本控制不利还是因擅自扩大项目范围或乱摊成本所致；如果节约，则要查明是否缩小了项目范围或降低了实施标准。然后形成审计报告。

10.4　电子商务项目合同收尾活动

10.4.1　召开项目收尾会议

项目收尾中很重要的一项工作就是获得客户对项目产品或项目可交付物的验

收。客户将对照合同中对项目的需求并按照验收程序审查交付的项目成果。这时应提醒项目客户注意需求本身发生的偏差,并出示所有得到客户同意的(客户签字认可的)变更记录。而且,要使任何悬而未决的项目问题都可以得到正式结束,最好的方法是将客户和其他项目干系人召集在一起召开一次最终会议。通过这样的会议,可以避免项目经理就尚未解决的问题逐个向项目干系人进行澄清。

此项会议的一项主要内容是项目经理需要做出项目执行陈述:比较项目最终可交付成果与项目合同文件要求的偏差情况。

10.4.2 项目验收

项目验收是项目组与客户/项目发起人代表之间进行的正式活动。在这种活动中,客户/项目发起人代表将核实项目所交付的产品及支持文档是否符合项目需求和目标。项目验收标准要尽量在项目启动过程中确定,而不要像验收程序一样拖到项目收尾过程再定。项目验收包含以下内容。

1. 安排项目验收会议的日程

项目验收会议是由客户/项目发起人代表、项目的管理团队(项目经理和项目组中各个功能区域的负责人)及项目验收委员会共同参加的会议。与会者一旦确定,就应安排会议的召开日期和时间。务必要为与会者留出充足的准备时间,让他们能够审阅相关材料。

2. 分发会议材料

在会议召开之前,应当将材料分发给相关人员。务必在会议召开之前及早地将这些材料分发出去,让验收人员有充足的时间对其进行审查。这些材料应至少包括项目说明书和项目实施计划(以及附带的产品验收计划)。

3. 召开项目验收会议

在验收会议期间,与会者将评估项目组所提交的项目成果并对成果进行测试。根据验收计划中的验收标准,与会者将确定以下 3 个方面。

(1)物理审核结果。即客户是否已收到所有的项目可交付结果。

(2)功能审核结果。即产品验收及测试的结果是否证明产品符合了对它的需求。

(3)商务审核结果。即是否完成了所有必要的客户培训。如果需要,是否已经成功完成现场安装。会议结束时,验收人员应确定验收结论。

项目验收可能得到以下结果之一。

(1)接受。即客户/项目发起人代表同意项目产品已经符合验收标准,并且客户/项目发起人代表取得可交付产品及支持材料的所有权。

（2）有条件接受。即客户/项目发起人代表同意接受项目的结果，但必须先完成指定的纠正措施。

（3）不接受。即项目产品没有达到验收标准，需要进行其他工作。如果客户/项目发起人代表不接受项目产品，项目组就应安排执行已确定纠正措施的时间，并重新提交修订的项目产品以进行后续验收。在"有条件接受"的情况下，后续验收只需要确认已经完成指定的纠正措施。但是，如果结果是"不接受项目产品"，则应重新执行整套产品验收和测试。

在验收会议结束时应完成记录，其中需包括重要的验收意见或行动建议，以及项目验收会议的结果。如果结果是"不接受"，则应安排后续项目产品验收会议的时间。

10.5   电子商务项目移交

电子商务项目移交是：当项目通过验收后，电子商务项目团队将项目成果的所有权交给项目接收方，这个过程就是项目的移交或交接。电子商务项目移交完毕，项目接收方有责任对整个项目进行管理，有权利对项目成果进行使用。这时，项目团队与项目业主的项目合同关系基本结束，项目团队的任务转入对项目的保修阶段。

电子商务项目收尾阶段的管理活动是一个整体性的系统工程。电子商务项目完工验收是项目移交的前提，项目移交是项目收尾的最后工作内容，是项目管理的完结。

10.5.1   移交的程序及结果

当项目通过验收后，电子商务项目团队将项目成果的所有权交给项目接收方，这个过程就是电子商务项目的移交。项目移交完毕，项目接收方有责任对整个项目进行管理，有权力对项目成果进行使用。这时，项目团队与项目业主的项目合同关系基本结束，项目团队的任务转入对项目的保修阶段。

移交的内容包括以下3项。

1. 实体移交

项目内所包括的各种设备实体的交接，项目实体移交的繁简程度随项目承发包模式的不同及电子商务项目规模等具体情况的不同而不同。电子商务项目的实体交接主要是软件系统、计算机硬件、辅材和耗材等。在实施单位负责设备订货和交接工作时，凡是合同上规定属于客户在生产过程中使用的实体物品，均应由项目团队向项目接收方移交。

2．技术档案文件移交

移交时要编制《档案资料移交清单》（见表 10-2），项目团队和业主按清单查阅清楚并认可后，双方在移交清单上签字盖章。移交清单一式两份，双方各自保存一份，以备查对。

表 10-2　档案资料移交清单

编　　号	专　　业	档案资料内容	人 员 数	备　　注
（项目团队）签章 经办人	（接收单位） 签章 接收人		说明	

3．最终移交

项目实体移交和项目文件移交完成后，移交内容基本完成。可以通过最终项目客户移交表对照见表 10-3。

表 10-3　最终项目客户移交报告表

项目名称	项目经理
项目产品	产品名称
	产品功能
	产品主要模块
协议书主要内容	

项目名称	项目经理
项目总体成果	目标完成情况
	成功或失败的原因
交付目录	开发的系统
	文档
	……

项目经理意见并签字

日期

10.5.2　移交后的回访与保修

电子商务项目在完工验收交付使用后,按照合同和有关的规定,在一定的期限,即回访保修期内应由项目经理部组织原项目人员主动对交付使用的项目成果进行回访,听取客户的意见,如果回访过程中发现问题,应及时处理。项目移交后的回访与保修从根本上保证项目质量及项目成果的可持续性。

1.回访与保修形式

回访和保修的一般形式有以下 3 种。

(1)季节性回访。季节性回访也称为定期回访,是按照合同规定,结合该项目的实际情况,选择有效时间段进行检验和处理,如发现问题,采取有效措施及时加以解决。

(2)技术性回访。技术性回访主要了解在电子商务项目实施过程中软件使用、人员培训和系统更新等方面的技术性、管理性问题和使用后的效果,发现问题及时加以补救和解决。同时也便于总结经验,获取科学依据,为电子商务项目的改进、完善和推广创造条件。

(3)保修期满前的回访。这种回访一般是在保修期即将结束前进行回访。

2．回访与保修的工作内容

电子商务项目团队在回访中，或者在保修期内接到客户来访、来信的质量投诉后，应立即组织力量维修。项目经理对于回放中发现的质量问题，应组织有关人员进行分析，制定措施，作为进一步改进和提高质量的依据。

回访应纳入承包人的工作计划、服务控制程序和质量体系工作。工作计划应包括下列内容。

（1）主管回访保修业务的部门。

（2）回访保修的执行单位。

（3）回访的对象（发包人或使用人）及其工程名称。

（4）回访时间安排和主要内容。

（5）回放工程的保修期限。

执行单位在每次回访结束后应填写回访记录，在全部回访后，应编写回访服务报告。主管部门应根据回访记录对回访服务的时效结果进行验证。

3．回访与保修的经济责任

回访和保修的经济责任应按下列方式处理。

由于承包人未按照国家标准、规范和设计要求施工造成的质量缺陷，应由承包人负责修理并承担经济责任。

由于设计人造成的质量缺陷，应由设计人承担经济责任。当由承包人修理时，费用数额应按合同约定，不足部分应由发包人补偿。

由于发包人供应的材料、构配件或设备不合格造成的治疗缺陷，应由发包人自行承担经济责任。

因使用人未经许可自行改建造成的质量缺陷，应由使用人自行承担经济责任。

因不可抗力造成损坏的事故，承包人不承担经济责任。

当使用人需要责任以外的修理维护服务时，承包人应提供相应的服务，并在双方协议中明确服务的内容和质量要求，费用由使用人支付。

对所有的回访和保修都必须予以记录，并提交书面报告，作为技术资料归档。项目经理部还应不定期听取客户对工程质量的意见。对于某些质量纠纷或问题应尽量协商解决，若无法达成统一意见，则由有关仲裁部门负责仲裁。

10.6　电子商务项目后评价

项目后评价包括对项目已经发生的总体情况进行的评价，以及对项目未来的预测。它是以项目前期所确定的目标和各方面指标与项目实际结果之间的对比为基础的,因此,后评价的总结和预测是以统计学和预测学为基础的。后评价与项目概念阶段的前期评估,在评价原则和方法上基本相同,都采用的是定量与定性相结合的方法。不同的是,前期评估的目的是确定项目是否可以立项或实施,它主要是应用预测技术来分析评价项目未来的效益,以确定项目投资是否值得和可行。后评价要同时进行项目的回顾总结和前景预测,一方面要通过对项目活动实践的检查和总结,确定项目预测的目标是否达到,项目或规划是否合理有效,项目的主要效益指标是否实现,找出问题,分析原因;另一方面要以后评价为基点,预测项目未来的发展,提出项目今后实施运营中需注意和改进的建议。

10.6.1 项目后评价内容

项目后评价通常在项目完工验收后,项目运作阶段或项目结束之前进行,项目完工验收是项目在后评价之前最重要的环节,项目完工验收的内容、方法和资料是进行项目后评价的重要基础。因此,电子商务项目可以把项目完工验收作为项目后评价的准备阶段。项目后评价的主要内容是项目目标评价、项目实施过程评价、项目经济效益后评价、项目社会效益后评价和项目管理后评价等。在项目管理中,由于项目类别不同,作为评价内容的主体也相应有所不同。但评价的内容总的来说应包括项目经济效益、项目社会效益和项目管理等。

1. 项目目标评价

项目目标评价的任务是评定项目立项时各项预期目标的实现程度,是项目后评价所需完成的主要任务之一。项目目标评价是指对项目目标的实现程度进行评价,对照原计划的主要指标,检查项目的实际情况,找出变化,然后对改变的原因进行分析。目标评价的另一项任务是要对项目原定决策目标的正确性、合理性和实践性进行分析评价。有些目标因为不明确或不符合实际,或者遇到环境和市场的变化,在项目实施过程中可能会发生重大变化,项目目标评价要给予重新分析和评价。

2. 项目实施过程评价

项目实施过程评价是项目后评价中的重要环节,包括项目计划、实施和调试等几个阶段。项目实施过程评价是将可行性研究报告中所预计的情况和实际执行的过程进行比较和分析,找出差别,分析原因。对项目实施过程进行评价,可以有效地总结经验,找出不足,并在下一次施工中改进。

3. 效益评价

效益评价是项目后评价的主要内容。项目实施的最终目的是获得预期的社会效益和经济效益。它以项目投产后实际取得的效益（经济、社会和环境等）及其隐含在其中的技术影响为基础，重新测算项目的各项经济数据，得到相关的投资效果指标，然后将它们与项目前期评估时预测的有关经济效果值［如净现值（NPV）、内部收益率（IRR）和投资回收期等］、社会环境影响值［如环境质量值（IEQ）等］进行对比，评价和分析其偏差情况及其原因，吸取经验教训，从而为提高项目的投资决策和管理水平服务。

4．项目影响评价

影响评价是项目完成后对社会环境的影响，包括经济影响、环境影响和社会影响 3 个方面。

评价主要是分析对项目所在地区、所属行业和国家所产生的经济方面的影响。

项目的环境影响评价一般包括项目的污染控制、地区环境质量、自然环境利用和保护、区域生态平衡和环境管理等方面。

社会影响评价是对项目在社会经济发展方面有形和无形效益和结果的一种分析，重点评价分析项目对所在地区和社区的影响。

5．项目可持续性评价

项目的可持续性评价也是项目后评价的主要内容，包括：在项目的建设资金投入完成之后，项目的既定目标是否还能继续？项目是否还可以持续发展下去？接受投资的项目业主是否愿意并可能依靠自己的力量继续实现既定目标？项目是否具有可重复性，即是否可以在未来以同样的方式开展同类项目？

6．项目综合评价

综合评价一般采用成功度评价方法，该评价方法是依靠评价专家或专家组的经验，综合后对各项指标的评价，对项目的成功程度做出定性的结论，也就是通常所说的专家打分的方法。

7．项目管理后评价

项目管理后评价的基础是项目完工验收和项目收益，在结合其他相关资料的基础上对项目整个生命周期中各阶段管理工作进行评价。通过分析、比较和评价，可以了解目前项目管理的水平，吸取经验和教训，以保证更好地完成以后的项目管理工作，促使项目预期目标更好地完成。

项目管理后评价主要包括以下 4 个方面的内容。

（1）投资者的表现。评价者要从项目立项、准备、评估、决策和监督等方面来评价投资者和投资决策者在项目实施过程中的作用和表现。

（2）借款者的表现。评价者要分析评价借款者的投资环境和条件，包括执行协议能力、资格和资信，以及机构设置、管理程序和决策质量等。

（3）项目执行机构的表现。评价者要分析评价项目执行机构的管理能力和管理者的水平，包括合同管理、人员管理培训及与项目受益者的合作等。对于世界银行和亚洲开发银行贷款项目，还要对项目技术援助、咨询专家使用和项目的监测评价系统等进行评价。

（4）外部因素的分析。影响到项目成果的还有许多外部的管理因素，如价格的变化、国际国内市场条件的变化、自然灾害或内部形势不安定等，以及项目其他相关机构的因素，如联合融资者、合同商和供货商等。评价者要对这些因素进行必要的分析评价。

10.6.2 项目后评价的方法与结果

评价一般分为 4 个阶段。首先，项目组织要进行自我评价；然后，行业组织以及地方有关机构将对项目组织的自评进行初审；再次，将组织多方对项目的实施结果进行正式评价；最后，将后评价结果反馈到决策部门及其他相关部门，作为新项目立项和评估的参考资料以及调整投资计划和政策的参考文件，实现项目后评价工作的目的。

选择后评价项目有两条基本原则，即特殊的项目和规划计划总结需要的项目，一般选定后评价项目有以下 7 条标准。

（1）由于项目实施而引起运营中出现重大问题的项目。

（2）一些非常规的项目，如规模过大、建设内容复杂或带有试验性的新技术项目。

（3）发生重大变化的项目，如建设内容、外部条件等发生了重大变化的项目。

（4）急迫需要了解项目作用和影响的项目。

（5）可为即将实施的国家预算、宏观战略和规划原则提供信息的相关投资项目。

（6）为投资规划计划确定未来发展方向的有代表性的项目。

（7）对开展行业部门或地区后评价研究有重要意义的项目。

项目后评价的方法主要参考项目前期评估的评价方法和国际上通用的后评价方法。国际上通用的后评价方法有统计预测法、对此分析法、逻辑框架法、定性和定量相结合的分析法。

将项目后评价结果汇总形成项目后评价报告，报告应真实反映情况，客观分析问题，认真总结经验。由于后评价报告是反馈经验教训的主要文件形式，必须满足信息反馈的需要，因此，后评价报告应有相对固定的内容格式，便于分解，便于计算机输入。报告编写要求如下。

（1）报告文字准确清晰，尽可能不用过分专业化的词汇。报告应包括摘要、项目概况、评价内容、主要变化和问题、原因分析、经验教训、结论和建议、评价方法说明等。

（2）报告的发现和结论要与问题和分析相对应，经验教训和建议要把评价的结果与将来规划和政策的制定、修改联系起来。

（3）一般项目后评价报告的内容由项目背景、实施评价、效果评价和结论建议等几个部分组成。

本章小结

电子商务项目收尾阶段是项目生命周期的最后阶段，它的目的是确认项目实施的结果是否达到了预期的要求，以通过项目的移交或清算，并且再通过项目的后评估进一步分析项目可能带来的实际收益。

电子商务项目收尾包括合同收尾和管理收尾两部分。合同收尾就是和客户一项一项地核对合同，检查是否完成了合同所有的要求，是否可以结束项目，也就是通常所说的验收。管理收尾是对于内部而言的，把已完成项目的项目可执行代码和项目文档等各类项目资料归档；对外宣称项目已经结束；项目转入维护期，并把相关的产品说明转到维护组；项目组进行经验教训总结。

管理收尾包括以下几个步骤：保存项目文档、财务收尾、总结项目经验教训、撰写项目完工报告、庆祝项目成功、解散项目组，以及必要时及时中止项目。

合同收尾活动包括召开项目收尾会议和项目验收等程序。在项目收尾会议上，项目经理需要做出项目执行陈述。在把项目产品移交给客户的过程中需要注意制订移交计划，确保客户接受产品，在对项目产品的使用方面培训客户，确保交接责任明确，保留项目设计和开发文档，确保对项目产品有持续的服务和维护，收回项目款项。

项目验收是项目组与客户/项目发起人代表之间进行的正式活动。在这种活动中，客户/项目发起人代表将核实项目所交付的产品及支持文档是否符合项目需求和目标。

当项目通过验收后，电子商务项目团队将项目成果的所有权交给项目接收方，这个过程就是项目的移交。移交的内容包括实体移交和技术档案文件移交。

电子商务项目在完工验收交付使用后,按照合同和有关的规定,在一定的期限,即回访保修期内应由项目经理部组织原项目人员主动对交付使用的项目成果进行回访,听取客户的意见,如果回访过程中发现问题,应及时处理。项目移交后的回访与保修从根本上保证了项目质量及项目成果的可持续性。

项目后评价是指在项目已经完成并运行一段时间后,对项目的目的、执行过程、效益、作用和影响进行系统的、客观的分析和总结的一种技术经济活动。项目后评价是项目完成以后进行的再评价。

通过项目后评价活动,首先是检验项目预期目标是否达到,主要的效益指标是否实现;其次,重新评价整体规划是否合理有效;最后,针对不足之处,找出成败的原因,总结经验教训,及时有效地反馈信息,提高未来新项目的管理水平,提高决策水平,完善项目管理水平,最终实现提高投资效益的目的。

案例分析

系统集成项目的收尾管理

在系统集成项目收尾的时候,项目经理小张和他的团队完成了以下工作。

工作一:系统测试。项目组准备了详尽的测试用例,会同业主共同进行系统测试,测试过程中为了节约时间,小张指派项目开发人员小李从测试用例中挑选了部分数据进行测试,保证系统正常运行。

工作二:试运行。项目组将业主的数据和设置加载到系统中进行正常操作,完成了试运行工作。

工作三:文档移交。小张准备了项目最终报告、项目介绍、说明手册、维护手册、较硬件说明书、质量保证书等文档资料发送给业主。

工作四:项目验收。经过业主验收后,小张派小李撰写了项目验收报告,并提请双方工作主管认可。

工作五:准备总结会。小张整理了项目过程文档及项目组各技术人员的经验,并列出了项目执行过程中的若干优点。

工作六:召开总结会。小张召集全体参与项目的人员参加了总结会,并就相关内容进行了讨论,形成了总结报告。

思考:指出案例中的6项工作中存在哪些问题并加以说明。

习题

一、不定项选择题（每道题有 1 个或多个正确选项）

1. 客户是否已收到所有的项目可交付结果属于哪一种审核结果？（　　　）

A. 商务审核结果　　　　　　　　B. 物理审核结果

C. 功能审核结果　　　　　　　　D. 进度审核结果

2. 在移交制订计划时需说明（　　　）。

A. 何时移交项目产品　　　　　　B. 有哪些人参加移交过程

C. 何地移交项目产品　　　　　　D. 以何种方式移交项目产品

3. 移交后的回访和保修形式有（　　　）。

A. 保修期满前的回访　　　　　　B. 技术性回访

C. 周期性回访　　　　　　　　　D. 季节性回访

4. 成本审计包括（　　　）。

A. 项目预测的成本审计　　　　　B. 项目计划时期的成本审计

C. 项目实施过程中的成本审计　　D. 项目结束时的成本审计

5. 项目文档验收的结果包括（　　　）。

A. 项目文档档案　　　　　　　　B. 项目文档人员安排

C. 项目文档时间安排表　　　　　D. 项目文档验收报告

二、名词解释

1. 管理收尾

2. 成本决算

3. 项目完工

4. 电子商务项目移交

5. 电子商务项目后评价

三、简答题

1. 项目完工的情况有哪些？

2. 项目后评价的具体内容有哪些？

3. 项目验收包括哪些内容？

第 11 章
| 电子商务项目整合管理

学习目标

- 了解项目整合管理的概念与特性。
- 了解项目整合管理的应用。
- 掌握项目整合管理的内容。
- 熟悉项目整合变更控制。

知识要点

- 电子商务项目整合管理的定义。
- 电子商务项目整体变更控制。

【导入案例】

L 县电子政务信息系统工程，总投资额度约 550 万元，主要包括网络平台建设和业务办公应用系统开发。通过公开招标，确定工程的承建单位是 A 公司，按照《合同法》的要求与 A 公司签订了工程建设合同并在合同中规定，A 公司可以将机房工程这样的非主体、关键性子工程分包给具备相关资质的专业公司 B，B 公司将子工程转手给了 C 公司。在随后的应用系统建设工程中，监理工程师发现以下两个问题。

（1）A 公司提交的需求规格说明书质量较差，要求 A 公司进行整改。

（2）机房工程装修不符合要求，要求 A 公司进行整改。

项目经理小丁接到监理工程师的通知，对于问题（2），拒绝监理工程师的要求，理由是机房工程由 B 公司承建，且 B 公司经过了建设方的认可，要求追究 B 公司的责任，而不是自己公司的责任；对于问题（1），小丁把任务分派给程序员老张进行修改。此时，系统设计工作已经在进行中，程序员老张独自修改了已进入基线的程序，小丁默许了他的操作。老张在修改了需求规格说明书以后采用邮件通知了系统设计人员。合同生效后，小丁开始进行项目计划的编制，启动项目。由于工期紧张，甲方要求提前完工，总经理比较关心该项目，询问项目的一些进展情况。在项目汇报会议上，小丁递交了进度计划给总经理。公司总经理在阅读进度计划以后，对项目经理小丁指出任务之间的关联不是很清晰，要求小丁重新处理一下。新的计划出来了，在计划实施过程中，由于甲方的特殊要求，需要项目提前 n 天完工，小丁更改了项目进度计划，项目最终按时完工。

11.1　电子商务项目整合管理概述

11.1.1　项目整合管理的定义

项目整合管理也叫项目综合管理，是指将项目各个阶段，各领域工作过程的具体目标和任务同项目管理总体目标结合起来的管理活动，确保各种项目要素协调运作，在对冲突目标进行权衡折中时，最大限度满足项目相关人员的利益要求和期望。

11.1.2　电子商务项目整合管理的应用

项目整合管理可以在项目管理的全过程、项目管理的各个阶段和项目管理的多个方面使用。通常，项目整合管理主要应用在以下 6 个方面。

1. 项目进度与项目成本的综合管理

项目进度和项目成本必须统一考虑，综合控制。因为项目进度与项目成本两个要素是互相关联的，项目进度的提前或延后会造成项目成本的上升或下降，而项目成本的增减同样会造成项目造价的变化，这两个项目关键要素是紧密相关的。例如，为缩短工期，项目就需要组织加班，加班就要付双份工资和各种赶工费，导致成本上升。同样，项目成本削减了，项目投入和占用的资源就会下降，直接影响项目的进度。因此，进度和成本是紧密相关的，必须按照综合管理的方法进行综合管理。

2. 项目进度与项目质量的综合管理

项目进度与项目质量两项要素也是互相关联的。项目工期的缩短或延长会对项目质量形成影响，项目质量的变更也会影响项目的进度。例如，因为赶工而缩短建设项目中的测试和维护期，可能造成严重的项目质量问题。一旦项目出现质量问题又必须进行返工，就会反过来影响进度。所以，在项目管理中，项目进度和项目质量必须按照项目综合管理方法进行综合管理。

3. 项目成本与项目质量的综合管理

项目成本和项目质量的相互关联更为紧密，项目成本的降低可能会直接影响项目的质量，而如果项目质量出现问题又会直接影响到项目的成本。例如，项目的成本消减过多，就会迫使项目组织不得不采取偷工减料的做法，从而造成项目的质量下降；反之，如果项目的质量发生问题需要返工以恢复项目质量，一定会造成项目成本的提高。因此，在项目管理中，项目成本和项目质量必须按照综合管理方法进行综合管理。

4. 项目进度、成本、质量与资源的综合管理

在综合管理项目进度、成本和质量管理的同时，还必须考虑对项目资源管理与项目进度、成本和质量的综合管理。因为这4项要素在许多情况下是相互关联的，任何一个要素的变动，都会引起其他要素的变动。例如，项目进度的变动会要求资源的采购与供应时间和数量发生变动，而资源采购与供给的时间与数量变动又会使项目成本发生变动。如果资源的供给存在数量和时间方面的限制，项目的进度就必须进行调整，这种调整一定会造成项目成本的变化。所以，在项目管理中，项目进度、质量、资源和成本这四大要素必须要按照综合管理方法进行综合管理。

5. 项目各不同专业或部门的综合管理

项目的工作是由项目团队中不同工种或专业的人员来完成的，这些不同的工种或专业人员是按照一定的原则而构成的不同部门或小组，并由它们去完成一项特定

的项目任务。例如，一个建设项目的设计工作、土建工作、安装工作和装修工作是由不同的项目专业小组或团队完成的；一个企业管理咨询项目是由组织管理、财务管理、营销管理和战略管理等方面的专业咨询小组来完成这些不同的专项咨询工作。这些不同的项目团队或小组的工作必须要按照综合管理方法进行综合管理，否则就会出现各部分项目工作的产出物是合格的，而整个项目的产出物是不合格的局面，无法使一个项目的最终结果形成统一的合格整体。

6. 项目工作与组织日常运营工作的综合管理

项目工作与组织日常运营工作能同时进行。例如，一个企业在实施技术改造和产品更新换代项目或展开多角化经营目的过程中，同时有自己的日常运营与生产工作，因此就必须对企业的日常工作和日常运营工作进行综合的管理，否则就会造成不是由于项目工作和企业的日常运营相互影响的局面。

11.2　电子商务项目整合管理的内容

电子商务项目整合管理有以下 5 个内容：①制定项目章程；②制订项目管理计划；③指导和管理项目执行；④监控项目工作；⑤整体变更控制。

11.2.1　制定项目章程

制定项目章程是制定一份正式批准项目的文件，并记录能反映干系人需要和期望的初步要求的过程，它在项目执行组织与发起组织（客户）之间建立起伙伴关系。

1. 制定项目章程的输入

（1）项目工作说明书。工作说明书是对项目所需交付的产品或服务的叙述性说明。对于内部项目，项目启动者或发起人根据业务需要及对产品或服务的需求，来提供工作说明书。对于外部项目，工作说明书则由客户提供，可以是招标文件（如建议邀请书、信息邀请书、投标邀请书）的一部分，或合同的一部分。项目工作说明书须涉及组织的业务需要，可基于市场需求、技术进步、法律要求或政府法规。项目工作说明书主要包括产品范围描述和战略计划。产品范围描述记录项目所需产出的产品的特征，以及这些产品或服务与项目所对应的业务需求之间的关系。所有项目都应支持组织的战略目标，进行项目选择和排序时，应该考虑执行组织的战略计划。

（2）商业论证。商业论证或类似文件是从商业角度提供必要信息，决定项目是否值得投资。为证实项目的价值，在商业论证中通常要包含业务需求和成本效益分析。对于外部项目，可以由项目发起组织或客户撰写商业论证。可基于以下一个或多个原因而编制商业论证：市场需求（如为应时尚潮流，某服饰网店批准"明星同款"系列服饰项目）；组织需要（如为提升流量，某电商企业批准成立"社群营销"事业部的项目）；客户要求（如为了给新工业园区供电，某电力公司批准一个新变电站建设项目）；技术进步（如在计算机存储和电子技术取得进步之后，某电子公司批准一个项目，来开发更快速、更便宜、更小巧的笔记本电脑）；法律要求（如2018年9月新《电子商务法》的推行，某直播平台对其内容的整改项目）；生态影响（如某公司实施一个项目来减轻对环境的影响）；社会需要（如为应对霍乱频发，某发展中国家的非政府组织批准一个项目，来为社区建设饮用水系统和公共厕所，并开展卫生教育）。在多阶段项目中，可通过对商业论证的定期审核，来确保项目能实现其商业利益，在项目生命周期的早期，项目发起组织对商业论证的定期审核，也有助于确认项目是否依然必要。

（3）合同。如果项目是为外部客户而做的，则合同是制定项目章程过程的输入之一。

（4）事业环境因素。可能影响制定项目章程过程的事业环境因素包括政府或行业标准、组织的基础设施和市场条件等。

（5）组织过程资产。可能影响制定项目章程过程的组织过程资产包括组织的标准过程、政策，以及组织所采用的标准化的过程定义：模板（如项目章程模板）；历史信息与经验教训知识库。

2. 制定项目章程的工具与技术

专家判断常用于评估制定项目章程的输入。在制定项目章程的过程中，可以借助专家判断和专业知识来处理各种技术和管理问题。专家判断可来自具有专业知识或专业培训经历的任何小组或个人，并可通过许多渠道获取，包括：组织内的其他部门；顾问；干系人（包括客户或发起人）；专业与技术协会；行业协会；主题专家；PMO。

3. 制定项目章程的输出

项目章程记录业务需要、对客户需求的理解，以及需要交付的新产品、服务或成果。例如，项目目的或批准项目的原因；可测量的项目目标和相关的成功标准；项目的总体要求；概括性的项目描述；项目的主要风险；总体里程碑进度计划；总体预算；项目审批要求（用什么标准评价项目成功，由谁对项目成功下结论，由谁来签署项目结束）；委派的项目经理及其职责和职权；发起人或其他批准项目章程的人员的姓名和职权。

11.2.2　制订项目管理计划

制订项目管理计划是对定义、编制、综合和协调所有子计划所必需的行动进行记录的过程。项目管理计划确定项目的执行、监控和收尾方式，其内容会因项目的复杂性和所应用领域而异。编制项目管理计划，需要综合一系列相关过程，而且要持续到项目收尾。制订项目管理计划过程将产生一份项目管理计划，该计划需要通过不断更新来渐进明细，这些更新需要由实施整体变更控制过程进行控制和批准。

1. 制订项目管理计划的输入

（1）项目章程。项目章程是正式批准项目的文件。任何一个项目，都是由一个或多个原因而被批准的，这些原因包括市场需求、营运需要、客户要求、技术进步、法律要求和社会需要等。主管部门必须做出批准或不批准某个项目并且颁发项目章程的决策，决策主要基于项目对于项目所有人和赞助人的价值和吸引力，而其前提则是可行性研究的审查和通过。

（2）其他规划过程的输出。编制项目管理计划需要综合诸多规划过程的输出。其他规划过程所输出的任何基准和子管理计划，都是制订项目管理计划过程的输入。此外，对这些文件的更新都会导致对项目管理计划的相应更新。

（3）事业环境因素。可能影响制订项目管理计划过程的事业环境因素包括：政府或行业标准；项目管理信息系统（如自动化工具，包括进度计划软件、配置管理系统、信息收集与发布系统，或进入其他在线自动化系统的网络界面）；组织结构与文化；基础设施（如现有设施和固定资产）；人事管理制度（如人员招聘和解雇指南、员工绩效评价与培训记录）。

（4）组织过程资产。可能影响制订项目管理计划过程的组织过程资产包括：标准化的指南、工作指示、建议书评价准则、绩效测量准则和项目管理计划模板。项目管理计划中可能需要更新的内容包括根据项目的具体需要，"裁剪"组织标准流程的指南与准则；项目收尾指南或要求，如产品确认及验收标准。变更控制程序包括：修改公司标准、政策、计划和程序（或任何项目文件）所需遵循的步骤，以及如何批准和确认变更。以往项目的项目档案包括：范围、成本、进度与绩效测量基准，项目日历，项目进度网络图，风险登记册，风险应对计划和风险影响评价。历史信息与经验教训知识库包括公司标准、政策、程序和项目文件的各种版本与基准。

2. 制订项目管理计划的工具与技术

在制订项目管理计划时，专家判断可用于：根据项目需要而"剪裁"项目管理过程；编制应包括在项目管理计划中的技术与管理细节；确定项目所需的资源与技能水平；定义项目的配置管理级别；确定哪些项目文件需要经过正式的变更控制过程。

3. 制订项目管理计划的输出

项目管理计划合并与综合了其他各规划过程所输出的所有子管理计划和基准。项目管理计划包括项目需要执行的过程、项目生命周期、里程碑和阶段划分等全局性内容。项目管理团队进行"剪裁"的结果包括：项目管理团队所选择的项目管理过程，每个所选过程的执行水平，对这些过程所需工具与技术的描述，如何利用所选过程来管理具体项目（包括这些过程间的依赖关系和相互影响，这些过程的主要输入和输出，以及如何执行工作以实现项目目标）。

项目管理计划包括一个或多个子管理计划。范围管理计划、需求管理计划、进度管理计划、成本管理计划、质量管理计划、过程改进计划、人力资源计划、沟通管理计划、风险管理计划、采购管理计划。通常将范围、进度和成本基准合并为一个绩效测量基准，作为项目的整体基准，以便据此测量项目的整体绩效。每个子计划的详细程度取决于具体项目的要求。项目管理计划一旦被确定下来，成为基准（包括进度基准、成本绩效基准、范围基准），就只有在提出变更请求，并经实施整体变更控制过程批准后，才能变更。

11.2.3 指导和管理项目执行

指导与管理项目执行是为实现项目目标而执行项目管理计划中所确定的工作的过程。具体活动包括：开展活动来实现项目要求；创造项目的可交付成果；配备、培训和管理项目团队成员；获取、管理和使用资源，包括材料、工具、设备与设施；执行已计划好的方法和标准；建立并管理项目团队内外的项目沟通渠道；生成项目数据（如成本、进度、技术和质量进展情况，以及状态数据），为预测提供基础；提出变更请求，并根据项目范围、计划和环境来实施批准的变更；管理风险并实施风险应对活动；管理卖方和供应商；收集和记录经验教训，并实施批准的过程改进活动。

1. 指导与管理项目执行的输入

（1）项目管理计划。项目管理计划是其他各子计划制定的依据和基础，它从整体上指导项目工作的有序进行。

（2）批准的变更请求。在实施整体变更控制过程中，通过更新变更控制状态，来显示哪些变更已得到批准，哪些变更没有得到批准。批准的变更请求应列入计划，以便由项目团队加以实施。批准的变更请求书面记录了经过批准的变更，用来扩大或缩小项目范围。批准的变更请求也可用来修改政策、项目管理计划、程序、成本、预算或进度计划。批准的变更请求可能要求采取预防或纠正措施。

（3）事业环境因素。可能影响指导与管理项目执行过程的事业环境因素包括（但不限于）：组织、公司成客户的文化与结构；基础设施（如现有的设备和固定资产）；人事管理制度（如人员雇用与解聘指南、员工绩效评价与培训记录）；干系人风险承受力；项目管理信息系统（如自动化工具，包括进度计划软件、配置管理系统、信息收集与发布系统或进入其他在线自动化系统的网络界面）。

（4）组织过程资产。可能影响指导与管理项目执行过程的组织过程资产包括（但不限于）：标准化的指南和工作指示；组织对沟通的规定，如许可的沟通媒介、记录保存政策及安全要求；问题与缺陷管理程序，包括对问题与缺陷的控制、识别与处理，以及对相关行动的跟踪；过程测量数据库，用来收集与提供过程和产品的测量数据；以往项目的项目档案（如范围、成本与进度基准，绩效测量基准，项目日历，项目进度计划，项目进度网络图，风险登记册，风险应对计划和风险影响评价）；问题与缺陷管理数据库，包括历史问题与缺陷的状态、控制情况、解决方案，以及相关行动的结果。

2. 指导与管理项目执行的工具与技术

（1）专家判断。专家判断用于评估"指导与管理项目管理计划执行"所需的输入。在本过程中，可以使用专家判断和专业知识来处理各种技术和管理问题，专家判断由项目经理和项目管理团队依据其专业知识或培训经历做出，也可从其他许多渠道获得，包括：组织内的其他部门；顾问；干系人，包括客户或发起人；专业与技术协会。

（2）项目管理信息系统。作为事业环境因素的一部分，项目管理信息系统（PMIS）为指导与管理项目执行提供自动化工具，如进度计划软件、配置管理系统、信息收集与发布系统，或进入其他在线自动化系统的网络界面。

3. 指导与管理项目执行的输出

（1）可交付成果。批准的可交付成果是在某一过程、阶段或项目完成时，必须产出的任何独特并可验证的产品、成果或服务能力。

（2）工作绩效信息。收集项目活动信息是项目进展过程中的一项常规工作。此类信息可涉及各种绩效情况，包括（但不限于）可交付成果的状态、进度进展情况、已发生的成本。

（3）变更请求。如果在实施项目工作中发现问题，就需要提出变更请求，来修改项目政策或程序、项目范围、项目成本或预算、项目进度计划或项目质量。其他方面的变更请求包括必要的预防或纠正措施，用来预防未来的不利情况。变更请求可以是直接或间接的，可以由外部或内部提出，可以是自选的或由法律、合同强制的。变更请求可包括：纠正措施，即为使项目工作的未来期望绩效与项目管理计划保持一致，而对项目执行工作下达的书面指令；预防措施，即通过实施某项活动，来降低项目风险消极后果的发生概率的书面指令；缺陷补救，即识别项目组成部分的某一缺陷之后所形成的正式文件，用于就如何修补该缺陷或彻底替换该部分提出建议；更新，即对正规受控的文件或计划等的变更，以反映修改或增加的意见或内容。

（4）更新项目管理计划。项目管理计划中可能需要更新的内容包括：需求管理计划；进度管理计划；成本管理计划；质量管理计划；人力资源计划；沟通管理计划；风险管理计划；采购管理计划；项目基准。

（5）更新项目文件。可能需要更新的项目文件包括：需求文件；项目日志（用于记录问题、假设条件等）；风险登记册；干系人登记册。

11.2.4　监控项目工作

监控项目工作是跟踪、审查和调整项目进展，以实现项目管理计划中确定的绩效目标的过程。监督是贯穿于整个项目周期的项目管理活动之一，它包括收集、测量和发布绩效信息，分析测量结果和预测趋势，以便推动过程改进。

1. 监控项目工作的输入

（1）项目管理计划。项目管理计划是其他各子计划制定的依据和基础，它从整体上指导项目工作的有序进行。

（2）绩效报告。报告应由项目团队编制，详细描述各项活动、已完成工作、里程碑和已识别的问题。绩效报告可用来报告各种关键信息，包括：当前状态；报告期内完成的重要工作；已列入计划的活动；预测；问题。

（3）事业环境因素。可能影响监控项目工作过程的事业环境因素包括：政府或行业标准（如监管机构条例、产品标准、质量标准和工艺标准）；公司的工作授权系统；干系人风险承受力；项目管理信息系统（如自动化工具，包括进度计划软件、配置管理系统、信息收集与发布系统，或进入其他在线自动化系统的网络界面）。

（4）组织过程资产。可能影响监控项目工作过程的组织过程资产包括：组织对沟通的规定；财务控制程序（如定期报告、会计编码、费用与支付审查，以及标准合同条款）；问题与缺陷管理程序；风险控制程序（包括风险的类别、概率的定义和风险的后果，以及概率影响矩阵）；过程测量数据库（用来提供过程和产品的测量数据）；经验教训数据库。

2. 监控项目工作的工具与技术

项目经理与项目管理团队借助专家判断，来解读由各监控过程提供的信息，制定所需措施，确保项目绩效达到预期要求。

3. 监控项目工作的输出

（1）变更请求。通过对实际情况与计划要求的比较，可能需要提出扩大、调整或缩小项目范围或产品范围的变更请求。变更可能会影响项目管理计划、项目文件或可交付产品。变更可包括：纠正措施，为使项目工作的未来期望绩效与项目管理计划保持一致，对项目执行工作下达的书面指令；预防措施，通过实施某项活动，来降低项目风险消极后果的发生概率的书面指令；缺陷补救，识别项目组成部分的某一缺陷之后所形成的正式文件，用于就如何修补缺陷或彻底替换该部分提出建议。

（2）更新项目管理计划。项目管理计划中可能需要更新的内容包括：进度管理计划；成本管理计划；质量管理计划；范围基准；进度基准；成本绩效基准。

（3）更新项目文件。可能需要更新的项目文件包括：预测；绩效报告；问题日志。

11.2.5　整体变更控制

实施整体变更控制是审查所有变更请求，批准变更，管理对可交付成果、组织过程资产、项目文件和项目管理计划的变更，并对变更处理结果进行沟通的过程。该过程审查所有针对项目文件、可交付成果、基准或项目管理计划的变更请求，并批准或否决这些变更。本过程的主要作用是，从整合的角度考虑记录在案的项目变更，从而降低因未考虑变更对整个项目目标或计划的影响而产生的项目风险。整体变更控制在第 11.3 节中展开论述。

11.3　电子商务项目整体变更控制

实施整体变更控制过程贯穿项目始终，项目经理对此负最终责任。需要通过谨慎、持续地管理变更，来维护项目管理计划、项目范围说明书和其他可交付成果。应该通过否决或批准变更，来确保只有经批准的变更才能纳入修改后的基准中。

项目的任何干系人都可以提出变更请求。尽管也可以口头提出，但所有变更请求都必须以书面形式记录。

每项记录在案的变更请求都必须由一位责任人批准或否决，这个责任人通常是项目发起人或项目经理。应该在项目管理计划或组织流程中指定这位责任人。必要时，应该由变更控制委员会（CCB）来开展实施整体变更控制。CCB 是一个正式组成的团体，负责审查、评价、批准、推迟或否决项目变更，以及记录和传达变更处理决定。如果项目是按合同来实施的，那么按照合同要求，某些变更请求还需要经过客户或发起人的批准。

变更请求得到批准后，可能需要编制新的（或修订的）成本估算、活动排序、进度日期、资源需求和风险应对方案分析。这些变更可能要求调整项目管理计划和其他项目文件。

11.3.1 实施整体变更控制：输入

1．项目管理计划

项目管理计划中可用于本过程的内容包括（但不限于）。

（1）范围管理计划，包含范围变更程序。

（2）范围基准，提供产品定义。

（3）变更管理计划，为管理变更控制过程提供指导，记录变更控制委员会的情况。记录变更并更新项目管理计划，这是变更和配置管理过程的一项工作。

2．工作绩效报告

对实施整体变更控制特别有用的工作绩效报告包括资源可用情况、进度和成本数据、挣值管理（EVM）报告、燃烧图或燃尽图。

3．变更请求

所有监控过程及很多执行过程都会输出"变更请求"。变更请求可能包括纠正措施、预防措施和缺陷补救。但是，纠正和预防措施通常不会影响项目基准，而只影响相对于基准的项目绩效。

4．事业环境因素

事业环境因素能够影响实施整体变更控制过程：项目管理信息系统。项目管理信息系统可能包括进度计划软件工具、配置管理系统、信息收集与发布系统或进入其他在线自动化系统的网络界面。

5．组织过程资产

能够影响实施整体变更控制过程的组织过程资产包括（但不限于）。

（1）变更控制程序，包括修改组织标准、政策、计划和其他项目文件所需遵循的步骤，以及如何批准、确认和实施变更。

（2）过程测量数据库，用来收集与提供过程和产品的测量数据。

（3）项目档案（如范围、成本和进度基准，项目日历，项目进度网络图，风险登记册，风险应对计划和风险影响评价）。

（4）配置管理知识库，包括组织标准、政策、程序和项目文件的各种版本及基准。

11.3.2　实施整体变更控制：工具、技术与方法

1．专家判断

除了项目管理团队的专家判断外，也可以邀请干系人贡献专业知识和加入CCB。在本过程中，专家判断和专业知识可用于处理各种技术和管理问题，并可从各种渠道获得。例如：①顾问；②干系人，包括客户或发起人；③专业与技术协会；④行业团体；⑤主题专家；⑥项目管理办公室。

2．会议

通常是指变更控制会议。根据项目需要，可以由 CCB 开会审查变更请求，并做出批准、否决或其他决定。CCB 也可以审查配置管理活动。应该明确规定 CCB 的角色和职责，并经相关干系人一致同意后，记录在变更管理计划中。CCB 的决定都应记录在案，并向干系人传达，以便其知晓并采取后续措施。

3．变更控制工具

为了便于开展配置和变更管理，可以使用一些手工或自动化的工具。工具的选择应基于项目干系人的需要，并考虑组织和环境情况和/或制约因素。

可以使用工具来管理变更请求和后续的决策。同时还要格外关注沟通，以帮助CCB 成员履行职责，以及向相关干系人传达决定。

4．进展报告

进展报告需要反映项目任何已经发生的变化。而且为了采取有效措施以控制项目变更，进展报告还需说明项目变更导致的原因。

5．计划调整

很少有项目能严格按计划实施，在充分认识这一客观事实的基础上，为有效进行项目的变更与控制，需不断进行项目工作任务再分解，并以此为基础，建立多个可选的及有效的计划更新方案。

6．项目管理方法体系

项目管理方法体系确定了协助项目管理团队实施项目变更控制的过程。

7．项目管理信息系统

项目管理团队将项目管理信息系统作为实施变更控制的一个辅助工具，促进项目反馈和控制整个项目变更。

11.3.3 实施整体变更控制：输出

1．批准的变更请求

项目经理、CCB 或指定的团队成员应该根据变更控制系统处理变更请求。批准的变更请求应通过指导与管理项目工作过程加以实施。全部变更请求的处理结果，无论批准与否，都要在变更日志中更新。这种更新是项目文件更新的一部分。

2．变更日志

变更日志用来记录项目过程中出现的变更。应该与相关的干系人沟通这些变更及其对项目进度、成本和风险的影响。被否决的变更请求也应该记录在变更日志中。

3．项目管理计划更新

项目管理计划中可能需要更新的内容包括（但不限于）如下。

（1）各个子计划。

（2）受制于正式变更控制过程的基准。

对基准的变更，只能针对今后的情况，而不能变更以往的绩效。这有助于保护基准和历史绩效数据的严肃性。

4．项目文件更新

作为实施整体变更控制过程的结果，可能需要更新的项目文件包括：受制于项目正式变更控制过程的所有文件。

5．纠正措施

纠正措施是各项控制过程的产出，作为此处的一种投入，它完成了必需的反馈环路，保证了有效的项目管理。

6．经验教训

偏差产生的原因、已采取的纠正措施的理由，以及其他经验教训都应形成文件，记载在案，成为本项目和实施组织内其他项目历史数据库的组成部分。数据库也是知识管理的基础。

实施整体变更控制过程包括：对规避整体变更控制的因素施加影响，确保只有经批准的变更才能付诸执行；迅速地审查、分析和批准变更请求，否则延误决策时机，可能给进度、成本或变更的可行性带来不利影响；管理已批准的变更；仅允许经批准的变更纳入项目管理计划和项目文件中，以此维护基准的严肃性；审查已推荐的全部纠正措施和预防措施，并加以批准或否决；协调整个项目中的各种变更；完整地记录变更请求的影响，项目的任何干系人都可以提出变更请求，口头提出变更请求必须以书面形式记录，并纳入变更管理系统中。

本章小结

项目整合管理是指将项目各个阶段，各领域工作过程的具体目标和任务同项目管理总体目标结合起来的管理活动，确保各种项目要素协调运作，对冲突目标进行权衡折中，最大限度满足项目相关人员的利益要求和期望。项目整合管理的主要特性有：综合性、全局性和内外结合性。项目整合管理主要应用在对项目工期、质量、资源和成本四大要素进行综合管理中。

电子商务项目整合管理的内容分为 5 个部分：制定项目章程、制订项目管理计划、指导和管理项目执行、监控项目工作、整体变更控制等。项目章程里面有个重点就是赋予项目经理管理项目的权力。目标式管理（MBO），最好从 WBS 开始实施目标式管理，因为它将项目细分为若干个容易完成的部分。实施目标管理包含 3 个步骤：①知道明确现实的目标；②定期评估项目目标的实现情况；③在评估结果的基础上采取行动。

项目管理计划可以是概括或详细的，也可以包括一个或多个子管理计划。子计划包括范围管理计划、需求管理计划、进度管理计划、成本管理计划、质量管理计划、过程改进计划、人力资源计划、沟通管理计划、风险管理计划、采购管理计划。通常将范围、进度和成本基准合并为一个绩效测量基准，作为项目的整体基准，以便据此测量项目的整体绩效。每个子计划的详细程度取决于具体项目的要求。项目管理计划一旦被确定下来，成为基准（包括进度基准、成本绩效基准、范围基准），就只有在提出变更请求，并经实施整体变更控制过程批准后，才能变更。

综合变更控制的内容包括：①对变更的起因施加影响，保证各方均同意变更；②确认变更已经发生；③在实际变更出现时同步对其进行管理。

综合变更控制的要求：①维护绩效量度基准的健全性；②确保产品范围变更反映在项目范围定义中；③协调跨领域的变更。

电子商务项目整体变更的方法有：项目变更控制系统、项目配置管理、项目的绩效度量、项目计划的修订与更新。项目整体变更的结果有：项目计划更新、纠正措施、经验教训。

案例分析

财务管理信息系统开发项目整体管理

谢经理是一家 IT 公司软件开发部的项目经理，6 个月前他被公司派往新动力贸易集团有限公司（以下简称"新动力"）现场组织开发财务管理信息系统，并担任项目经理。谢经理已经领导开发过几家公司的财务管理信息系统，并已形成较为成熟的财务管理软件产品，此次去后应当只要适当地做一些二次开发，并根据客户需求做少量的新功能开发即可大功告成。

谢经理满怀信心地带着他的项目团队进驻新动力了，谢经理和项目团队在技术上已经经历过几次考验，技术娴熟，很快在 3 个月的时间就将系统定制开发完毕。项目很快进入了验收阶段，可是新动力分管财务的陈总认为一个这么复杂的财务系统在短短的 3 个月的时间里就完成了，这在新动力的信息化项目中还是首次，似乎不太可能，拒绝在验收书上签字，并要求财务部的刘经理和业务需求人员认真匹配新动力总部及和各个子公司的财务管理上的业务需求，并严格测试。财务部的刘经理和财务部的员工们经过认真审核和测试，发现系统开发基本准确，但实施起来比较困难，因为业务流程变更较大。这样一来，又过去了 1 个月，新动力的陈总认为系统还没有考虑新动力领导的财务需求，比如领导可以自由支配 1 000 元以下的支出，而且由于实施较困难，故提出项目组要从新动力总部开始，一家一家子公司地逐步推动系统的使用。

谢经理答应了陈总的要求，开始先在新动力总部推运实施财务管理信息系统。可是 2 个月过去了，连系统都没有安装成功，新动力信息中心的人员不配合购买服务器，并说这个项目没有列入信息部门的规划；财务部门的人员说项目都推不动了，何必再上。谢经理一筹莫展，眼看半年过去了，项目似乎没有了终结之日，更不用说为 IT 公司带来效益了。

思考：1.分析案例项目变更过程中缺少的内容。

2.在整个项目中，涉及哪些项目管理相关的观点和方法的应用？

习题

一、不定项选择题（每道题有 1 个或多个正确选项）

1. 电子商务项目整合管理有以下哪几个内容？（　　　）

A. 制定项目章程　　　　　　　　B. 制订项目管理计划

C. 指导和管理项目执行　　　　　D. 监控项目工作

E.　整体变更控制

2.　电子商务项目整合管理应用于哪几个方面？（　　　）

A.　项目工期与项目成本的综合管理

B.　项目工期与项目质量的综合管理

C.　项目进度、成本、质量与资源的综合管理

D.　项目各不同专业或部门的综合管理

E.　项目成本与项目质量的综合管理

3.　变更请求可能包括以下哪些内容？（　　　）

A.　纠正措施　　　　　　　　B.　事业环境因素

C.　缺陷补救　　　　　　　　D.　预防措施

4.　指导与管理项目执行的输出的更新项目文件有哪些？（　　　）

A.　项目管理计划

B.　项目日志（用于记录问题、假设条件等）

C.　风险登记册

D.　干系人登记册

E.　需求文件

5.　在实施整体变更控制过程中的部分配置管理活动有哪些？（　　　）

A.　配置识别　　　　　　　　B.　配置状态记录

C.　配置修改　　　　　　　　D.　配置核实与审计

二、名词解释

1.　项目整合管理

2.　项目管理计划

3.　整体变更控制

4.　工作说明书

5.　项目章程

三、简答题

1.　简述综合变更控制的内容。

2.　项目管理计划的子计划有哪些？

3.　简述实施整体变更控制的输出。

4.　简述指导与管理项目执行的具体活动。

参考文献

[1] 李玲芳. 美丽神器: 看脸时代, 美容顾问 (节选自阿里百川无线创业最佳实践). http://www.aliresearch.com/blog/article/detail/id/20595.html.2015.8.

[2] 徐盛华, 刘彤. 项目管理 [M]. 北京: 清华大学出版社, 2011.

[3] 柯丽敏, 吴吉义. 电子商务项目管理理论与案例 [M]. 北京: 清华大学出版社, 2013.

[4] 李琪. 电子商务项目策划与管理 [M]. 北京: 电子工业出版社, 2011.

[5] 左美云, 杨波. 电子商务项目管理 [M]. 北京: 中国人民大学出版社, 2014.

[6] 中国电子商务协会. 国际电子商务项目管理 [M]. 北京: 人民邮电出版社, 2004.

[7] 刘四青. 电子商务项目管理 [M]. 重庆: 重庆大学出版社, 2010.

[8] 杜晓静. 网络商务项目管理与实践 [M]. 北京: 机械工业出版社, 2015.

[9] 中国 (双法) 项目管理研究委员会. 中国项目管理知识体系 [M]. 北京: 电子工业出版社, 2008.

[10] 吴帆. M 公司的有机食品电子商务项目管理研究 [D]. 广州: 华南理工大学, 2012.

[11] 白思俊. 现代项目管理（上册、中册、下册）［M］. 北京：机械工业出版社，2003.

[12] 唐秀丽，张德凯，王亚杰. 高校快递众包模式研究[J]. 铁道运输与经济，2018（1）.

[13] 陶永翠. 基于 SWOT 分析下的"校易吧"微信公众平台可行性分析[J]. 价值工程，2018（4）:49-51，52.

[14] 杨海涛. "全职太太"电商项目商业计划书[D]. 兰州：兰州大学，2017.

[15] 张友生. 希赛网. http://www.educity.cn/jiaocheng/695100.html.2013-12-31.

[16] 周丽梅. 猎云网. http://www.100ec.cn/detail--6368447.html.2016-11-09.

[17] 余麦. 项目管理者联盟. http://www.mypm.net/case/show_case_content.asp?caseID=3900 .2012-7-24.

[18] 刘萌. 某软件公司的项目进度计划实施案例. 项目管理者联盟. http://www.mypm. net/case/show_case_content.asp?CurrentPage=2&caseID=3535.2010.2.26.

[19] 房西苑，周蓉翌. 项目管理融会贯通［M］. 北京：机械工业出版社，2010.

[20] Project Management Institute. 项目管理知识体系指南［M］. 5 版. 许江林，赵弘，周全，等，译. 北京：电子工业出版社，2013.

[21] 电子商务项目管理案例. http://www.doc88.com/p-6901884720487.html.2015.

[22] 电子商务项目质量管理案例分析. https://wenku.baidu.com/view/46dfc7437cd184254a353510.html.2014.

[23] 书聿.亚马逊无人便利店开业无需现金自动结账. http://www.ebrun.com/20180122/262129.shtml.2018.1.

[24] 亿邦动力网. Amazon Go 如何搭建：上百摄像头可容 97 人. http://www.ebrun.com/ 20180123/262252.shtml.2018.1.

[25] 哈罗德·科兹纳. 项目管理最佳实践方法——达成全球卓越［M］. 栾大龙，杜颖慧，刘静，等，译. 北京：电子工业出版社，2016.

[26] 哈罗德·科兹纳. 项目管理案例集［M］. 4 版. 王丽珍，陈丽兰，译. 北京：电子工业出版社，2015.

[27] 杰弗里·K. 宾图. 项目管理［M］. 鲁耀斌，赵玲，译. 北京：机械工业出版社，2015.

[28] 贾晓丹. 电子商务项目管理实训［M］. 北京：中国人民大学出版社，2015.

[29] 原娟娟，陶珏. 电子商务项目策划［M］. 北京：北京大学出版社，2017.